侵略者は誰か

外来種・国境・排外主義

ジェームズ・スタネスク、ケビン・カミングス 編
井上太一 訳

以文社

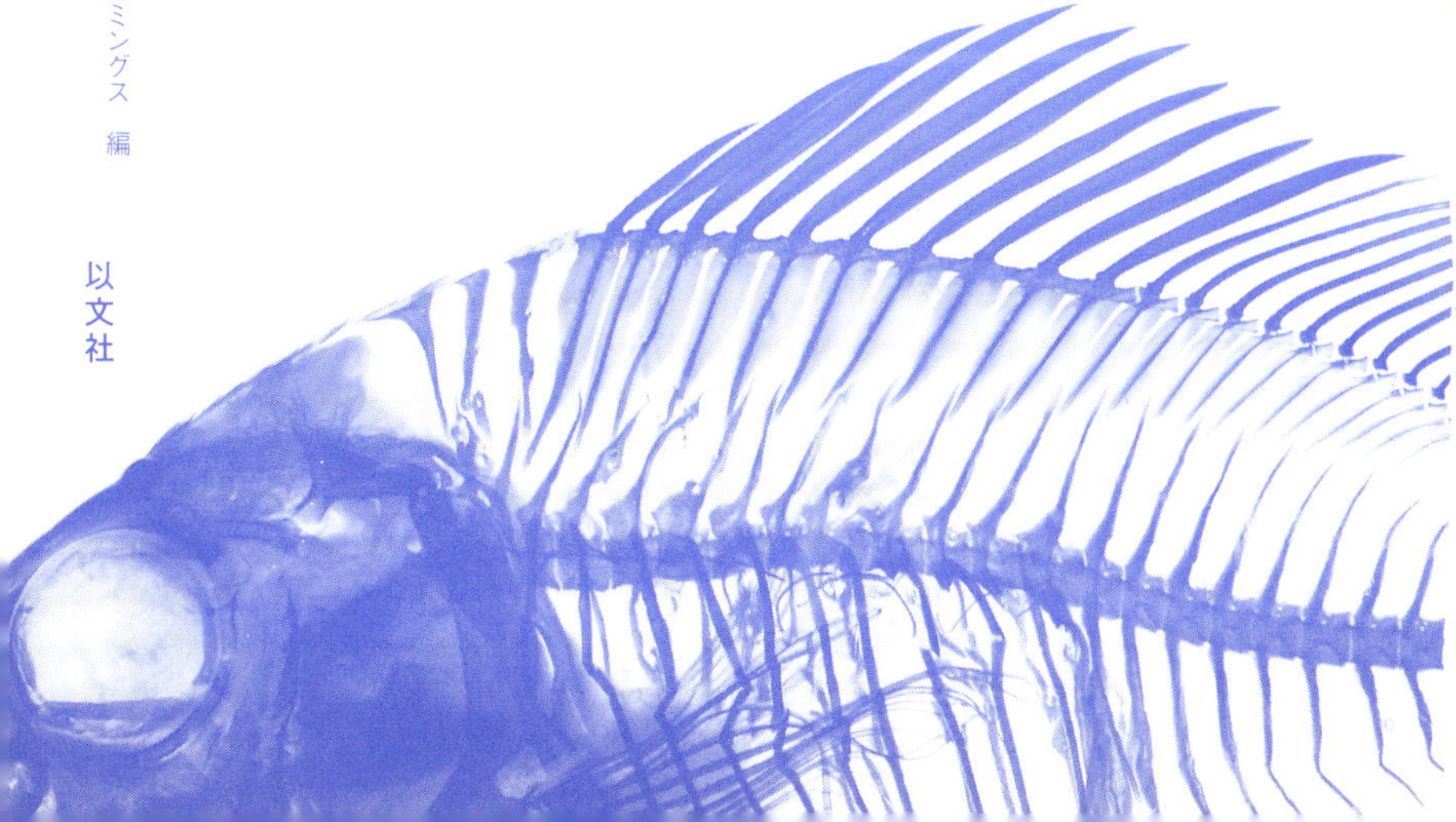

目次

凡例

一、傍点は原則として原文がイタリックであることを表す。
一、文中の〔 〕内は訳者による補足を表す。
一、原注は＊1、＊2と表記した。
一、訳注は†1、†2と表記し、脚注とした。

侵略者は誰か？

外来種・国境・排外主義

序　章　種が侵略者となるとき

ジェームズ・スタネスク、ケビン・カミングス

環境保護論に定着していると思われる主題の一つに、侵略種は害と迷惑をもたらすという信仰がある。侵略種とは、ある生態系の中に持ち込まれた非在来の動植物で、増加を抑える仕組みが当の生態系に備わっていないことから、現地の自然のバランスを損なう種を指す。[†1] 侵略種問題への関心を高める意図から、毎年、非営利環境団体の環境法研究所やザ・ネイチャー・コンサーバンシーなどの後援になる「全米侵略種啓発週間」が催される。全米野生生物連盟の会報には「外来種の災い」などと題した記事が現われる。在来種の暮らす自然の生息地を守るために侵略種を殺さなければならない、という議論は、動物団体を非難する文脈でたびたび用いられ、マイケル・ポーランや

†1　侵略種（invasive species）は、日本では一般に「侵略的外来種」の名で知られるが、本書では簡略化して「侵略種」の称を用いる。また、以下では原則として non-native species に「非在来種」、alien species に「外来種」、exotic species に「異国種」、feral species に「野生化種」の訳語を対応させる。

ダナ・ハラウェイといった思想家によっても唱えられるほか、作家T・C・ボイルの小説『殺しが始まる時』の題材にもなっている。この陳腐化した常識に反し、本書は修辞学と倫理学の分野に環境人文学の道具を持ち込むことで、非在来種に対する定説を批判的に見つめ直し、異なる針路を描き出す。

動物研究と動物倫理の文献は増えており、その中で研究者らは、工場式畜産、動物園、伴侶動物、動物実験などを批判的に分析してきた。いまだ充分な検証を経ていないのは、野生化種[†2]や非在来種に対し用いられる根絶の論理、そして種・境界・帰属・土着性を枠づける言説である。非在来種の特定に使われる既存の語彙は、閉じられた生態系、新植民地主義の境界、人間中心的な分類法といった、問題をはらむ概念に立脚する。そこから生まれる非在来種の記述は、往々にしてこの動物たちを有害生物と位置づけ、生態系を破壊し、無秩序に繁殖し、病気を蔓延させる存在として描き出す。このレトリックにもとづく非在来概念の枠組みは、特定の種との軍事的対立関係を正当化するが、これは世界の国境紛争や難民、移住集団が、正しい帰属や他者からの防衛を強く意識させるのと同じことといえる。侵略性とは、人間と人外の動物、双方の身体を（しばしばともに）取り締まる、極めて政治性の強い非中立的な戦略概念である。また、非在来種をめぐる議論は動物活動家と環境活動家の共通の地平を分断する。世界がごく僅かずつであれ、動物への残酷な扱いを改め、全ての生命に基本的な尊厳を認めようという意識を高めつつある中、こと野生化種や非在来種に関しては、注目すべき大きな落差が存在する。本書は侵略生態学の批判的分析であり、レトリックに囚われた同学問の枠組みと、非在来種への対応に伴う厄介な倫理問題に光を当てる。侵略生態学を前に私たちが対峙すべき問題群には、土着性と定住植民地主義、境界設定と集団の本質化に潜む権力、生態系復元の限界と必要性、環境倫理と動物倫理の衝突、そして共存の道はどこにあるかという永遠の難問がある。

論を進める前に、ここで用語上の問題に触れておかなければならない。いわゆる侵略種に対しては多くの呼称がある――非在来種、外来種、帰化種、移入種、非土着種、異国種、野生化種、原産不明種、それにもちろん、害虫、雑草、有害生物といった古い語も使われる。本書はこれらの言葉をほぼ同義で用いるが、書名〔原題は『侵略生態学の倫理とレトリック』〕に使う語として「侵略生態学」を選んだのは、非在来種がその本質からして侵略的であると認めるからではなく、侵略種と呼ばれる動物たちへの扱いを覆い隠し、事実をうやむやにする弊を避けるためである。この動物たちは根絶すべき侵略者と目され、その殺害と撲滅は倫理的に推奨されるばかりか、ことによると必要とみなされる。問題のある用語を抹消もしくは別の語で代用するよりも、今日の慣習を基礎づける言語と行為が、深刻な蛮行に許可を与え、当の動物たちを根絶やしにしてよい生命、すべき生命と定める仕組みを確かめる、それこそが、非在来種を記述する共通語の革命的刷新に繋がるものと筆者らは信じる。

†2　脱走もしくは飼育者の遺棄によって野生化した元・飼育動物。

倫理学

非在来種は本質的に環境の安定性を脅かす存在であるという認識が広まっているが、この考えに対しては科学的な反論も増えつつある。[*1] ある生態系ニッチの中で非在来種が急繁殖するとしても、それによってただちに他の種が消し去られるとは限らず、むしろ生物多様性が高まることもある。生態系は必ずしも血で血を洗うゼロサム・ゲームの世界ではない。が、自然科学の議論も重要ではあるにせよ、筆者らは別の点に主眼を置く。すなわち、本書は環境人文学と環境批評の論考集であり、執筆陣は哲学者、文学者、地理学者、コミュニケーション学者からなる。筆者らの確信によれば、最善の政策と行動を決定する上では、科学に関係なく、枠組みの設定という問題こそが大きな意味を持つ。

例えば哲学者のマーク・サゴフは、純粋に科学的な枠組みで移入種を捉えることに異を唱え、移入種対策が人びとの支持を得る上では、以下に挙げる五つの点が障碍になると論じる。[*2] 第一に、私たちは環境への害とは何かを具体的に定義しなければならない。そのような判断基準がなければ、当の対策はたちまち個人的な好みに帰してしまう。第二に、非在来種がもたらす被害や損傷の予測は極めて困難なので、対策立案者はそうした種の全てを標的にしなければならないという難題に行き当たる。第三に、移入種は生態系の生物多様性を損なうと信じられているが、多くの場合、それらの生物は種の多様性を高める。第四に、絶滅が起こるとしたらそれは明らかに生態系への害といえるが、小さな島に暮らす肉食動物のような数少ない例外を除けば、そのような問題はまず生じない。第五に、移入種は生物多様性を損なうものと初めから定義されている場合がある。こうした恣意的な定義は避けなければならない。以上五点の指摘の核心にあるのは、自然科学は環境への害といった概念を客観的に説明できない、という課題である。生物学者や保全科学者は、生物多様性の変化、あるいは特定種の増減を調べることはできるかもしれないが、それらはいずれも害や便益を明確に定義するものではない。定義づくりの作業は重要な自然科学の知見だけでなく、倫理学や道徳哲学の緻密な議論をはじめ、人文・社会諸科学の知見があって可能となる。倫理学はここで環境科学に代わり決定的な定義を下すものではないが（ただし現在、科学界の内部で大きな論争が起こっていることは確かである）、評価への介入を試みる。個の動物の命にはどれだけの価値があるのか。種の価値はどうか。それは経済にとっての価値か、人間にとっての価値か、動物たち自身にとっての価値か、生物共同体にとっての価値か、それとも宇宙にとっての価値か。個の動物の生を重んじ、死を悼むことは可能か。それとも種全体への配慮のみが可能なのか。そしてこの、第六の大量絶滅が進行する人新世の時代において、私たちはいかなる義務と責任を負うのか。五大湖に移入された淡水魚のハクレンを前に、私たちはどう対峙し、どう対応すればよいのか。サンタクルス島の豚を前にしてはどうか。カンバーランド島の馬はどうか。フロリダ州エバーグレーズのニシキヘビは。

倫理学からの提言が求められる一つの理由は、害や繁栄の概念を、人間中心的かつ資本主義的な資源管理の視点から定義する風潮に対抗するためである。政治学者クレア・ジーン・キムが論じるように、「国家言説における『生態系被害』は、『侵略者』に脅かされる『資源』を守る、という目的に沿って定義される。動物の道具的有用性を最大限に高めることがその核心をなす論理であり、動物たち自身への道徳的配慮は関係ない」[*3]。環境保護活動はしばしば単純な経済合理性のもとに正当化される。自然科学が生態系被害に関し直接の答えを示せない時には、往々にして資本主義が当の問題に答えるための貸借対照表《バランス・シート》を示す。すると蜜蜂や小麦は誰からも問題にされない一方、コイやクズは有害生物や雑草として駆除対象になる。この思考が行き着く先は、環境保護が「資本主義から、かつ資本主義のために、世界を守る」[*4]という皮肉めいた結論である。筆者らは倫理学を軸とすることで、野生動物を単なる管理すべき資源とみる動向に逆らう、もう一つの評価体系を試作し展開したい。

　ところで、筆者らの見方は、非在来種の駆除を呼びかける環境活動家たちを不当に貶めていると思われるかもしれない。多くの環境活動家は、これまで批判してきたような純粋な科学万能主義や資源管理の思想をしりぞける。にもかかわらず、かれらは外来種が生態系への脅威であると強く信じ、誠実な想いから事を進める。しかしながら気づかずにいられないのは、復元生態学の取り組み、特に移入種を駆除する目的で進められるそれが、桁外れに破壊的な侵略種たる人間の行いへの対応となっている点である。他種を絶滅させる最大の原因は人間であり、無闇に増えて生息地の資源を使い尽くすのも人間に相違ない。そもそも「移入種」という呼称自体、その動植物が人間によって移入されたことを物語っている。多くの環境活動家にとって、非在来種に対する介入とは、人間の生態系破壊全体に対する介入の言い換えに等しい。自然破壊のことで人びとが罪悪感を抱くのは至極当然なので、その罪悪感を消し去るべく、移入種に強い警戒の目を向け、この動物たちを記述するに当たって、人間が生み出す生態系被害の表現を用いるのは分からなくもない。

この最後の点に関係するのが、「侵略種愛食家」(invasivore)、すなわち侵略種に指定された動物を猟殺・調理・嗜食《ししょく》する人びとの台頭である。非在来種の料理をつくる猟師・料理人・食通は『ニューヨーク・タイムズ』紙の記事や全米公共ラジオの番組でもたびたび取り上げられる。[*5] 移入種を狩り、殺し、捌き、食べる行為は、罪を意識すべき所業とはみなされず、むしろ賞賛され自慢にされる。その熱狂を反映するように、「料理文化の応援団体ジェームズ・ビアード財団の副理事ミッチェル・デイビスは、移入種が邪魔者の有害生物からアメリカの食卓に欠かせない一品に変わったと語る」。[*6]《救われる者/呪われる者》の経済は、非在来種を取り巻く罪悪感と論争を大きく左右するが、本書はこれを避ける倫理的介入を試みたい。すなわち、非在来種の殺害・嗜食を讃える態度からは距離を置く。代わりに、本書は移入種問題をめぐる議論の中心に、現実の動物を、その望み、求め、交わり、現われとともに据えることとしたい。筆者らは選択に悩み続けることを望む。哲学者ウィリアム・ジェームズが記したごとく、「伝統的に最高とされてきた理想に私たちが従えば、葬られた他の理想は死に絶えるか、去ってもはや私たちを悩ませなくなる。あるいは、再びやって来て私たちの殺しを咎めたところで、皆は私たちがその声に耳を貸さなかったことを讃える」[7]。イザベル・ステンゲルスはこの点を明確に説く。

かくして、ジェームズは道徳哲学者を相対主義、すなわち全ての道徳的理想は等価であるという結論へ追い込むように思われる。が、そうではなく、ジェームズの示す立場は、スチュアート・カウフマン的にいう進化生物学者の立場、あるいはホワイトヘッド的にいう社会学者の立場と同じく、亀裂に目を向けることを要求するものである。それはジェームズにとって第一に、問いの悲劇性を認めることを意味する。哲学者は、他の理想を排斥するという犠牲行為を正当化したい衝動に抗えなくてはならない。ある理想の支持から生まれる亀裂に、犠牲者たちが居留まることを許さなくてはならない。道徳的と定めた理想のために犠牲となった者たちの呪詛によって、おのおのが経験に痛みの走ることを許さなくてはならない[8]。

したがって倫理学は、私たちが固有性を具えた動物たちのもとを離れず、善を定めるという問題と責務に悩み続けることを要求する。

修辞学

侵略種をめぐっては、ある物語が存在する。無情な敵が土地を略奪し荒廃させる征服の物語である。これが非在来種撲滅運動の誕生と存続を支えた物語で、そこには文学・科学・哲学から生まれた多種多様なレトリックが織り込まれている。そのテクストは人間・在来種・非在来種の、ある特殊な関係を生み育てる。非在来種を侵略者と位置づけるレトリック操作を分析すれば、そこで機能しているイデオロギーを評価するための切り口が得られるに違いない。侵略種との軍事的対立関係を擁護する者が則る前提を解きほぐすことは、蛮行の正当化に使われる論理に対抗する手段となる。修辞学のアプローチは現在唱えられている主張を検証し、ことによると、先の関係性の再概念化ないし再構築に繋がる別の観点を示す。そこでまずは修辞学の何たるかを説明するのがよいだろう。修辞学は説得に用いられる技法の研究である。このアリストテレス流の定義の核心には、人はどのように主張や議論を理解するか、という問いがある。非在来種に関していえば、現在聞かれる主張や議論は一面的というほかない。本書が行う介入は、軍事的な解決案を支持するために土着主義の言説を用いることの問題を考え、共存へ向けた別の可能性を提示する。

非在来種の議論にみられるレトリック使用の座標は、単に一面的というに留まらない。したがって非在来動物に向ける敵意の表明が、敵国の侵略者を喰い止めるためにその殲滅を図らねばならない、という武力紛争の言葉で語られるのは驚くに当たらない。そして戦闘の譬え《メタファー》が用いられるのに並行して、そうした動物の乱交ぶりが強調され、少数が急繁殖して生態系を滅ぼすおそれが頻りに警告される。このレトリックを抽出すれば、危険な侵略者を語る常套句が、移民排斥論に使われる土着主義の言説と顕著で露骨な対応関係を持つことが分かる。語源をさかのぼれば、土着（native）・国家（nation）・自然（nature）がいずれもnatioという共通の一語に根差すことは注目されてよいだろう。[*9] 国家・自然・土着性の保護と保存は、両議論の枠組みで衝突しかつ融合する。移民排斥論と非在来種の議論を支えるのは、美しい祖国や動植物生息地が、もののあり方を考えない侵入者らによって完全に消し去られようとしている、という比喩的イメージである。両言説に現われる越境者たちは、みずからの欲望のために住み場を汚損する。両者とも、土着の者の純性と土着でない者の不純を想定した外部者嫌悪の議論から生じる。非在来動物の問題でことに由々しき事態と映るのは、当の動物たちの視点に立った有力な応答が目下存在しないことである。

本書は非在来種に対し動員される罵倒表現を調べることで、かれらへの暴力行為を指揮するのに使われる青写真を記録する。暴力を可能とするレトリックの設定を分析・把捉する試みには大きな意義があると筆者らは考える。ただし、本書は修辞学者エドウィン・ブラックの著作にならい、レトリックを、ある特殊な主体ないし市民を生む装置と理解することも目指す。[*10] ブラックによれば、あらゆる言説は想定上の監査役を置く。レトリックはそれがどのような人物を生むかによって評価されうるが、非在来種をめぐる現在の議論は、そうした動物に何らの思いやりも抱かず、その大々的な根絶努力を当然にして支持する監査役を想定する。非在来種の動物は、急繁殖する性的特徴の際立った食欲旺盛な生きものとして語られ、その聞き手は様々な形で、異論を受け付けない態度を育てられる。想定上の監査役が行う監査は、非在来種の求めや望みを全く勘定に入れない。非在来種は見えざる存在となる。筆者らは、新しい環境へ移り住んだ動物たちへの、より穏便な対応を考えかつ訴え、既存の言説に対する修辞学的な介入として本書を世に問う。非在来種についての見方を変える上では、評価者に別の関係性を想像させる方法、そして、有害なレッテルが流布する中で働いている論理を解体する方法、これらを模索する作業が必要となる。

非在来種に用いられる一般的な謗《そし》りに目を向ける一方、人間による環境管理の内に脈打つ人間中心思想を解き明かす作業も欠かせない。人間中心主義は、人間が他の動物に比べ程度においても性質においても優越している、と考える信仰を指す。傲慢から生まれたこの思想は、私たちの世界に暮らす他の動物と違い、人間が例外的な地位に立つ支配者の種だと想定する。子供たちは、あらゆる重要な点で人間が他の動物よりも優れているという信仰を、常識として受け入れるよう育てられる。侵略種に関する著作のほとんどに見られないのは、新たな生態系に広がって最大の破壊をもたらす種、最悪の侵犯者は、人間にほかならない、という議論である。新たな場へ入植して元の生息地を破壊する能力にかけては、他のいかなる非在来種も人間には到底およばない。非在来種をどう管理するかの論争では、人間は自分たちのことを脇へ置くのが普通であるが、この星に私たちがもたらした荒廃をめぐっては、議論が増えつつある。人新世《じんしんせい》（Anthropocene）とは、人間活動が初めて生態系に傷跡を残した頃から続く時代を指す。[†3] 人新世が進むにつれ、傷跡は指数級数的に規模を広げ、地球には消し去ることのできない損傷が加えられた。仮に、人びとが分かっているとしよう。集団、衆人、または個人として、意識的に、あるいは、もしかすると無意識的に、人間が自分たちのもたらしてきた過去と現在の損害を認知しているとする。となれば、自分たちの最悪の習性をまとめて他の非在来動物の身に着せるのは、どれほど気楽な話だろう。ましてそう前提することで私たちが救い主の役柄を演じられるのであればなおさらである。

非在来種に対する管理戦略が、社会の片隅で暮らす移民その他の人びとに対する警備戦略に重なるものだとすると、周縁部に生きる全ての者を結束させる、肥沃な連合の基盤が広がっているはずである。思想と学問の脱植民地化論は、おもにローラン・セザリ、フランツ・ファノン、エドゥアール・グリッサン、シルビア・ウィンターらの著作を通して形成された。脱植民地化論の中核には帝国主義への批判がある。ヨーロッパ思想の遺産を受け入れ、先住民の征服を讃えるのではなしに、脱植民地化論はワルテル・ミニョーロのいう「認識論的不服従」[†4][*11]に関わる。米・『サイエンティスト』誌に載った二〇一一年の特集「侵略種の思想」の中で、研究者のマシュー・チューとスコット・キャロルは記した。「認めがたいのは、広く深く根を下ろした『非在来種』という概念上の分類群を相手に、終わりも望みもない戦争を続ける頑《かたく》なな態度である。それは、今となっては移入種が重要な役割を担う生態系を絶えず掻き乱す紛争となる」[*12]。この永続的な戦争を求め続ける声に対抗し、本書の各章は認識論的不服従を呼びかける。

本書の構成

以上のような再考へ向けた初手を担うのは、マシュー・カラーコの章「いと（わ）しい存在の管理を超えて」である。カリフォルニア州南部の野生オウムを話の切り口に、カラーコは倫理的な存在多元論の重要性を説き、動物を管理すべき資源とみる見方の根底にある一元論をしりぞける。この一元論は世界とその差異を平板化し、地球を覆う人類学機械[†5]に奉仕する。この機械は、それが重要とみなす生命にとって好適かつ豊潤な世界を整えようと目論む一方、世界秩序に適合しない生命は死ぬままに放置するか積極的に絶やそうとする。カラーコの考察を読むと、侵略種が何を侵略し

---

†3　大気化学者パウル・クルッツェンらの創作語。人為の活動が地球の様相に決定的影響を与えだした時代を、新たな地質年代区分として捉えた概念。その始まりは人間の社会経済活動の高まりとともに地圏・水圏・大気圏・生物圏が急変した一九五〇年代前後とされる。

†4　原義は、欧米的な世界理解の枠組み（認識論）に抵抗し、欧米的理性の普遍性を否定することでその植民地主義を解体する試みを指す。本文では欧米圏という地理的限定を超え、特定の生物を排除対象の侵略種とみなす認識論に抵抗する試みを指すと解釈できる。

†5　イタリアの哲学者ジョルジョ・アガンベンが用いた概念。動物との差別化において人間を定義する原理。これをもとに、一部の人間集団（奴隷制時代の黒人やナチス政権下のユダヤ人など）は動物的存在に分類されて差別と抑圧の対象となり、一部の動物集団（ペットや動物アイドルなど）は人間的存在に分類されて保護と溺愛の対象となる。「人類学機械」という訳語の妥当性については訳者あとがきを参照されたい。

ているのかが見えてくる――それは、人類学機械の不毛な一元論の世界である。この一元論に対し、カラーコは二つの大きな哲学思想をもとに、多元論的世界の構想を描く。ドゥルーズ＝ガタリが唱えた動物への生成変化という着想、そして古代ギリシャに生きた犬儒《けんじゅ》学派の哲学者、シノペのディオゲネスが語ったカタ・ピュシンの生、すなわち自然にしたがい動物のごとく生きるという実践をもとに、読者の前に示されるのは動物模倣の素描である。動物模倣は私たちに、人間という動物が人間以上のものを含む世界の一構成要素であること、したがって倫理的にも存在論的にも全生命と一種の繋がりを持った存在であることを悟るよう求める。人類学機械が世界を一定の人間たちの住処へと変えることを目指すのに対し、動物模倣は人間も人間以外も含めた動物たちの、一定の繁殖と多様性を欲する。この発想に則れば、反抗は動物たちの生の必要を映し出す媒体でなく、動物が創造しうる多様な繁栄や行動の可能性を新たに開く媒体として理解できる。

存在多元論の議論はジェームズ・スタネスクの「外来種生態学《エイリアン・エコロジー》、あるいは、存在多元論の探究」でさらに深められる。スタネスクは存在二元論と一元論のせめぎ合いが現代の環境運動に大きく関わっていることを示す。それによって、二元論と一元論がともに生態系を考える上で限界を有することを明らかにした後、本章は哲学者ウィリアム・ジェームズと人類学者エドゥアルド・ヴィヴェイロス・デ・カストロに即し、存在多元論にもとづく生態学の原理を構築する。外来種は、生態系ニッチが単一の目的だけに仕え、単一の価値しか持たず、単一的な生物種としか対応しないという見方を覆す点で、存在多元論の確立が必要であることを示す典型的な存在となる。非在来種は外部者と異邦者を迎え入れる世界市政《コスモポリティクス》、種々様々な価値を導く世界市政を求める。さらにスタネスクは、存在二元論と一元論の相補作用が、ミシェル・フーコーのいう全体主義的な牧羊権力と、グレゴワール・シャマユーのいう暴力的な狩猟権力をともに強化・拡大する仕組みを確かめる。牧羊権力と狩猟権力を構成する羊飼いと狩人の像に対し、スタネスクはイザベル・ステンゲルスに着想を得て、人間を超えた世界市政の議会に加わり、種の邂逅《かいこう》と侵略の時に平和の可能性を開く外交官の像を打ち立てる。

レベカ・シンクレアとアンナ・プリングルの「客か厄か賊か——種に印づけられた倫理と植民地主義による『侵略的』他者の理解」は、ポスト構造主義とフェミニズムの新唯物論に立脚し、環境共同体と「有害」種の基礎理論をめぐる知の系譜学を描き出す。それによって示されるのは、非在来種に敵対する理想が、根深い新植民地主義の論理によって常に維持され再認されてきた事実である。シンクレアとプリングルは、人間と他の動物に対し用いられる土着性擁護の議論が、ただ似通っているだけでなく、互いを強め合うことを明らかにする。前半で「侵略」と「非在来」の概念を扱うのに続いて、本系譜学の後半では「種」の概念を批判的に考究する。ラデル・マクウォーターの議論を追いつつ、著者らは生物科学の領域に種の統一的定義が存在しないと指摘する。数ある種の定義はそれぞれ独自の歴史を持ち、それらの歴史は当然のごとく異なる物語を形成して、特定の動物存在に対する人の向き合い方を左右する。種・土着性・有害生物を語る植民地主義的な物語に対抗して、シンクレアとプリングルはアメリカ先住民による「海亀の島と空の女」の物語を真撃に受け止めねばならない可能性をほのめかし、血縁・領土・帰属の再考を試みる。

バシレ・スタネスクの「ユダの豚――サンタクルス島の『野生化』豚殺し、生政治、ポスト商品物神」は、レトリック分析、告発的研究、理論を組み合わせ、非在来種駆除の中核をなす動機のいくらかを措定する。サンタクルス島で進められる豚殺しに焦点を当て、スタネスクは野生化した動物の殺害と駆除に用いられる体系的暴力の世界へと読者をいざなう。工場式畜産場での暴力を知る人びとは多いが、侵略種を抹殺するという決定から行使される周到な暴力を知る者は少ない。が、本章はさらに先へ進み、往々にしてそうした種の殺害を正当化する手つかずの原生自然という概念の虚構性を暴き出す。人びとの前に示されるのは原生自然ではなく幻影、すなわち、人間が手を出していなければこうであったろうと思われる自然の姿の写しであり、それは実のところ徹底した広汎な人間の干渉なしではつくることができない。フーコーの生政治論とマルクスの商品物神論をもとにスタネスクが論じるには、自然や原生地はポスト商品物神であり、売られる商品はないと見せかけながら経済と観光業を潤すものへと変わる。すると、特定の非在来種は瑕《きず》のないディズニー的な自然の物語を壊す存在として、手つかずの自然を売るために殺害されるべき対象となる。

外部性や市民権の理解においては、象徴や表象が興味深い役回りを演じる。バヌ・スブラマニアムの「帰属の大活劇――多種世界における市民権の非登録化」は、メディアを騒がせた二つの事件を取り上げ、表象によって外部者への不安が形づくられる過程、および市民権が登録される過程を明らかにする。第一の事件は二〇一四年の夏、メキシコからアメリカへ単身の未成年者らが押し寄せた出来事で、この時、当の子供たちは病気や細菌の媒介者と疑われるとの理由から、強制送還を求める政治的な騒ぎが起こった。第二の事件はその一年後、未登録移民の学生らがオオカバマダラ〔蝶の一種〕の紋章のもとに集い、この蝶を、錯綜する世界での生き残りへ向けた運動における自由要求の象徴とした。二つの事件は、非在来種が移民の議論で援用されるさまを描き出している。と同時に、その各々は市民権と外部性が構築される中、視覚像が全く異なる形で使われる様子も示している。子供たちがアメリカへやって来た時には、映像が外部の病原菌に対する不安と結び付けられ、混乱と不信を生むのに使われた。対照的に、受け入れ要求を表わす護符としてオオカバマダラの図像を用いた活動家たちは、これまでと異なる新たな帰属の種類を認めよと世に訴えた。これらの象徴物が侵略の枠組みを形成する経緯を追いながら、スブラマニアムは外部者嫌悪のレトリックを解きほぐし、より受容的な移民政策を新たに考え出す必要を説く。この作業を進めるため、本章は反移民論と環境保護論の境が薄れゆく過程の深層史を読み直す。

移入種や非在来種の大多数は憎き侵略者として扱われる。しかし時には、非在来種が望ましい存在と目される例もある。非凡さを具えた非在来種である蜜蜂や馬が繁殖され管理されるさまは、人間にとっての有用性が劣ると目された侵略者への扱いとは大きく異なる。ケルシー・カミングスとケビン・カミングスの章「よそ者を迎えて――繁殖の脅威論と侵略種」は、この非凡さにもとづく扱いの差異という問題を取り上げ、繁殖の脅威論への批判を深化させるとともに、非在来種をめぐる言説をクィアの視点から読み解く。[†6] この目的に向け、カミングスらは生殖未来主義の概念を用いる。生殖未来主義（reproductive futurism）は文芸批評家リー・エーデルマンの考案した用語で、社会の中で生殖の秩序が管理されているあり方を言い表わす。異性愛中心的な社会では、未来を体現する《子供》という形象を通して生殖未来主義が維持される。この枠組みのもとでは、外部の支援なしに子を儲けられない非異性愛者の無能力は、欠損の証拠とみなされる。非在来種をめぐっては、生殖未来主義は新たに破壊的な様相を呈する――そこでは、侵略者は乱交によって生殖の秩序を脅かすので、過去と現在を映し出す未来の生態系を守るため、在来種は防衛されなければならない。しかしながら、一部の侵略者が怪物的な属性を具える一方、他は好ましい外観もしくは道具的な価値を具え、その卓越性から特別な例外に分類される。非凡な種は人間の試みる自然空間の操作において一定の役割を果たし、そうした動物たちの管理とレトリックは、エーデルマンが口を極めて批判する生殖未来主義の構想を支える。侵略種に関する定説は土着主義の思想に大きく依拠しており、本書の数章は表面化した外部者嫌悪に焦点を当てる。非在来種の言説をクィアの視点から読み解く本章は、生殖未来主義と土着主義の重なりについて理解を深めるための礎石となる。

ケイシー・R・シュミットは現代復元生態学の歴史を共有すべく、アルド・レオポルドが一九三四年六月一七日にウィスコンシン大学植物園の開園を記念して行った預言者的演説を精読する。本章「楽園と戦争――アルド・レオポルドと復元生態学におけるレトリックの起源」は、用語の覆いに関するケネス・バークの著作を手がかりに、復元生態学がその誕生当初から、用語法を利用して「楽園」対「戦争」という両極端な要素の二元論を形づくってきたことを明らかにする。レオポルドの見方では、エデンにも似た手つかずの楽園が一方に、工業化した戦争と非在来種による脅威が他方にあり、両者が対立する。レオポルドは嘆きながら戦争と非在来種の脅威を難じ、生態系の復元を楽園へ立ち帰る道と位置づける。シュミットは、実際に行われた記念演説、手が加えられた改訂版、およびレオポルドによる他の著作群を分析することで、文化的神話に影響された復元生態学が、環境保護論者やレオポルドの土地倫理を支持する人びとを、非在来種の擁護派と対立させる仕組みを解明する。土地倫理の支持層は、人間から動植物や土壌や土地そのものといった他者にまで共同体の輪を拡げることに重きを置く。しかしその反面、非在来種は工業化した戦争と同種の脅威を突き付ける存在と目される。その溝は宿命に思えるものの、シュミットが論じるに、レオポルドの著作群を修辞学的に読み解く作業は、古い譬えを改めて新たな思想を示し、変化を促す運動に人びとの支持を集めるため、いかに比喩表現を用いるかについて有用な知見を提供しうる。

最後の章、マイカ・ヒルトンの「根無し草の根を育てる——ピーター・ケアリーの『異星の快楽』にみられる侵略種と不気味な生態系」では、あるSF小説の読解を通し、環境保護の保存論モデルを批判してそれに代わる発想を示す。題材は、星のあいだを往き来する商人から快楽鳥《けらくちょう》という鳥を買ったある若い母親の話である。快楽鳥はその母親、リリーの知らぬ間に、よその星で食べた

†6　クィアは、身体の性に対応した異性愛以外の性的指向を肯定的に捉えた語。クィアの視点から性概念の形成や社会規範を考える批判理論をクィア理論という。

外来種の木の種を排泄する。小説の作者ピーター・ケアリーは、様々な語りの手法を駆使して侵略性に複雑な意味を付け加える。したがってこの小説は、非在来種の危険に警鐘を鳴らす寓意譚とも読める一方、生殖未来主義に挑み、侵略性と土着性の議論で用いられる常套表現を転倒させうる物語として読むこともできる。

第一章　いと（わ）しい存在の管理を超えて

マシュー・カラーコ

　日々の通勤で自転車に乗ってカリフォルニア州オレンジ郡を走っていると、いつも決まって「帰化」した「野生」のオウムたちに遭遇する。[*1] メキシコ赤帽子インコ（Amazona viridigenalis）という種類の鳥たちである。見間違いようのない目立つ外見で、見逃すことはまずありえない（まして外へ出た折に、かれらがそばを通り過ぎれば）。鳴き声は鋭く、色どりはことに鮮やかで、全身は緑に、頭部は派手な赤と青に覆われている。このオウムたちが土地の在来種でないことは、専門の鳥観察者でなくても分かる――そしてそういう動物は、ひとりかれらだけに限らない。メキシコ赤帽子インコは、他の何十種という野生オウムたちと並んでこの地域一帯に棲み着いた鳥で、各々の種と群れはそれぞれ独自の容貌、特徴、行動を具える。[*2]

　野生オウムたちがいかにして地域に広がったのかを、完全に把握している者はいない。ある専門家らは、長年のあいだにペットショップや個人の所有者、あるいは保護園《サンクチュアリ》が、故意か不慮かは別として、おそらくは火事などの事件があった際、幾度か大きな脱走を許したことがあったのだろうと推測する。別の識者らは、オウムたちが優れた知能によって自力で人家や保護園を逃れ、自由になった他の野生オウムたちと合流して群れを形成したとみる。人のもとを逃れた経緯がどうあれ、このオウムたちは驚くべきことに、様々な面で生存に不利な環境をともかくも生き延び子孫を残してきた。今日の南カリフォルニアのような人間中心的な地域では無理もないが、ひとたび囚われのいとしい存在（pet）という身分を脱すると、オウムたちはしばしば、いとわしい存在（pest）や侵略種と目される。オウムが農業害鳥になりかねないという危惧も囁かれれば、巣が電力系統その他のインフラを妨害するかもしれないとの不安も持ち上がり、鳴き声がたまらなくうるさいということで、オウムを公害とみるべきだとの意見も多くの住民によって唱えられた。同じ調子で科学者たちも、この非在来種が地域の自然環境や在来種を掻き乱す侵略種に属するか否かを調べる必要があると訴えてきた。[*3]

ところが、野生オウムによる影響を慎重に調査した結果、懸念事項はほとんど何も見つからなかった。オウムたちの故郷は南カリフォルニアの自然環境とは全く異なるので、在来種の鳥とはさしたる競争もなく、現地の食料源も僅かしか利用されない。むしろ野生オウムが頼る数々の食料や生息地は、それ自体が在来でなく、初期の入植者や今日の住民らによって移入されたものからなる。オウムは機に乗じて非在来種を食べ、非在来種の木々に巣をつくる。[*4] にもかかわらず多くの住民や、南カリフォルニアを元の自然と思える環境に復元したいと願う人びと（その数は増えつつある）にとっては、この鳥たちが招かれざる存在、現地に適当な居場所を持たず、人の助けや移入された非在来種なしでは生存できない侵略種と映る。以下に述べる所見の狙いは、居所を追われたこの野生オウムや似た境遇にある他の種について、考え、関わっていく上での礎石とすべき、新たな構想を築くことにある。

一元論と管理主義

生物学者のダニエル・シンバーロフは、侵略種をめぐる現在の議論が意見の一致に至らない大きな原因は、当の議論で擁護される様々な立場が、次元の異なる世界観にもとづくことにあると指摘する。[*5] シンバーロフは侵略種の扱いをめぐる四つの立場を区別する。第一は、従来の侵略生物学と関係し、シンバーロフ自身も擁護する立場で、大量の侵略種は有害となりうるため、厳重な予防的根絶対策を断固推し進める必要がある、との考えに立つ。第二の立場も生物学者と関わるが、侵略種については第一の立場と対照をなし、大半の侵略種は害をなさず、最小限の介入や管理しか要さないと唱える。第三はシンバーロフが人文・社会科学者と関連づける見方で、侵略生物学は社会的に構築された土着主義に由来すると考えるが、この立場は侵略種の悪影響を過小評価する傾向にあり、そうした生物に対しては基本的に不干渉でいる態度を支持する。第四は侵略生物学に反対する人びとの立場で、撲滅対象とされる動植物が危害と殺害を免れる権利を有すると訴える。これらの立場はいずれも考慮に値する一定の利点を持つが、本章の目的はこのうちの一つを優れたものとして擁護することにはなく、この一見相いれない種々の枠組みの背景に潜む共通の前提のいくらかを洗い出し検証することにある。そうした一連の共通前提に目を向け、その克服へと向かう姿勢は、ここで問題となっている諸々の枠組みを別の観点から眺め、より豊饒な思考法の誕生を促すだろう。

侵略種の議論におけるほぼ全ての立場が共有する最大の前提の一つは、倫理的一元論である。筆者のいう倫理的一元論とは、単一の規範枠組みが、問題となっている存在の価値を決め、意思決定の基準を与えるという考え方を指す。これにより、旧来の侵略生物学者の多くが支持する立場からは、価値が人間側にしかないものとみられ、侵略種への対応を決定する基準は、人間が依存する生態系や生物系にいかなる危害や便益が生じうるかをもとに形成される。対照的に、より生態系中心的な考え方のもとでは、価値は主として生態系の健全さと繁栄に見出され、侵略種の管理は単に人間への影響だけでなく生態系へのそれを視野に入れて進められる。動植物の権利に注目する立場は、意思決定の基準を設けるに当たっては、在来種か侵略種かを問わず、情感と生命を具える個の固有性と完全性を尊重する形を目指すだろう。情感中心主義〔有感主義〕や植物中心主義の立場では、広い生態系の健全性は二次的な関心事に過ぎず、情感と生命を具える個の生きものの幸福に資するかぎりにおいて考慮すべきものでしかない。多くの哲学者や侵略生物学者は、これらやそれに類する諸々の立場が、在来種や外来種と人間との関係を決める唯一の規範枠組みとなるべく、互いを排し合う一種のゼロサム・ゲームを構成しているとみる。よく見受けられるのは、一つの枠組みが最適な形で人間の義務を説き明かし、在来種と外来種の対立をめぐる難しい決定を行う上での基準を与える、という思い込みである。しかしながら、規範理論の中では従来からこの手の一元論がいかがわしいものと考えられてきたように、ここでも、複雑な多種間の関係に関わる重要問題を、いずれか一つの観点が完全に捉えきれると前提することには慎重でなければならない。この複雑な関係を念頭にいやしくも正義の形を志向するとしたら、より多元的かつ多方向的なアプローチによって規範を模索する姿勢が求められよう。ひとえに侵略生物学者の懸念を優先し、情感中心主義や植物中心主義に立つ活動家、ないし土着主義の批判者が抱く懸念を軽視することがあってはならない。また後者の懸念ゆえに、生態系やより大きな生物系・惑星系の次元での倫理的義務を考える意義が見落とされてはならない。一元論的な前提や目標をしりぞけることは、多様な関係の中、多様な域で現われる、多様な過去・現在・未来の義務感覚を説き明かす繊細な分析の可能性を開く。

侵略種をめぐる論争の多くには、注意すべきもう一つの一元論がある。こちらは存在論の次元に関わり、議論の下敷きとなる肝心な存在論的観点について、排他的な主張を行う形をとる。伝統的な侵略生物学の観点は、世界を種という次元で捉え、他の大小様々な存在論上の形態や関係性の特色を無視する傾向がある。他方、情感中心主義や植物中心主義のアプローチは、もっぱら多様な関係性から抽出された個の生きもののみに注目するが、個を生み保つのは当の関係性である。似たような視野の狭窄は、侵略種に関する一般的な人間中心主義や生態系中心主義の思考法にもみられる。

こうした存在一元論の問題は、その視野から漏れるミクロ・マクロの様々な存在・集合・関係を記述できないばかりでなく、私たちが関わる世界の多元性を極める本質を、正当に評価できない点にある。今日、世に通用する数々の存在論が拮抗関係にあるのは、人間も人間以上のものも含めた世界自体が、お仕着せられた存在論の枠組みに先行し、それを超越しているからである。倫理的関係が一様でないことから、倫理学において一元論が多元論に道を譲ったのと同様、根本からして私たちの理解を超える世界の基本構造を摑もうとする試みにおいても、存在論的次元での多元論の必要性が認識されなくてはならない。したがって、侵略種をめぐる考察に求められるのは単一の多元的存在論に類するものではなく、多様な存在論に則る姿勢といえる。このような存在論の夥多は、存在に関する無目的な相対主義から生じるのではなく、並外れて豊かな存在と関係の世界に適正に向き合いかつ応え、その豊かさの更なる広がりを認める生の形をつくり上げる、その取り組みに由来する。

特に侵略種に関し、どう考え、どう応じるかをめぐっては、まず、論争の倫理的・存在論的地盤が、それに目を向けようとするあいだにも、足下で変動していることに注意しなければならない。議論を支配することになった倫理と存在論の観点は、単に不完全なだけではない。それらを足し合わせて手軽な倫理的・存在論的折衷《ホモイオーシス》を生んでも議論は前進しない。むしろ各立場は本質的に対立ないし相違しているので、従来の思考を改める倫理と存在論の多元論を求めるといっても、それは各々の差異を平板化するための便宜的な振る舞いと解されてはならない。そうではなく、多元論への要請は先述したように、世界そのものの複雑さ豊潤さ、私たちが世界解釈に用いる枠組みを超えたそのありように由来する。この意味で、本章のアプローチが促す世界理解は、人間と人間以上の世界を、みずからを表わすもの、みずからに関わるもの、みずからを告げるもの、あるいは、エマニュエル・レヴィナスがアリストテレスの言葉をもって意味したところの、《みずからに依拠するもの《カタ・アウトー》》と捉える。[*6] そのような世界を正しく受け止めるための、それにふさわしい倫理的・存在論的アプローチは、もとよりその構造上、形も行方も定まらず、常に改められる余地を残すものと理解されなくてはならない。そこでの倫理と存在論は、決定的な〔真理の〕発見や開示ではなく、応答的な実験とみられるだろう。その応答と実験が、侵略種と在来種の別を問わず、全ての種に対する管理的な態度を排する点については、後に触れることとしたい。

侵略種をめぐる議論の地盤が文字通り変動しているということには、もう一つの意味があり、この変動は、これまでの論争を形づくってきた従来の倫理と存在論の枠組みに更なる課題を突き付けている。つまり、地球のほぼ全土で起こっている生態学的な激変のことである。水の枯渇、土壌劣化、水質・大気・土壌汚染、それに気候変動によって、人間と人間以上の生命を支える生物系は現在、急速に変容しつつあり、それがこの議論で問題となっている生物や生態系そのものの健常性を脅かしている。また、総じて先例のないこの急変を前に生きものたちは移動を始めているが、それによって生態地域や生態系といった基本的な場の構成概念は見直しを迫られている。生物移動が増えることとの良し悪しはここでの問題ではない。人間と人間以上の生命と系は、この空前の移動を既に始めており、侵略種の議論が立脚する歴史的忠実性[†1]や在来種の一般概念を根底から揺さぶっている。[*7]

以上のような惑星系の変動と変化は、しばしば新たな地質時代の人新世を象徴する現象として示される。人新世は大きな問題をはらむ概念で、こうした変化の責任を人類一般に帰すが、当の言説が準拠し強化する力関係のシステムは、人類の大半が完全な人間として生きることを否定してきたのである。一般的な侵略生物学の言説に似て、そこではこの広汎な変遷に関わった歴史的な過程や行為主体の議論がほとんど見られない。結果、在来種と侵略種の扱いをめぐる議論は物語の中途《メディアス・レース》から始まり、生態系の攪乱や生物多様性の喪失を引き起こした構造的要因についての、一種の無知と短絡を伴いがちとなる。つまり、ここで問題となっているのは単なる「侵略種」ではなく、また、ある地域にそうした種を持ち込んできたのも「人間」一般ではない。実のところ、私たちが対峙しているのは、人間中心機械、人間活動機械、ないし人類学機械が長年月のあいだにもたらした結果であり、この装置が数千年をかけて全世界をおのが似姿につくり変え、一握りの人間と、かれらが守り育もうとする限られた存在を利してきた。この小さな下位区分に属する人間――「人間」という主体位置の規定的代表者たちとでもいおうか――が、世界を右のような形に改変し、進んで人間と人間以上の種を地球全域に行き渡らせた。この行為者集団こそが足下の地盤変動を引き起こしてきたのであり、現在の地球で進行する環境破壊や生物多様性喪失の歴史的・今日的責任を問うとしたら、かれらを念頭に問題を定義する必要がある。かたや侵略種自体はこの破壊に部分的にしか関与していない——そして侵略種をめぐる一般的な論争は、この単一問題に的を絞る至極狭隘な視点と相まって広い視野を持てず、人間中心主義の装置が生態系の破壊された現在を形づくる、その広汎な諸相を見つめることができない。

歴史的忠実性という概念に戻ると（これは人間中心的な侵略生物学の観点によるか、生態系中心的な観点によるかを問わず、侵略種をめぐる大半の議論を左右するが）、今日という時代が生物移動の激増を特徴とする以上、そうした忠実性の概念はほとんど無意味になっていることを先に指摘した。[*8] 歴史的忠実性を大切にしたいという想いは——特にそれが人間以上の世界の自立と自律を認める非人間中心的な思考に発するのであれば——賞讃したくなるかもしれないが、生態系の条件が急速に変化している影響で、生命はますます移動し、導きとなる生態地域の歴史の糸のことごとくから遊離していく。[*9] この遷移では、種の生態系ニッチが変化するだけでなく、生態系ニッチそのものが変化する。移動性と運動性は生命の本質に違いなく、したがって生命は常に動き回り、常に動的で流動的な休みなき一群の関係であり運動であり続けた。が、今日のごとく移動性と運動性が根底からの変化を遂げ、しかもそれが急速に進行する中にあっては、生きることがすなわち侵略すること、ないし侵略者となる過程にあることを意味するといっても過言ではない。ある生態地域を再野生化して、この侵略移動の過程を逆戻ししようという望みは、もはや現実的とはいえない。ニッ

---

†1　復元生態学で問題となる、人間が干渉する以前の生態系の再現度。

チや生息域そのものが移り変わり、他のニッチや生息域と混ざり合う中では、一定の地域や生態系を再野生化することはできない。無論、これは人間以上の生命や関係や系の繁栄に必要な地域を確保する取り組みが無意味だという主張ではない。むしろ今日、人間と人間以上の生命にとって、これほど必要とされる取り組みもない。ただし、その努力は再野生化ではなく新野生化、すなわち、移動性と運動性の面で、いま起こっている遭遇と関係の急変に付いて行けないと思われる生きものたちのため、生存と繁栄の条件を整える試みの形と捉えるべきである。[*10] そうした取り組みは侵略種との折り合いをつけるという目標よりもさらに先を行かねばならない。現存するほぼ全ての種は、この問題においてほとんど選択肢を持たない。理解が深められなければならないのは、世界を移動する生命によって形づくられる移動性の回流が、人間も人間以上も含め、この星に住まう大半の生命にとって根本的に馴染まないことである。したがって、これまでの変化が歴史的忠実性を掘り崩し、全ての種を侵略種としうる事実を認めたところで、移動性の回流について新たに考え、それとは異なる動きをつくる努力によって、現存する種と生命に、この劇的変遷に適応するための場所と時間を与えねばならない点に変わりはない。

侵略種の概念自体に生じたこれらの根本的変化が真摯に受け止められた暁には、人間以上の世界と、その世界における私たちの立ち位置、その世界と私たちの関係について、新たな解釈が練り上げられていくだろう。急変する生態系や種間関係は、その内なる存在である現在の私たちを、先に述べた類《たぐい》の多元的存在論へと近づけうる。フィリップ・デスコラが述べるように、「自然／文化」

の二元論は生態学の思考を伝統的に制限し、今後も束縛し続ける桎梏《しっこく》であるが、それを超える存在論の可能性は無数に広がっている。[11] 他の種や広い環境をめぐる、根本的に予想のつかない現在と未来を前にして、私たちはついに、そうした他の観点のいくらかに迫る機を得られるかもしれない。その豊饒な存在論の思考法は、どこまでも多元的で不可思議な「脱神格化」[12] された世界、活動的で主体的な相方と解される世界に出会う試みであり、世界のいわゆる「本質」や目的《テロス》を見極める企てには帰せないものである。

私たちはさらに、この機会を通して人間以上の世界との関係の理法を一から見直し、所有と支配の考えを脱して、自らをこの絶え間ない宇宙と惑星の生死の展開の中に現われた、生来の新参者と捉えることもできる。ミシェル・セールその他の著述家や伝統思想にならうこの見方に立てば、人間はこの星の一角に住まう一種の間借り人であり、一時の宿を借りるその者たちの目指すところは、惑星的な関係が私たちを超えて続き、生き延び、さらには栄えることを可とする、そのような生の実現にあると悟られる。[13] ただしこの人間観は、人間以上の世界に対し不干渉でいることの言い訳と解されてはならない。むしろこの悟りは濃密で徹底した関与と関係を求める。そこには、私たちの関係様式がいかにして相互繁栄のさらなる機会に繋がる条件を生むかを、慎重かつ謙虚な眼差しで捉える姿勢が伴っていなくてはならない。したがってこの観点からは、人間は必ずしも人間以上の世界にとっての害悪、ないし本質的に自然に反する存在とはならない。それどころか、現在進行する広汎な生態系破壊を考えれば、人間による生態学的な介入と改変によって、惑星的な繁栄の条件を整えることは何としても必要である。

カタ・ピュシン――動物への生成変化、侵略種への生成変化

ここまでに論じてきた主題を整理すると、侵略種の扱いにおける管理主義的な思考を脱する場合、私たちはより多元的な思考と生活を育て始めるべきだということになる。この多元論はそれ自体が、人間と人間以上を包む世界の、本質的に多元で変動を続ける性格の反映であり、今日の私たちはそのような世界に住んでいる。しかしそうした観点や実践を採用するとは、具体的にはどのようなことを指すのだろうか。ミシェル・セールにならって、自然にしたがい自然に調和して生きることの――《自然にかなう《カタ・ピュシン》》生き方の――「今日的な意味を再発明する」には、どこから着手すればよいのだろう。あらゆる種類の自然がますます侵略的となりゆく時代に、自然に調和して生きるとは何を指すのか。考察の始めに挙げた野生オウムを念頭に、ここでカタ・ピュシンの今日的な意味を再発明することに関し、いくらかの考えを述べることとしたい。特に筆者は、この思考と実践に向けた作業の二つの異なる側面に注目したい。一つは現代に近いドゥルーズ的な側面、もう一つは古代に近い犬儒学派のそれである（しかし奇しくも、この古代の思想は過去を超え、今日の私たちとの出会いを待ち望んでいるかに思える）。まずは第一の側面から始めよう。

ジル・ドゥルーズ（とフェリックス・ガタリ）が論じた動物への生成変化[†2]については、ポスト

人間主義《ヒューマニズム》理論と批判的動物研究の方面から多くのことが語られてきた。支配的な人間目線から動物目線への転換、動物感情を試みる手法、新たな関係の理法や存在論を模索する探究など、様々な解釈のもと、動物への生成変化は人間主義に対する批判の中心的主題の一つと目されるに至った。が、この概念を普通に援用するだけでも大いに有益であろうとは思われる反面、動物への生成変化には、まだ充分に顧みられていない別の側面がある。特に多くの議論で見逃されているのは、こうした生成変化が動物たち自身に与えうる影響の分析である。言い換えると、動物への生成変化をめぐる議論が、人間存在や「人間」という主体位置への影響だけに注目していると、人間以上の動物に対するその作用が考察から抜け落ちてしまう。この概念の批判者の中には、そうした人間中心的な限界はドゥルーズ＝ガタリの著作自体に由来するもので、動物への生成変化は動物とは関係なく、ドゥルーズとガタリ自身も現代社会の動物たちの運命にはほとんど、ないし全く関心がなかった、と指摘する向きもある。[*14] しかしながら、この主題に関するドゥルーズの単著やガタリとの共著をよく読むと、動物への生成変化やその関連概念が実のところ、人間と人間以上の世界を見据えた革命的変容の創出を目指していることが分かる。

†2　動物の観点（perspectives）や立ち位置（situatedness）を媒介して主体性が変容する過程。転じて、関係性の変化に伴う主体や世界の変容を広く「生成変化」ということもある。原語（becoming; devenir）は「(動物に）なること」なので、その点を反映し、以下では名詞の becoming を「生成変化」、動詞の to become を「成り変わる」と訳し分ける。

右に述べたように、動物への生成変化は、中核要素の一つとして、人間という主体位置に一般に付随する視点を（部分的に）脱する可能性をはらんでいる。動物に成り変わることは、一面では別の場から——総体的な「人間」という主体位置やそれを規定するあまりに人間的な座標軸を超えた場から——考え、生きることを指す。が、もしもこの種の生成変化が既成の秩序に対する抵抗に発するとしたら、それを導くものは、異なる視点や知を求める認識論的な願望を超えた想いでなければならない。その生成変化に活力を与えるものは、「人間」やそれに近しい人間理性の座標軸と結び付いた生を超え、別の生のあり方を求める願いでなくてはならない。そしてそれを突き動かすものは、構造的暴力が人間という主体位置の外なる身体や関係と関わる中で支配秩序を形成する、その根深い不正への気づきでなければならない。したがって動物への生成変化とカタ・ピュシンの生は、認識論を超え、支配秩序によって蹂躙され排除されたあまたの者——人間と人外と——が等しく置かれた境遇を見つめることに繫がる。支配秩序の策謀に苦しめられる多種多様な存在は、この共通の地平においてそれぞれの形で結び付いている。その様々な生が形づくった豊饒な可能性、接点、連絡網（それを自然《ピュシス》そのものといってもよいだろう）は、人間の支配的利益に仕える小さな座標軸へと強引に落とし込まれた。

ドゥルーズ＝ガタリによれば、つまるところ変容と革命へ向かう取り組みを生むものは、この不分明の領域で人が感じる羞恥と責任である。この羞恥と責任は、鬱屈した感情の罪悪感や義務感とは注意深く区別される必要がある。動物への生成変化を促す倫理的願望は義務感とは違う。義務感は自己に資するものであり、その主目的は倫理的過失を雪《そそ》ぐことにある。そのような動物のための責任は、突き詰めれば自分自身と自己の倫理的純潔さに関わるものでしかない。動物への生成変化は動物を前にした責任を打ち立てる。ドゥルーズは述べる。「芸術、政治、宗教、その他を問わず、革命的な人物であれば、自身が一介の獣に過ぎず、死する子牛のためにでなく（non pas des veaux qui meurent）死する子牛を前にして（devant）責任を負うという奇妙な瞬間を覚えないことはあるまい」[*15]。この責任は、途方もなく暴力的な生の形態を生む確立された秩序と、みずからが共犯関係にあるという羞恥の思いから生じる。それは動物たちやその可能性を――自然《ピュシス》を――視野に入れ、つまり前にして、別の生へ向かう責任感覚である。ゆえに動物への生成変化は、確立された秩序の法と指針、すなわちしきたり《ノモイ》への抵抗様式を育て、人間という主体位置に挑むとともに、動物たちの生に資する新たな条件を整えることを目指す[†3]。動物擁護派の批評家がしばしば見落としている一節の中で、ドゥルーズ＝ガタリが述べるには、動物への生成変化を語る際に「我々は動物たち自身のために考え、書いている。我々が動物に成り変われば動物も別のものに成り変わる。ラットの苦

†3　筆者カラーコによれば、動物への生成変化は他種の動物への認識論的関心（動物学や動物行動学のそれ）から促されるだけでなく、かれらへ向ける倫理感情（羞恥や願望など）からも起こる。したがってそれは、自分だけの観点にもとづく思考や生活を越え出るという意味で自己を変容させるのみならず、人間の還元的・暴力的扱いに対する動物たちの抵抗に主体（成り変わる者）がみずから関わるという点で、動物たちの生をも変容させる。

悶や子牛の屠殺は……人と動物の交換の場、一方の何かが他方へ移る場として、思考に留まり続ける」。[16]

ドゥルーズ＝ガタリは動物への生成変化を語りながら、執筆活動を抵抗様式として前面に出すものの、執筆だけが唯一の戦略でないことは明らかである。[17] いうまでもなく、抵抗は様々な形態に分かれ、執筆や芸術から社会活動、これまでに代わる生活様式の創造にまでおよぶ。抵抗に効果を持たせる上で欠かせないのは、私たちの個人としての、また集団としての視点が、人間例外主義を脱し、支配秩序に排除された存在たちの可能性に寄り添う別の視点と実践をつくり出すことである。そこで、動物に成り変わり、カタ・ピュシンの生活と抵抗に努めることは、支配秩序によって非人間や人間以下の地位に置かれた者たち（やはり人間と人外の双方）が、その秩序が許すよりも遥かに多くの行いをなしうると知ることを意味する。人外の動物が置かれた状況をつぶさに調べれば、私たちを取り巻く巨大な捕獲と統制の装置が、何千億という動物を操作すべき物体や商品に、管理すべきいと（わ）しい存在に、消費すべき単なる肉に、実験の材料に、娯楽やスポーツの道具に、落とし込もうとするさまを目の当たりにできるだろう。動物を視野に入れ、この秩序に歯向かおうとする革命家と活動家は、この生きものたちを他の可能性、他の将来性、他の関係と生成変化の様式へ解放する一助になる者と理解される必要がある。この観点に立つなら、抵抗を呼び起こすものは抽象的な正義感ではない。革命的な抵抗と責任は、冷めた中立的な仕方で同様のものを同様に扱うというだけの問題ではない。抵抗する者が抱くのは動物の力に対する熱い信頼である。動物たちは、支配秩序が構造的に封じているところの無数の生の形へ至る能力がある、と抵抗者たちは信じる。ただし、この革命家や活動家は、前もって動物の身体に可能なことを知っているわけでも、動物たちを特定の決まった存在形式に置こうとするわけでもない——そうした知識を想定するのは支配秩序だけである。代わりにそこには、動物たちがなしうること、そして私たちがかれらを念頭に、かれらに対しなしうることへの揺るぎない信頼と情熱だけがある。

　議論の発端となった野生オウムに戻れば、動物への生成変化はオウムの視点から考えること、それによってかれらが元の生息地と連れ来られたよその生息地の双方において生存し繁栄し続けられる条件を、私たちがともに築くことを意味するだろう。野生動物取引と並んで、故郷の土地に暮らすこのオウムたちの幸福と存続を脅かす最大要因は、広範囲にわたる森林伐採と、それに付随する生息地喪失にある。[*18] 居所を追われた野生オウムらと同じもしくは近接した場で暮らす私たちの多くは、かれらの生活の困難をなお増す形で、生態系破壊を加速させる水源・食料源の濫用、気候変動の進行と激化に繋がる化石燃料の使用、散発的な密猟と狩猟、様々な汚染や轢殺《れきさつ》を引き起こす自動車の過剰利用に加担している。動物への生成変化、野生オウムへの生成変化は、したがってかれらとの関係を学びの場として、共通の時間・空間を今とは別の形で生きること、そしてこの鳥たちの生存と継続的な進化——数千万年におよぶ生成変化の遺産と針路[†4]——に資するような私たちの生き

†4　オウムの進化が生成変化とされているのは、生物史の中で動物間の関係性が変化し、それによってオウム自身が外面的のみならず内面的にも変容してきた実態を指すと解釈できる。

方について、より深く考えることを意味するだろう。

すなわちカタ・ピュシンの生は、ここでは私たちの生き方の根本的な刷新を伴い、その行いの変更は、野生オウムや居所を追われた類似の種と、敬意ある関係を築き、ともに生きる道を目指す。ただし、生きることが侵略者へ成り変わることと同義になりつつある世界の中、野生オウムや他の非在来種ないし侵略種から、カタ・ピュシンの生について学べるところがあるという際には、もう一つの側面がある。ここで古代ギリシャに目を向け、その文脈中でカタ・ピュシンという言葉が哲学的な作業と実存的な関与、生き方の指針と解されていたことを確認するのがよいだろう。そのような関与を特に強調していると思われるのは、古代の犬儒学派である。この点を明確にするため、古代犬儒学派に属するシノペのディオゲネスに関する印象深い逸話を簡単に分析したい。犬儒学派の歴史を綴ったディオゲネス・ラエルティオスの記述によれば、シノペのディオゲネスは「白昼、ランプを手に徘徊し、『私は人間を探している（anthropon zēto）』と口にする」[19]ことで知られていた。明らかに人間と認められる者たちの中で人間を探すという、この皮肉めいた振る舞いは、真の人間生活を送る者を私は見出せない、の意を伝える。代わりにディオゲネスが目にしたのは「ごみ」と「ごろつき」[20]、人間文化の命じるところに歩調を合わせて無批判に練り歩く者たちばかりであった。つまりディオゲネスの主たる関心は、人びとの目を群衆から真の人間存在へと振り向けることにあったと考えられる。しかしこうした結論は、ある程度までは正しいにせよ、ディオゲネスの基準でいう真の人間生活がどのようなものなのかを具体化しようとすると困難に行き当たる。ディオゲネスの思い描く人間生活は、狭量ないし排他的な人間の尺度でなく、カタ・ピュシンの生[21]に属する《動物模倣》(zoomimicry)[22]ともいうべき特殊形に沿ったものと分かる。生涯の中でもとりわけ孤独で絶望した時期に、ディオゲネスは一匹のねずみを見つめながら、図らずも真の生活へ至る肝心な手がかりを得たと伝えられる。古代ローマの歴史家であるアイリアノスはこの邂逅《かいこう》の逸話を記す。

シノペのディオゲネスは世から疎まれ孤独に暮らしていた。貧し過ぎて人をもてなすことは叶わず、招かれることもない。あら探しにいそしみ、言うことなすこと全てに不満を表わすせいで爪弾きにされていた。かくてディオゲネスは大麦のパンと草木の新芽を食べつつ惨めに暮らした――それが彼の得られる全てだった。一匹のねずみが訪れては、パンくずを拾っていった。ディオゲネスはその様子をよく眺め、微笑んで気が晴れ満ち足りてきた。「このねずみはアテナイ人の贅沢など微塵も欲さぬというのに、ディオゲネスよ、お前はアテナイ人と食卓を囲めぬことで苛立っている」と彼は独語し、折よく安らぎを得た[23]。

ここに表われている動物と動物性の肯定、文化的放縦の拒否は、ディオゲネス流の犬儒学派の生き方に見られる他の大きな特徴と一致する。そのこれ以上なく切り詰めた暮らしぶり(彼は何も有さず、最低限の衣類だけをまとい、桶《おけ》の中に住んでいたといわれる)、「犬」という綽名《あだな》、町中での恥を知らない振る舞いなどは、いずれも動物や自然と手を携えて暮らすという犬儒学派の象徴的な理想像を打ち立てている。当時の支配的な文化規範を形づくる人間と動物の分断を払いのけ、ディオゲネスは人間の何たるかを表わすもう一つの姿を提示する――ただしその姿は人間存在と動物の区分を掻き消し、不可分にまでしかねない。[*24] この展望に立ってこそ、ディオゲネスが唱えたところの、自身は都市国家の市民ではない者（apolis）にして、世界市民（kosmopolites）であるという有名な文言は、その本当の反体制的な力を得ることとなる。[*25] 所与の都市国家を占める限られた数の人間たちと同化することなく、ディオゲネスは――言葉と実践の双方において――動物、自然、それに全宇宙から生き方を学び、その世界とともに暮らしていると主張する。[*26] 彼の思想と実践は、「人間」という特定の配置を脱し、都市国家《ポリス》とそのしきたり《ノモイ》の狭間、またその枠を超えたところに見つかる、より広く豊かな一群の生死と関係の可能性へ向かうことを、私たちに求める。

この犬儒学派の姿勢で居所を追われた野生オウムを見つめ、かれらを侵略種ではなく共生者として、同じ場に居合わせ私たちに生のあり方を教えてくれる仲間として捉えるなら、その存在は、いまや多数の人びとが置かれ始め、やがてさらに多くの人びとが置かれる状況の先触れと理解することができる。すなわち、気候変動その他の生態系破壊が急速に進むことで、人びとは（中でも特に周縁化された、持たざる人びとは）、ますます居所を追われ、見知らぬ世界へ移り住んで暮らしを立てることを余儀なくされている。同様の見知らぬ環境で生き延びようと、野生オウムたちは繁殖パターンや集団単位や食料と水の獲得方法を変え、遭ったことのない生物たちと暮らす新たな生活様式を編み出さなければならなかった。この適応の過程でオウムたちが人間や人外の生物と衝突してきたのは確かであるが、それは種が急速に居所を追われればありうることといえる。こうした存在や種を管理もしくは撲滅しようとする代わりに、私たちはかれらを注意深く見つめ、可能な時には手を差し伸べつつ、移住による困難にかれらが適応し対応するその多彩な方法から学ぼうと努めることもできる。すると野生オウムや似た境遇にある他の生きものたちは、ディオゲネスにとってのねずみの役を演じ、いとわしい存在でもいとしい存在でもなく、新たな地球の先触れとなり、一切の種がなおますます侵略者へと成り変わりゆく時代の中、生きていくということの意味を身をもって私たちに伝えるだろう。

第二章　外来種生態学《エイリアン・エコロジー》、あるいは、存在多元論の探究

ジェームズ・スタネスク

猟犬、空中射撃、報奨金、追跡用の装置や化学物質、土地の格子分割、それに数々の超強力兵器を駆使して進められる非在来種の抹殺を鑑みれば、この根絶ビジネスの従事者らが行っていることは野生動物管理というより戦争、さらにいえば一種の反乱と映るかもしれない。[*1] 実際、非在来種の環境影響はさておき、私たちがまず直面するのは、この問題がしばしば世界の終わりを予告するような物々しい論調と用語で語られる事実である。この攻撃性は一般に使われる「侵略種」という用語に見て取れる。生物学者のティム・ローは述べる。「侵略生物学者が口を揃えて言うように、これは温室効果よりも、工業汚染よりも、オゾン層破壊よりも恐ろしい脅威なのである」。[*2] また、科学雑誌『サイエンティスト』に載った特集の中でマシュー・チューとスコット・キャロルは指摘する。「侵略生物学は疫学と並んで、研究対象とするものを滅ぼすことに公然と従事する学問である。結果、そこでは極めて特殊な形で研究計画が束縛され、内外に向けた発信が偏向を帯びることを免

れない」[3]。つまり、非在来種を語る言語が誇大であれば、対策もまた誇大になる。その対策は、私たちと非在来種のあいだにありうる関係は恒久的な戦争か全面的な根絶しかない、と告げている。哲学者のマヌエル・デランダがいうように、「人類はあらゆる食物連鎖を短縮し、中間者の大半を一掃し、生物学的資源の流れを自身らの方へ一極集中させる。外部の種がこの連鎖の中へ喰い込み、再び複雑化を引き起こそうとした時には、『雑草』として容赦なく消し去られる（なお、『雑草』という語には、ねずみのような『動物の雑草』も含まれる）[4]」。

他方、この終末論的な言説と対応をめぐる問題は、答え以上に問いを生む。種の豊かさと非在来種の広汎な問題を詳しく論じた研究はあるものの、非在来種の影響は環境科学の論文でも決着のついた問題ではなく、その恩恵を説く科学者たちも異端というわけではない。種の豊かさと非在来種をめぐっては現に論争が続いている。非在来種を環境保全のために活用する方法も模索され始めたところであるが、こうしたことは非在来種に関する研究では決まって無視される[5]。では、なぜ私たちは非在来種問題の全体像よりも、特定の非在来種による破壊的側面のみに目を向けようとするのか。

この問いには様々な答え方があるが——そして実に、本書は他ならぬこの問いを広く考究する試みであるが——、本章では、その理由が保全論と環境保護論の立脚する存在論にあると論じる。すなわち、環境保護論者の多くが則る世界理解はその行動を左右し、非在来種の動物を駆除すべき脅威と位置づける。特に本章では、存在二元論と一元論が環境運動の土台をなしてきたこと、しかしその二元論と一元論は非在来種の問題に対処する上で力不足であることを確かめる。そして非在来種を扱いかねることから、当の二元論と一元論は実のところ、牧羊権力と狩猟権力の論理に接する。二元論と一元論に対し、筆者は環境思想における存在多元論の必要性を説く。多元論は、新たなもの、立ち現われるもの、成り変わるもの、さらに、常に已《や》むことのない生態系のありようを受け入れるよう求める。ゆえに多元論は牧羊権力と狩猟権力に抗し、人間以上の世界市政《コスモポリティクス》を構成する不可欠な要素となる。そしてこの世界市政こそが、今日という侵略の時代に外交の経路を設けるための足場をなす。

存在論

環境配慮の意味は時代とともに推移してきたが、そこには往々にして存在論的な主張の変化が伴った。以下に示すのは、主だった運動と衝突を捉えるための、ごく大まかな見取り図である。対立する流れや傍流の哲学にも重要なものはあるが、紙面の都合により、その仔細な検証は割愛した。現代の環境運動にみられた第一の代表的な存在論は二元論である。二元論は世界を二つに分割する。精神と身体、人間と動物、文明と自然、それに絶えず作用し合う超越性と下界性、などの区分がある。二元論は保全論における基本的な存在論だった。ジョン・ミューアの著作に目を通せば、シエラネバダ山脈の自然が彼に超越を経験させた様子が分かる。そしてこれによって、幾分か見えてくることがある——結局のところ、従来の保全活動は何を保全していたのか。自然を人間から保全していたのである。初期の保全論者たちは、入植地の拡大、森林伐採、初期工業化の影響をみて、野生を保存する場を設けようとした。国立公園の設置はこの初期の保全運動が勝ち得た最も象徴的な成果だったといえる。二元論は、本来清浄にして完成された手つかずの原生自然が人間によって穢《けが》されている、という語りを生んだ。保全論者になるとは、自然を守り人間を縛《いまし》めることを意味した。自然と人間を整然と分ける単純な二元論は、両者の隔たりを改めて言明することとなった。しかしながら、保全論が今日の環境保護論に道を譲ると、存在二元論に伴う問題が明らかになってきた。

新たな環境運動は、レイチェル・カーソンによる『沈黙の春』の出版に始まるといわれるもので、純粋な保全論に立つよりも、環境破壊が人間をも害するという点に重きを置く。私たちの水が汚染され、私たちの土地が侵食され、私たちの空気が毒性を帯び、今日では私たちの惑星が温暖化している。自然は外部にあって人間の干渉から守られなくてはならないものではなく、本来、私たちを包み込むものである。しかし、自然と人間が一つであるということは、一種の神秘的な安心に繋がるどころか、今日的な不安の源泉となった。環境人文学者のステイシー・アライモがいうように、私たちは肉体を超える身体であり、浸透性を本質とする。ということは、私たちが自然と一体である場合、私たちは垂れ流される毒物、重金属、生体異物、種々の薬剤とも一体である。[*6] 一元論がこの現代環境運動の明確な存在論となる。人間と自然を分かつ単純な二元論などなく、私たちは自然の一員に組み込まれている。外部にある人の手の入っていない原生自然などという概念は、地球温暖化の進む今日の世界、時に人新世と称される世界においては、ほとんど意味をなさなくなった。人新世とは、人類が地球そのものを変貌させるに至った地質時代を指す。気候パターンが変わり、人間が巨大暴風雨や海洋の酸性化、動物たちの移動パターンの攪乱、その他諸々の生態学的変化を引き起こしているとなると、どこに手つかずの原生自然が見出せるというのか。よしんば前人未踏の島を発見できたとしても、その生態系は地球の反対側に暮らす人間が、温室効果ガスを大気中に放出し、生分解しない廃棄物で海を汚染する影響で、既に変化し、再構成されているだろう。つまり、これが一元論である。その認識では、海を汚染すれば魚が汚染され、水銀を溜め込んだ魚を人間が食べることで人間が水銀を溜め込む。したがって生命の輪を断ち切るべく、妊婦は水産物を食べないよう言われる。

筆者はここに挙げた以上二つの存在論に理解を示したい。この二元論者、一元論者が、深刻な問題に答えようとする真摯な環境保護論者であることは確かだろう。が、二元論と一元論は環境保護の面で限定的な見方しか与えてくれない。本章はこの両者に代え、存在多元論の構想を示す。その内容は後に詳しく論じるとして、まずは二元論と一元論に対比して多元論が重要性を帯びるいくつかの論点を指摘したい。第一に、本章の焦点は環境学における非在来動物の問題である。第二に、現代という時代は「人新世」と呼び習わされるが、多元論は誰もが同等の責任を負ってはいないこと、誰もが人新世によって同等の影響を受けはしないことを認識する。突き詰めれば今日の環境問題によって求められているのは、創造性と多産性の存在論、ドゥルーズ＝ガタリのいう「新たな地球、新たな人びとを召喚」[*7]しうる存在論である。二元論と一元論はそれとは反対に、新たなもの、立ち現われるものの力を妨げようと目論む政治的企てに図らずも加担することとなる。

羊飼いと狩人

先に筆者は、人びとを二元論と一元論へ向かわせた種々の環境要因を説明し、その二つの存在論がいずれも限界を抱えると指摘した。非在来動物との関係が問題になると、両存在論は各々、当の外来種を管理しかつ排除しようと図る権力形態の上に重なる。二元論はミシェル・フーコーが名付けた牧羊権力に従い、一元論はグレゴワール・シャマユーのいう狩猟権力に結び付く。

存在二元論は古典的な保全論の業績に深く関わっている。保全論者は野生や自然を人間による侵害から守ろうとした。したがって人間は土地の保護者ないし世話役になる責任を負う。二元論のもとでは、保全論者は生態学的・環境的な他者を管理し世話しなければならない。森や山から野生の動植物に至る自然を保護することがその務めである。この二元論は、フーコーが《牧羊的》と称した力関係を再現する。フーコーは語る。

羊飼いは監視する人物です。ここで「監視する」というのは、もちろん、訪れうる害悪に目を光らせること、しかし何よりも、訪れうる一切の災難に用心することを言います。羊飼いは群れを監視して、僅かな羊を脅かす災難をも避けます。群れに気を配り、個々の羊にとって最善の常態を保とうとします。……監視をするのは役目を負うからですが、それは元来、名誉ではなく負担や労苦とされるものです。羊飼い（pasteur）は全ての注意を他者へ向け、自身には全く向けません。これこそが善い羊飼いと悪い羊飼いの違いです。悪い羊飼いが良い牧場を思い描くのは、自己利益のためであったり、羊らを肥らせて方々へ売りさばくためであったりしますが、善い羊飼いは自分の群れのことしか考えません。群れが健やかなおかげで自分が与《あずか》る得のことすら考えません。ここに無私を本質とする、いわば過渡的な性格を帯びた権力の外観、外形を見て取ることができましょう。羊飼いは群れに仕え、群れと牧場、食料、救済の媒介者とならねばならないのですから、牧羊権力は常にそれ自体、善といえます。あらゆる次元の恐怖、強圧、恐ろしい暴力、王や神の威光の前で人を震え上がらせるこれら全ての不穏な力は、羊飼いのもとでは消滅します、それが王たる羊飼いであれ神たる羊飼いであれ。[*8]

フーコーを読めば、ここで牧羊権力が規律の権力と生権力に交わることが分かるだろう。管理・監視・誘導する者は、善意からそれを行う。事実、牧羊権力はフーコーの素描する統治性の系図における、権力の一形態に過ぎない。牧羊権力は警察機構の統治性へと繋がる同一の政治的・哲学的系列の一つの段階である。『全と個』の中でフーコーはいう。

［この統治体は］一切を内包します。ただし極めて特異な観点からです。人や物が捉えられる

上では関係が着目されます――一定の領土での人びとの共存、財産をめぐる人びとの関係、人が何を生産するか、市場では何が交換されるか、などです。また、人の生きざま、人に降りかかる病や出来事も勘案されます。警察機構が注目するのは、生きた、活動的な、生産性のある人間です。テュルケ〔一七世紀スイスの医師テオドール・ド・マイエルヌ〕は面白いことを言っています。「警察機構の真の標的は人間だ」と。……人びとの行動に対するこのような干渉は、全体主義的といって差し支えないでしょう。[*9]

こうした監視と注意体制は環境保全の活動に根を下ろしている。保全論は同種の誘導と警戒を求める。自然は監視され、維持され、保護されなければならない。ここで、ジョン・ミューアが一時期、羊飼いとして働いていたことを指摘してもよい（その経験が彼の著作『はじめてのシエラの夏』の下敷きとなっている）。牧羊権力の二元論が、私たちと非在来種の関係をどう左右するかは、深く検証する価値がある。まず、羊飼いは善い動物と悪い動物を二分することになる。人類学者のアナンド・パンディアンは、カンバム渓谷の農村経済にみられた牧羊権力を取り上げ、農夫らが「善い動物と悪い動物――管理ができ、ゆえに世話に値する動物と、管理ができず、ゆえに刑に処すべき動物――を道徳的に区別」していたと述べる。[*10]「この犯罪者たる牛という表象には興味を覚えたが、これは当地でそうした動物を相手にする人びとのあいだでは広く共有されていることが分かった。この地域では動物の非行が道徳的に統治の問題とされ、牛の無規律は、同地の特異きわまる植民地としての歴史の中で争点となっている行為様式、盗みと重ね合わされる」[*11]。非在来種の動物も同じように見られる。すなわち、かれらは自然の生息地における盗賊、過剰繁殖する悪い動物、環境の美質を脅かす侵略者、略奪者である。環境の世話と見張りは、いわゆる在来種という群れを、よそから来た侵略者や盗賊から守るべく、保護下、監視下に置く論理となる。フーコーの牧羊権力が厄介者の人間の躾《しつ》けを目指すように、ここには厄介者の動物を羊飼いの共同体から締め出そうとする明瞭な論理が見て取れる。二元論は牧羊権力の技術を模写することで、外来動物の問題と対策を特定する。

二元論が牧羊権力を規定する一方、一元論は狩猟権力を規定する。グレゴワール・シャマユーは著書『罪人狩り』の中で、牧羊権力と狩猟権力を次のように区別する。

ミシェル・フーコーはヘブライの伝統に則り、牧羊権力の誕生を特定した。しかし私が思うに、この系譜は重要な構成要素を見落としている。牧者の仕事は、実のところ何に対立しているのか。……牧羊権力の真の対照、単に牧羊権力の不完全形態としてではなく、その本当のアンチテーゼとしてそれに対立するもの、牧羊権力の正反対の分身にして同時にその陰画をなすものは、ニムロデ、すなわち狩人である。ヘブライの伝統に始まる権力の主題化の長い歴史には、対立する二語が存在する――アブラハムとニムロデ、牧羊権力と狩猟権力である。この対立にはどのような特徴があるか。牧羊権力は超越性を第一原理とする。神は最高位の羊飼いであるが、自身の群れを下位の羊飼いらに託す。その構図では、人間の羊飼いが神の権威に全面的に依存し従属する。ニムロデの場合は逆である。神の手から民を授かるどころか、彼は力づくで、おのが手でそれを奪う。狩人の王による統治は、地上に生じた初の権力というばかりでなく、とりわけ地上的な権力として初の類であり、その権限は超越的な源泉から授かるものではない。ニムロデは権力の下界性を体現した最初の人物に当たる。その合理性は物理的なそれであって権力の神学のそれではない。政治権限の拠り所が、下界的な力関係にあるか、超越的な神の法にあるか——これが牧羊権力と狩猟権力の対立にみられる第一の大きな特徴である。[*12]

この簡単な分類はシャマユーの著書でしばしば乱されるが、おおよその有効性は保っている。狩猟権力は基本的に蓄積（特に本源的蓄積）と画一化に関わる。牧羊権力は成長と良き統治に関わり、支配下にある者たちの健康と生活に関心を寄せる。狩猟権力にそのような要素はない。それは徴発と襲撃の論理である。分断はするが個別化はしない。アブラハムは群れを育て、ニムロデは帝国を倒した。しかしそれに加え、狩猟権力は二元的でなく、下界性を本質とする。狩人は自身を、周囲の世界に溶け込んだ者、自然や動物の延長とみる。

ただしシャマユーによれば、牧羊権力の思考はある場面において狩猟権力の暴力と融合する——排除の狩りである。シャマユーは、病んだ羊のイメージが排除の狩りの中核をなすという。[*13] 群れに病気を広げぬよう、病んだ羊は狩って完全に絶やさなければならない。このイメージは他の蛮行と並んで、異端者の追跡と殺害を正当化する上でも利用された。つまり、羊飼いは群れを守るために、群れの一部を殺す必要がある。有名な環境倫理学者で一元論者のJ・ベアード・キャリコットは論じた。

特に重要で、この主題をめぐり注意が向けられるべきなのは、生命共同体の健全性こそが、行為の道徳的価値、その善悪を決める究極の基準になる、という考え方である。したがって一定地区のオジロジカを狩り殺すのは倫理的に許されるばかりか、むしろ道徳的な義務であり、全体としてみた地域の環境を、鹿の激増による破壊作用から守るために必要なのだといえる。*14

キャリコットの考えでは、野良動物の猟殺は道徳的な義務ですらありうる。それをするのは原生自然を保存するためでなく、一元論が重んじる生命共同体に調和をもたらすためである。排除の狩りは他者を殺すのではなく、自己の病んだ部分を殺して切り落とすという意図からなされる。言い換えると、それは一元論の下界性の内に留まりながらも、行いの面では二元論と同じ帰結に至る。すなわち二元論と一元論、牧羊権力と狩猟権力の違いはあれど、両者は外部の侵略者という脅威に対し、同じ関係を構成する結果となる。私たちはかれらを抹消、撲滅する。自然のために。そして二元論と一元論の論理に従えば、その行いは単に許容されるだけでなく、道徳的に必要とされる。これらの存在論がはらむ暴力に抗するには、牧羊権力と狩猟権力に対抗できる環境論と存在論、存在多元論の考究に着手する必要がある。

根本的経験論と存在多元論

古典的な経験論はジョン・ロックらのそれに代表されるもので、一次性質と二次性質を区別する。一次性質は客観的で測定可能とされる性質を、二次性質は知覚する者に帰属するとされ、ゆえに主観的である性質を指す。目の前にあるバナナを取ってみよう。それは黄色く、所々に茶色や黒の斑点がある。熟《う》れたバナナの匂いがする。質量と体積がある。これらは全て一次性質である。私がバナナを食べると、おいしいと感じる。その感じはバナナではなく私に帰属するといえるので二次性質である。[†1] この一次性質と二次性質の分類に対しては二つの有名な反論がある。一つはイマヌエル・カントが『プロレゴメナ』で示したもので、そこでは一次性質も二次性質と同様に主観的なものと指摘される。もう一つはウィリアム・ジェームズによる反論で、彼によると、経験論はいずれも、あらゆる形の経験を現実《リアル》と理解しなければならない。この経験の区別の否定を、ジェームズは根本的と定義する。

根本的であるためには、経験論は直接に経験されていない要素を一切その構成に取り込んではならず、また直接に経験された要素を一切締め出してはならない。かかる哲学にあっては、諸々の経験を結び付ける関係はそれ自体が経験された関係であり、経験された関係はどのようなものであれ、系内の他一切と同じく「現実」とみなされる必要がある。[*15]

根本的経験論はホワイトヘッドが後に「自然の二分化」と称する企てを拒否する。そこには一次性質も二次性質もなく、夕暮れの美しさやバナナの甘さは、それらのより明白で測定可能な性質と同程度の現実性、真実性を持つ。

しかしここで、そうした根本的経験論がいくつかの問題を生むことに気づくだろう。私は何本かのバナナを部屋に入ってきた妹に渡す。妹はバナナを食べ、よく咀嚼した後に、バナナが悪くなっていると言う。しかし私が食べてみると甘くておいしい。古典的な経験論者にとっては、これは全く問題にならない。バナナには実際のところ甘さも不味さも具わっていないからである。しかし根本的経験論者からするとこれが第一に問題となる。妹の経験も私の経験もともに現実かつ真実である。一方が他方よりも現実に即している、もしくはどちらもとりわけ現実に即してはいない、といって問題を避けることはできない。一次性質と二次性質を一つにまとめ、なおかつ根本的経験論に沿って全ての経験は現実であると考えるなら、必然的に存在多元論へと行き着く。

政治的多元論を想像し、寛容の訴えを通して自由主義的多元論を支持するのは分かりやすいのに

---

†1 ただし、ロックの場合、形や大きさは一次性質に分類されるが、色や香りは二次性質に分類される。

対し、存在多元論の主張を受け入れるのは遥かに難しい。その行き着く先は単なる意見の相違でなく、現実の相違である。このような存在多元論の主張は、純粋な相対主義であるとの謗りを受けやすい。が、存在多元論の観点は相対主義ではない。人類学者エドゥアルド・ヴィヴェイロス・デ・カストロは、アメリカ先住民の観点主義《パースペクティヴィズム》[†2]について著書で論じる。

文化相対主義は一種の多文化主義であり、多様を極める部分的で主観的な諸表象が、統一的で全体的な、それ自体は表象に関わらない外部の自然と関係すると考える。アメリカ先住民は逆を提示する。一方には純粋な代名詞的表象単位を据え……もう一方には現実ないし客観の根本的多様性を据える。パースペクティヴィズムは多自然主義である。というのも観点《パースペクティヴ》は表象ではないからである。観点が表象でないというのは、表象が心の領分に属すのに対し、ものの見方は身体に属すからである。[*16]

ヴィヴェイロス・デ・カストロはここで、相互に関係するいくつかの指摘を行っている。まず、多文化主義は一つの現実を捉えた異なる意見や表象に関わる概念である一方、多自然主義は異なる観点や身体、すなわち異なる現実に関わる概念であり、ここでは前者から後者への移行が焦点となる。ヴィヴェイロス・デ・カストロはパースペクティヴィズムが身体に帰属すると論じる。これを理解するには、例の有名な偽薬効果を考えてみればよい。化学的・生理学的な効果のない薬剤を患者に与えると、患者の多くが、薬の効き目をただ信じるだけで快方へ向かうことが知られている。この効果は単なる意見や文化の差異ではない。一部の人びとにとっては、偽薬は現に効果を持った。それは身体の次元で機能した。したがって医学研究者と偽薬で回復した患者は、異なってはいても同等に真である二つの現実を持つといえる。多元論の世界とは、異なる相対的な文化の世界ではなく、異なる現実、多自然主義の世界である。

多自然主義とジェームズ的な多元論はともに、世界はまだ生成変化を終えておらず、常に新規性と創造と生成が存在し続けることを認める。ヴィヴェイロス・デ・カストロがいうように、「アマゾニア先住民の多自然主義は自然の多様さというより多様性の自然さ、自然としての多様性を肯定しているのだといえよう」[*17]。あるいはウィリアム・ジェームズが『多元的宇宙』で述べるように、「多元論、すなわち宇宙は多であるという説は、現実の様々な部分が外的に関係し合うことを意味するに過ぎない。人が考えることは、いかに広大であれ包括的であれ、多元論の観点からみれば一種一定の純粋に『外的』な環境に取り囲まれている。種々の事物は多くの点で互いと『ともに』あるが、万物を内包ないし支配するものはない。『また（and）』という語はあらゆる文の後に連なる。常に何かが抜け落ちる」[*18]。多様性としての、また今なお成り変わるものとしての自然という概念は、

†2　世界に暮らす多様な主体が、各々の身体にもとづく独自の観点（パースペクティヴ）から現実を認知すると考える理論。

明らかに一元論、二元論と緊張関係にある。一元論者の見方では、世界は既に完成しており、私たちはただその調和を保つよう行動しなければならない。二元論者の見方では、私たちは超越的驚異の場を日常生活の下界性から守らなければならない。しかし多元論者と多自然主義者の見方では、政治地理学に終わりがないように世界は完成に至っていない。新たな国家、言語、通貨が生まれうるのと同じく、新たな道徳、新たな現実、それに究極的には新たな生態系も生まれうる。

人間以上の世界市政

哲学者のジャック・ランシエールはかつて、「政治は権力の諸関係で成り立っているのでなく、多数の世界の諸関係で成り立っている」と語った。[*19] これこそが存在多元論の導くところである。非在来動物の問題は、誰を優先的に配慮すべきかが明白であるような案件ではない。おそらく私たちが対峙しているのは、一つの生態系の破壊ではなく、新たな生態系の形成に過ぎない。ウィリアム・ジェームズを多元論の政治思想家と捉えた名著の中で、ケナン・ファーガソンは述べる。「ジェームズの多元論は、倫理的・哲学的体系として、私たち自身も統御できない条件にもとづく世界との関わりを促す[*20]」。したがってジェームズの多元論は有限性の概念を根本に据える。周知のように、有限性に対しては一部の新実在論者のあいだで批判の声が高まっているが、[†3] ここでいう有限性はカント的なそれのことではない。ジェームズ自身の言葉を引こう。「しかし問題の『知る者』は、なお絶対者もしくは究極者と理解される。そして『知る者』をこのいずれかとみる仮定に対しては、いかに広汎な知識の集積があろうと、そこにはやはり一定の知の欠如が伴う、という反対の仮定が付きまとうのが当然といえる。いくらかの情報は常に欠落しうる」。[*21] これは私が私の内に囚われているという有限性でもなければ、物自体に迫れないという有限性でもなく、現存するものの無限性に関係する有限性である。物自体は常に《それ以上》でありうる。有限性の問題は、世界が常に《それ以上》でありうるというだけでなく、現実はそれ自体、本質からして構成主義的であることをも示唆する。現実は完成しない。「しかしこの見方はさらなる仮定を生む。実世界は一元論者のいうごとく『永遠に』完成しているのではなく、永遠に未完で、常に追加や喪失が生じうるのではないか、と」。[*22]『多元的宇宙』の中でジェームズが付け加えるように、有限性の概念はすなわち、「現実の実体は決して完全には集めきれず、最大の集積をもってしても一部は外部に留まりうること、そして配分的な現実の形態、つまり個別の形態は、論理的に受け入れられ経験的に考えられるという点では、明らかに自明のものとして一般に黙認される全体の形態と同等であること」

---

†3　私たちは思考ないし存在（物自体）に直接迫ることはできず、その相関にしか迫れないとする立場を、フランスの哲学者カンタン・メイヤスーは相関主義と名付けた（メイヤスー『有限性の後で』）。カント以来の近代哲学は相関主義に則り、右のような人間の有限性を説くが、メイヤスーらはこれを批判し、思考とは独立した物自体へ迫ろうとする思弁的実在論を提唱した。新実在論者による有限性の批判とは、この相関主義に対する思弁的実在論からの批判をいう。

を意味する。[*23]

有限性と多元論のこうした結び付きは、明白な政治的・倫理的帰結を伴う。それは他者の現実に寄り添うことを要求する。「理解しがたいとみなされた者たち、これらの境界を越える者たち、境界を知りつつなお知らぬ振りをする者たちはどうなるか。そこには今も昔も問題含みとされる分類の、奴隷、女性、犯罪者、狂人、子供が含まれる。かれらを理解と政治参加の枠に入れるか、そこから排するかは論争の的であり続けた」[*24]。そして無論、ここには動物を加えてよい。ジェームズの多元論は他者の世界の正統性を理解するよう求める。他の世界から学び、その正統性を認める態度は、当然ながら主意主義[†4]に陥りかねない。しかしそこには、フーコーが警告するところの、警察秩序の全体主義に明確に反対する姿勢が伴っている。警察機構に由来する全体主義的な真実の教説に対し、ジェームズ的な真実の捉え方は、理解の枠から組織的に締め出された者たちに味方する。ジェームズ自身も生涯の中で、軍国主義と帝国主義に公然と反対し、米西戦争やアメリカによるフィリピンの植民地化を折に触れ糾弾した。彼の多元論は隣り合う者の世界を正統と認める。その哲学は至って社会的である。「ジェームズは均質化に抗い、明らかに自身とは異質な者たちを、自分が学び、変わる機会を与えてくれる者たちとして讃えた――戦争を愛する者、自然を憎む者、来世を信じる者、新しい医学を考える者、それにキューバ人、ハワイ人、フィリピン人らを」[*25]。この身振りは言説的ないし社会的な構築とは関わらない。ジェームズの多元論は寛容や自由主義を促す取り組みではなく、おそらくはより私たちを当惑させるもの、すなわち私たちとは全く異なる者たちの世界を真摯に受け止める取り組みである。
この思想は世界市政《コスモポリティクス》に繋がる。世界市民主義《コスモポリタニズム》は隣り合う者との接し方ではなく、見知らぬ者、よその者、異なる者との接し方に主眼を置く考えであるため、どちらかといえば奇異な倫理学・政治学とされてきた。それは自身と最も懸け離れた、最も異質の者たちを、積極的に受け入れ迎え入れる態度を求める。今日の人間以上の世界市政では、多自然的な現実における複数の多元的世界の関係が真摯に受け止められなければならない。この点の理論化をおそらく誰よりも進めたと思われるイザベル・ステンゲルスは、世界市政の議会を考案する必要があると唱える。

世界市政の議会は元来、即席の決定を下す場ではなく、局在を脱した場である。それは、一解決の形と同化することなく問題を前に躊躇する『私たち』が構築される時には、常に存在する。筆者はこの『私たち』を、ライプニッツがかつて述べた唯一つの標語に結び付けたい――Calculemus〔カルクレームス〕、計算しよう。おかしな表現であるが、戦時における平和の可能性を概念化するためにつくられた言葉である。……Calculemusはしたがって、「計測しよう」「加算しよう」「比較しよう」の意ではなく、何はさておき、敢行する取り組みの性格と条件に関わる「私たち」を創出しようという意味を持つ。それは真実や正義の名のもとに行動することで

†4　世界や精神の究極原理は意志であるという考え方。

はなく、通約可能性を創出することに関わる問題である。またそれは、創出される公約数の『真実』がその創出のはらむ可能性と常に相関関係にあると知ること、また、創出以前には根本的な異質性が存在し、要素間の連結に先立つ公約数はありえないと悟ることに関わる問題である。[*26]

この議会は人間だけのものではない——少なくともそうである必要はない。争点の一つは、世界における「私たち」の構築そのものである。生態学的には、それは在来種と非在来種を含まなければならない。海面上昇によって消し去られる島国、経済活性化のために安価なエネルギーを使っている貧しい国々、既にその戦略で便益を得ている豊かな国々を含まなければならない。消えゆく動物たちの全て、栄える動物たちの全て、工場式畜産場や繁殖工場で大規模な生殖活動を強いられながらも、栄えているとはとてもいえない動物たちの全てを含まなければならない。行く手に連なる生態学的な困難に対峙しようと思うのであれば、私たちはこの全てとそれ以上の世界を内包できなければならない。二元論の人物像が羊飼いで、一元論のそれが狩人であるとするなら、多元論の人物像は外交官である。ステンゲルスはあるインタビューで述べている。

外交が意味するのは、これこれの状況では戦争を行うのが普通である、けれども平和の希望は残されているかもしれない、ということです。つまり、平和は有望ではないまでも可能である、と。……私の思い描く外交官は、一つの事件として平和を発明する人物です。……平和が望まれる状況下での行動があるとすれば、それは外交です――希望であって信用ではない、というのもそれは、可能になることをめぐる問題であって、『真実をみること』をめぐる問題ではないからです。外交が成り立つためにここで重要となるのは、意味と意向の違いです。戦争状態が生じた時、「これは戦争を意味する」という時には、論理的に考えて、平和の場はありえません――それは勝つか敗けるかの問題です。けれども外交官は意味と意向のあいだで立ち回れる者です。人びとが意向を保とうと試み、そのリスクを負うかたわら、僅かな意味の修正が、論理的な必然で戦争へと至った矛盾の場に、連結の可能性をもたらしうるのです。[*27]

羊飼いが警戒の目で監視に当たり、狩人が略奪と殺戮を専らとするのに対し、外交官は複数の世界のあいだに介入して、私たち全てがこの地球上に共存できる条件を創り出そうと試みる。地球が温まり、氷原が溶けてなくなり、非在来動物に対して終わりなき戦争が進められ、膨大な他の種が生息地の消滅によって絶滅へと向かう中、外交官はウィリアム・ジェームズのいう「存在の作業場」へ赴いて別のあり方の創出に取り掛かる。というのもつまるところ、世界はできあがっておらず、何かは依然として抜け落ちると思われるからである。そしてつまるところ、希望はまだ残されているからである。

第三章　客か厄か賊か――種に印づけられた倫理と植民地主義による「侵略的他者」の理解

レベッカ・シンクレア、アンナ・プリングル

残忍な政治、経済の不安定、生態系の搾取を通し、グローバル資本主義が気候を激変させる中、ますます多くの身体が移動を始め、侵略種、難民、移住者といわれる者たちの数も上昇の一途を辿っている。こうした身体らは、時に客として歓迎され、時に厄、さらには賊の烙印を押される――生物学的ないし政治的な他者は、閉じられた安定的な共同体に訪れ荒廃をもたらす。しかし私たちは、どこに誰が属すのが正しいかを、いかにして知るのか。内なる者と外なる者を措定ないし構築すべく、身体、国民国家、生体共同体の境を設定し警備する、その仕組みはいかにあるのか。

本章では、侵略種の苦境、あるいは、侵略性と非在来性の構築によって、特定の種に印づけられた身体が殺しうるものとされる過程に光を当てる。以下で論じるように、侵略性は自然の有機的境界を中立的に捉えた概念ではなく、身体と土地の不適合に植民地主義的・国家主義的論理を押し被せた概念である。侵略性がつくられるのは、新自由主義の政治論理が、種差別的な生物学・生態学

の論理と掛け合わさり、人間（「北」に属し資産を所有する健常体の白人男性市民）の利益と倫理的な中心位置を脅かす「他者」を生み出した時である。二つの論理が掛け合わさるとは、生態系やいわゆる在来種などの科学言説が、その対象を読み解きうるものとするために、植民地主義的・新自由主義的な資産や領土や市民権の論理を拠り所とする事態を指す。同時に、国家は能力や健康、病気、土着性に関する生物学の枠組みを用いることで、土地や身体や境界に対する組織的な統制を自然なものと位置づける。本章は、単に侵略性が独自の仕方でこのような生態学と生物学の言説を新自由主義・新植民地主義・国家統制主義の論理と結び付けると論じるのではなく、これらの論理が互いを構成し合うこと、意味をなすために互いを必要とすることを示したい。したがって、亡命や国境警備や先住民の土地の占有などをめぐる今日的な危機に対峙することは、それらの権利侵害を機能させる生物学的・種差別的条件に対峙することをも意味する。加えて、種に印づけられた生を慮《おもんぱか》ることは、どこに誰が属すかを統制する国家主義的・植民地主義的論理に切り込むことを意味する。

　生物学と国家統制主義の論理が絡み合い、身体を土着者ないし侵略者と読み解きうるものに変える様子を確かめるには、イングランドのエセックス州にある小さな町に目を投じ、覆面画家バンクシーの描いたストリート・アートについて考えればよい。問題の絵画が現れたのは、市議会議員ダグラス・カースウェルが保守党からイギリス独立党（ＵＫＩＰ）へ移ったことをきっかけとする補欠選挙の直前だった。[*1] ＵＫＩＰは移住者と極度の他者恐怖症に怯える人種差別に凝った政党である。[*2] バンクシーの作品では、灰色の不安げな鳩たちが、単調で色彩のない、攻撃的な外部者嫌悪に駆られたＵＫＩＰを表わす一方、一羽の鮮やかな敵対者であるアフリカの渡り燕《つばめ》は見るからに人の共感を呼ぶ姿をしている。鳩たちが燕に向けるプラカードには「移住者お断り」「アフリカへ帰れ」「私たちの虫に手を出すな」と書かれている。

しかしながら、この鳥の朋友たちは、ヒト科の対応物に置き換わった単なる比喩や代理ではない。絵画の中の翼を持った身体らをよく観察すると、ある身体を歓迎すべき客として、他を厄や賊として理解できるものに落とし込むための、移住・境界・純潔・土着性・市民権・国家主義の複雑な連絡網が姿を現わす。このカワラバトたちは、ブリテン島の西岸と南岸に沿った断崖の生まれとみられ、イングランドの表象や物語で象徴的な立ち位置を占めることから「イングランドの鳥」と思われるふしがあるものの、実際にはそうした想像からこれほど懸け離れた鳥もいない。[*3] メソポタミアやエジプトの古代文明以来、この飲み込みの早い有翼の者たちは世界的に郵便配達に利用されてきたことから、全ての大陸を棲み家とするに至った。その生態学的な「出身」は実のところ模糊としているため、かれらはヨーロッパに限らず、西アジア、北アフリカ、地中海地方の生まれともいわれる。地球市民の典型といってもよいだろう。他方、鳩の挑発文句にある「アフリカへ帰れ」という国民国家的な一言も同じく語弊がある。緑色をした移住者には、燕からムシクイまで、種々様々な身体が該当しうるが、考えられるほぼ全ての候補者は一つの共通点を持つ――かれらは専門的にいえば、イングランドの「原産」なのである。例えば燕、すなわち「ヨーロッパツバメ」は、イングランドで生まれて巣をつくり、五から八カ月はイングランドで過ごし、移住先の南アフリカには僅か四から七カ月しかいない（その大半は渡りの時期である）[*4]。したがって専門的には、かれらはヨーロッパ原産となる。憐れな鳩たちは「在来種」とみえるにもかかわらず、しばしば厄＝害鳥とみられ、間引き、毒餌、非道な罠、ガラス片を散りばめた屋根、釘の生えた建築、営巣の防止といった残忍な現実にさらされるが[*5]、相手の燕は毎年子育てのためにイングランドへ帰ってくると熱烈に歓迎される。

翼の生えた親戚をさらに詳しく見ると、この絵画は帰属の国境設定という差別的政策に先行し対立する、いわゆる移動／移民の自然さを捉え損ねている。代わりにこの作品は、国家主義的・植民地主義的正統化という問題含みの過程を露わにしているが、国民国家その他の新自由主義的国境設定は当の正統化を通して、種に印づけられた身体と国境に対する不穏な権利を主張し、「自然界」を、国境政策や想像上の境界を保障するような形で読み解きうるものとする。言い換えれば、この絵画は自然の移動の流れを引き合いに出して差別政策の土台を崩すのではなしに、ただ鳥と人の他者が同じ国境と国家の論理に絡め取られることを確かめたに過ぎない。鳥の朋友たちが両者とも国民国家の領土論理に公然と逆らうことから分かるのは、科学的な世界解釈が自然を土着性や侵略性の場として構成するさまであり、そこではバンクシーが批判しようとしたところの、かのＵＫＩＰの移民政策を思わせる法的判例や地政学的な国境保障の思想が利用される。

最後に、差別主義者の鳩たちが「私たちの虫に手を出すな」と叫ぶジョークは、資本主義の論理をなす所有権と国家主義、およびアテナ・アタナジウのいう「(占有を)認められた」主体性を諷刺する。[*6][†1]が、これは同時に、ややこしい侵略種の振る舞いについて誤った印象を与え、いわゆる非在来の集団は、閉じられた生態系の境界内で平和に暮らす「市民」から、その正式に所有する資源を盗む存在と目される。資源は仕事でも医療でも虫でもよいが、それを盗むという想定が、特定の身体に侵略者の烙印を押す一つの基準となる。

以下では学際的枠組みの展開によって、この侵略性の言説における新植民地主義と生物学の問題含みの関係を解体することを目指す。第一に、筆者らはジュディス・バトラーとアテナ・アタナジウの剝奪に関する議論を追い、主体は空間・領土・場における認められた関係を撚《よ》り合わせる過程を経て読み解きうるものとされることを論じる。また、侵略者は新植民地主義的・新自由主義的な認められた帰属の概念に適合しない時には、読み解きえないもの、捨て去りうるものとされることを確かめる。本論では個としての身体よりも集合体(assemblage)に着目し、私たちが他者と劇的かつ繊細に絡み合う様態を強調する。第二に、筆者らは自然科学を介した侵略性の言説を辿り、生物学の記述における生態系概念の誕生と歴史を探る。生態系概念は領土の境界線を定め、「侵略者」の読み解きを可能とする排他的・国家主義的・定住植民地主義的な枠組みとなった。第三に、

---

†1　原語の「proper(tied)」は「適切な(proper)」と「資産を所有する(propertied)」を掛け合わせた言葉。訳語では「適切な=認められた」、「資産を所有する=占有を認められた」と解し、原語の掛け合わせを表現した。

本章は侵略性が依拠する種の言説を脱自然化し、種は問題を抱えた帰属・生態系ニッチ・地理学的境界の概念から生み出されると論じる。最後に、植民地主義的な土地と身体の構成を揺るがした後、筆者らは認められた帰属を再考すべく、侵略性（厄と賊）の厄払い政策に代えて歓待（客）の枠組みを用い、生態系の変化と越境の認識に迫りたい。新しい政治と政策を促すことを願い、結部では新たな形で共同体を読み解きうるものとする道、より愛のある形で共成変化（co-becoming）を果たす道を示したい。

これは生態学的な脱植民地化の取り組みである。すなわち、筆者らは侵略性の概念を調べ、これに逆らうことで、現行の定住植民地主義の基礎構造[*7]が独自の領土論理に従い、おのが得のため、種に印づけられた身体と土着の身体を構成することに抗議しかつ抵抗する。アメリカやカナダのような定住植民地主義国家が侵略種の枠組みを用い、共有された世界を種に印づけられた帰属の適正な領域へと不当に分割するとともに、越境者に対し迅速な（不）正義を行使することに筆者らは抵抗する。さらに、それらの勢力が侵略性を権力の具とし、主体的な種に印づけられた身体・知識・親族構造と土着のそれに対立し優先する形で、おのが人種的・経済的・政治的行動計画を保持することに筆者らは異議を唱える。すなわち、侵略種の言説における人間中心主義と種差別主義が、作家ビリー・レイ・ベルコートのいうように、定住植民地主義の論理の一翼なのだとしたら、筆者らの論考はベルコートがいうところの「定住植民地主義の論理としての人間中心主義を打ち砕く動物倫理」[*8]の構築を目指すものといってよい。本稿の狙いは、場と身体と関係をめぐる私たちの想像を脱領土化し、いわゆる侵略者たちが、互いと、他の生きものと、また私たちと関わる様態について、想像を新たにする余地を設けることにある。

剝奪と侵略的集合体

侵略性の分析にあたり、まずは危うさ（precarity）と剝奪（dispossession）の概念、そして全ての身体は——脅威とされるそれをも含め——脆弱であるという事実に着目するのがよいと思われる。危うさは、このあらゆる危うい生命らの中で、ある生命たちの価値が軽んじられるゆえんを問うよう私たちに促す。著書『生のあやうさ』と『戦争の枠組』の中で、ジュディス・バトラーは危うさを、身体の脆弱さに宿る是認と危険の共起状態として理論化した。[*9] 生命体の条件は、他者との根源的・例示的な関係に入ることにある。主体は「手のネットワーク」——さらに前足、翼、触手、蹄、鉤爪、房、鞭毛のネットワーク——に生まれ落ちることで、他ならぬ生の主体[*10]として広域にわたり維持される。身体が脆弱で関係的で相互に連絡し合っているからこそ、生は維持されながらも危険に置かれる。しかしこの生は皆に平等に分配されはしない。バトラーにとって、「生」は呼吸し光合成し関係を担う有機体である状態を指すものではない。生は誰もが有する、自然で中立的な（生きるか生きないかという）現象ではない。生は問題を抱えた人間中心的な、しかも（筆者らがみるに）植民地主義的言説にもとづく秩序であり、それは他の有機体の「生ならざる生」を現実から切り離すことを要求し、それによってみずからを維持する。

食用、家畜化、植民地主義、人種差別といった概念と同様、侵略性は承認可能性の枠組みであり、そのもとに、ある身体は種に印づけられ捨て去りうるものとされ、その生は現実から切り離され殺しうるものとされる。承認可能性とは、身体の扱い――どの生を認め、気づかい、悼《いた》むか、またどの生を周縁、すなわち怪物性と厄の領域に追いやるか――を統制する精密な知識と権力の母体群を指す。承認可能性の枠組みである侵略性は、特定の身体には倫理的・政治的理解の糸口となる性質を付与し、他の身体には無国籍状態や植民地化や死がふさわしいとされる性質を付与する。種に印づけられた他者（侵略種や食用動物など）の権利を奪われた身体について語る者、あるいは、身体が特権者の目的と衝突する生のゆえに認めえないものや殺しうるものとされる過程を書き留める者は、生と認められ尊重されるものの概念が、植民地主義の歴史から立ち現われる実態に目を向ける必要がある。

しかし、何が侵略性を無価値の生と結び付けるのか。非在来性が現実からの切り離しにどう繋がるのか。社会学者ジョナサン・クラークの的確な議論によれば、侵略種が殺しうるものとされる経路は二つある――「存在の大いなる鎖」において下位と目された場合（両生類はシロクマやホモ・サピエンスよりも殺しやすい）、および、認められた場に留まっていない身体と目された場合である。[*11] この「存在の大いなる鎖」という第一の点については本章で扱えないが、そうした弁護の余地がない暴力的序列が全くの論外であることははっきりさせておきたい。一方、後者は難民・移住者・追い立てられた身体・認められた帰属をめぐる種に印づけられた人間中心的な議論の核心をなすため、詳しい検証に値する。

バトラーとアテナ・アタナジウは、「認められた場」と捨て去りうるものの関係に触れつつ、危うさと剥奪の政治論理を結び付ける。[*12] 危うさと同じく、剥奪は身体間の「有害でありながら権能の元となる根本の依存と関係性」を表わし、まずもって「主体が生存する必須の条件」をなす。[*13] 剥奪は現前の形而上学とその閉じられた本質主義的な有形の主体を、相互に係り合う不安定な開かれた生成変化へと転じる。[†2] しかしこの根本的な繋がりには、搾取と侵害の可能性が伴う。関係としての剥奪の危うさは、（誰もが他の身体らに頼り、誰もが命を落としうる点で）「等しく共有されると思われる実存的範疇《カテゴリー》」である一方、「不平等が持ち込まれた」状態でもあり、そこでは特定の身体の価値もしくは主体性が、認識しえないものへと変えられる。[*14] 剥奪はこの関係性ゆえに身体が悩まされる位置の喪失、非正統化、承認不可能性の状態を指す。それは「主体性、生存、生存能力の条件を決定する規範的暴力によって厳しく課される」状態である。[*15] しかし一方で、剥奪は帝国の特権に浴する者ら[*16]がみずからの投資物件を守るべく、他者の危うさに付け込み、他者を立ち退かせるとともに理解・哀悼・保護の条件を操る事態をも指す。

---

†2　バトラーとアタナジウのいう「剥奪」は、他者との関係によって、独立した自由な主体性が制限される事態をいう。本文で後述されるように、権力のもとで一定の集団が権利や生活基盤を奪われ「持たざる者」となる事態もここに含まれる。したがって剥奪は、固定された主体（閉じられた本質主義的な有形の主体）を、良くも悪くも関係性の中で成り変わる浮動的な主体へと転じる。

剥奪に遭った身体、無国籍の身体は、主体性を司る所有・市民権・資産の枠組みに適合し損なえば、認められた悼まれるべき主体であり生命、価値を持つ存在として理解される可能性を失う。そもそも、アタナジウが指摘するように「『剥奪』は元来、土地の侵犯行為を意味した」[17]。デリダの唱えた存在地点学《オントポロジー》の考え方[18]（これについては後述）にしたがい、バトラーとアタナジウは主体性が空間・領土・地点《トポス》と特殊な植民地化された関係を持つと論じる。剥奪は存在地点学の一つの様式であり、それによる一連の統制のもと、主体と身体は認められた場に収まって（または収まらないことで）実体を得る。この主体性と所有（すなわち認められた場の占有）の関わりは、「所有関係が個性・帰属・行為主体性・自己アイデンティティに関する私たちの道徳概念を構築し統制するに至った」ことを意味する[19]。したがって、いわゆる侵略種をはじめ、剥奪に遭い放浪し移住する身体らの理解は「植民地主義的に埋め込まれた主権・領土・資産所有の認識論」[20]にもとづき、この認識論は特定の身体が道徳的配慮に値する主体と認められる可能性を体系的に排除する。

　注目したいのは、剥奪の論理が植民地主義的な土地管理のシステムを用いつつ、身体のネットワークを国境線で仕切られた領土へと変え、特定の身体を正しく帰属していないもの、侵略者として周縁化する過程である。（占有を）認められた主体性なき侵略者たちは、「ただ場を占めるのでなく、認められた場を」占める困難を課され、場を取り上げる、すなわち占有を認められた優越的な土着の身体を「居所から追い出す」ことになる[21]。が、次節でみるように、侵略種が取り上げた認められていない場は、占有を認められた主体、すなわち正当な種の生を保つ場にほかならない。というのもバトラーとアタナジウが述べるように、全ての身体は剝奪の論理と無関係でなく、排除される者は包含される者の読み解き可能性を維持するからである。私たちはみな、「規範的母体によって、また人種性・親密性・健常性・心身の性別・経済・市民権」――および種――「の位置に根差す実践によって、特定の《場における身体》」として維持されている。[*22] そのような形で、私たちは誰しも他者を侵略する者への生成変化に関与しているのであり、とりわけ他者が国家主義、人種差別、種差別、食品安全、および倫理における人間の中心性を脅かす存在と目され、侵略者として具象化される際にはそれがいえる。

しかし侵略性と剝奪は個の身体に関与ないし作用するだけではない。哲学者のメル・チェンによれば、危うい身体と物質はしばしば他のそれと絡み合い、強力で活動的な集合体を形づくる。[*23] ここではチェンの唱えた集合体という分析道具を借り（チェンはそれをドゥルーズから借りているが）、侵略者が固定されたアイデンティティの範疇に結着した身体としてでなく、意味・関係・接合のネットワークを通して立ち現われる仕組みを考えたい。クィア理論家ジャスビア・プワーが述べるように、集合体の概念は主体形成を考察する糸口となり、身体を「整然と種々の自己形成に分割することのできない可変的な集合体」と捉える。[*24] プワーと同じく、筆者らが集合体という分析道具に着目するのも、一つにはそれが種々の身体を政治的行為者になりうるものとみる点にある。すなわち、制度、水、細菌、プラスチック、侵略者は、主体性の差こそあれ、いずれも立ち現われる世界の形成に関与する。

植民地主義国家が侵略的脅威とみた集合体をどう取り締まるかを考えるに当たっては、アメリカとメキシコの国境に目を向けるのがよい。一九一七年に、シラミを介してチフス菌が入ってくるとの懸念から、エル・パソ〔テキサス州西端の都市〕を挟む両国の国境地点で検疫が行われだした。「メキシコ人は、かつては通過できた国境を超える際に、性別で分けられ、裸にされ、シラミが付いていないか検査された」。[*25]国境検疫が強化されたのはメキシコ革命の最中だった。これに先立つ一九一六年、ニューメキシコ州の国境に位置するコロンバスの町が、メキシコ人の革命家フランシスコ・「パンチョ」・ビリャに襲撃された。メキシコ人労働者階級の闘争に用いる武器と道具の獲得を狙ったこの襲撃は、アメリカ合衆国に対する外国勢の軍事侵略としては唯一の成功例と目されており、アングロ系アメリカ人の拡張主義に対する抵抗が起こった瞬間でもあった。[*26]寄生虫病、国家間移動、メキシコ人による反資本主義蜂起の集合体を前に、白人入植者国家は国境地点における免疫政策に打って出た。この政策では、白人の（占有を認められた）身体と有益な資材だけが自由な国境通過を許される一方、メキシコ人の身体は病的で厄病を運ぶものとみなされた。この認識は今日のアメリカ国境における移民の扱いにまで影響をおよぼし続けている。

例えば、世界貿易センターの崩落後に、もう一つの侵略的脅威の集合体が国境に現われた――農業テロリストである。9・11の後、農業科学者でかつて「侵略種の越境防止を担当」していた者たち数百名が、対テロ業務に再配置された。[*27]メディアの調査報告はこの後、国境機関が侵略テロリストの発見に血眼になっていること、アメリカが「秘かに増長して果物や野菜や貴重な森林を損ない続けてきた脅威」にさらされたこと、そのせいで国の食料供給の質が脅かされていることを強く訴える。[*28] 言及される賊＝テロリストは、ミバエやネキリムシ、アジア型マイマイガ――この翅《はね》を持つ美しい虫に付けられた差別的な名称〔ジプシーモスという英名〕が、その他者性を際立たせている――であり、その「農作物被害と駆除対策は数十億ドル」にのぼったといわれる。[*29] 侵略害虫に対する国民国家の脆弱性が判明すると、食料供給に象徴されるアメリカの活力維持が国家の優先課題となった。9・11の立役者たちは、アジア型マイマイガやその仲間と並んで農業テロリストの脅威という集合体を形づくり、合衆国国土安全保障省はこれを、9・11後の時代における危険な新脅威と称した。[*30]

しかし認知上の侵略的脅威の集合体は、植民地化された共同体にも影響する。というのも定住植民地主義勢力は時にみずから侵略的集合体として振る舞い、植民地主義の権力、居所を追われた種、侵略の目標、侵略の道具を統合して新たな浸食型の勢力〔集合体〕を形づくるが、先住民の故郷（や母国）を守るにはそれを言葉で捉えなければならないからである。私たちの侵略者理解は、国民国家の領土化と私的所有という厄介な概念に依拠する――筆者らの批判する近代の人間的な（占有を）認められた主体性の枠組みもこれを中核とする――が、バトラーとアタナジウが指摘するごとく、土地・空間・故郷に対する権利の正統性を主張することは、往々にして人びとが抗議を起こし自身らの不満を理解させるための、反発を生まない唯一の方法となる。特定の身体を侵略的と称することは、剝奪に遭った人びとがある土地を自身らの故郷と言い張り、害を訴え、主権の尊重を求める手段にもなる。パイプライン機材の搬入によって領土内に持ち込まれた侵略種に対し、ファースト・ネーション〔イヌイット以外のカナダ先住民〕が怒りをあらわにした事例を考えてみよう。[31] この人びとにとっては、脱植民地化の過程はパイプライン敷設への抵抗にあり、不満を言葉にする上で侵略種などの語を用いることになる——その侵略種自体が居所を追われ剝奪に遭った者たちなのであるが。

　最後に、政治学者ラフィ・ユアットの指摘どおり、「集合体の政治学」は「人間と人外の行為者がともに立ち働いて破壊的・生産的な政治効果を生む、そのネットワーク」に名を与え、抵抗の可能性を再構成する。[32] そのような抵抗者の具体的親類関係を表わす一例が、アメリカ先住民ポモ人と地域の楢《なら》の木々との数世代にわたる同盟である。これは植民地経済の介入と白人入植者らの環境に対する「抵抗の政治学の共有」といえる（今日カリフォルニア州北部として知られる地域では、入植者らの「持ち込んだ動植物と病原菌によって、ポモ人と地域の植生がともに損なわれた[33]」）。

　植民地主義的な身体の構成と、問題をはらむ土着者／侵略者の区別を解体する作業においても、侵略性という分析道具によって、領土と文化における虐殺的侵犯行為の中核にある植民地主義の暴力を考える切り口は残しておきたい。また、特定の種に印づけられた生命が、進化を続け時に暴力的となる生きものたちの関係の中で、危うさと衰えに面する現実も否定したくない。むしろ、認められた帰属と侵略性の解体は、可能な政治関係と枠組みの領野をさらに多様化させることに繋がる。それは領土と私たち相互の理解を脱植民地化し、侵略種の生を肯定すると同時に、植民地主義の侵犯行為とその暴力——流民たる種に印づけられた身体、土着の身体、移動する身体に対する暴力——を確かに把捉するための方途である。

新植民地主義と新自由主義にもとづく生態系の国境

侵略種を生み出す生命国家主義と占有を認められた者の論理を徹底して解明するには、侵略性を散漫な誤称でありながら生物学的現実でもあるかのごとく扱い、実体を伴った真の侵略的身体を見つけ出そうと努める私たち自身の衝動に立ち入る必要がある。というのも、生態学や生物学の中に、統一的な「侵略者」の概念など存在しないからである。侵略種の構成要素——非在来の身体を侵略的身体へと変えるもの——の定義は大きく変化する。土着性の形成すらも、これからみるように多分に問題をはらんでいる。しかし揺らがないのは、あらゆる侵略性概念の拠り所となる核心、「健全な生態系」の概念であり、その国境を非在来の者は侵略するといわれる。

しかしそれでいて、統一的ないし合意のとれた生態系の定義は存在しない。これはよく知られた話で、生態学者アーサー・タンズリーが一九三五年にこの語を用いて以来[*34]、今日まで変わっていない。いわゆる「自然」現象を解釈するモデルとしての生態系概念の系統、問題、理論的・実践的な価値と欠陥、および全体にみられる一貫性のなさについては、数々の歴史が書かれている。そこで注目されているのは、生態系を扱う諸科学が、各々、全く独自の俯瞰的視点からそれを考察するせいで、共通の研究対象が捉えられないものとなっていることである。進化生物学者は進化の過程に馴染む安定した固定的な生態系概念をつくろうと格闘し、集団生物学者は生態系に含まれる生物の種類・階層・役割の面からこの概念を定義するが、時間の流れにしたがう系や身体の柔軟性を記述できていない。生態系の定義があまりに分かれるため、環境科学者のロバート・オニールは「統合的・安定的・恒常的な生態系などというものはない。それは神話だ」とさえ述べている。[*35]

すなわちここにジレンマがある――「生態系」は現象・身体・関係・共同体を充分に説明できない上、あやふやなつくりでもありながら、誰がどこに属すか、境界線をどう引いて守るか、その地理上に位置する身体をどう取り締まるかを決定する中心概念となっている。今日の生態学理論は頻りに生態系概念を変更するが、かたや土地管理や個体数調整などの行いは、このつくられた境界のお仕着せを維持する。多くの者にとって、これは驚くに当たらない。フーコーいわく、「権力が主としてそれ自体の瓦解・衝突・不安定性の中で、それらを通して機能する」ことに驚いてはならない。[*36]したがって、生態系が問題含みの過去を負った不確定の用語であるという事実を示すだけでは足りない。それよりも必要なのは、権力が具体的にどう不確定なのか――権力がみずから命名しようとするその当のものを生み出す過程で、どのような知と専門の支配秩序を利用するのか――、その様態を示し、抵抗の戦略を思い描く資とすることにある。人類学者アナ・ツィンはこれをグローバル資本主義における摩擦の瞬間と言い表わし、「物事はこうである必要はなかった」ということを私たちに示すものとした。[*37]欠陥をはらむ生態系の言説が、それにもかかわらず、いかにしてなおも身体を構成し続け、厄払い的な生政治と捨て去りうる生命を強引に維持し続けるのか、その仕組みを私たちは捉えなければならない。

生態系が今日のように機能し続けるのは、それが生物学・経済・国家主義の言説を混ぜ合わせ、一つの強力な集合体を形づくるからであると考えられる。生態系概念はそれによって、資本主義的な生産、経済、国境、防衛、果ては民主主義の論理にもとづき、生態共同体を小さな国民国家として具象化する一方、定住植民地主義の論理を正当化しかつ読み解きうるものとする。そしてこの定住植民地主義の論理は、人種区分された身体や障害を負った身体、移動する身体等に進んで剝奪を仕掛け、自然を固定的で均衡のとれた、境界線を引かれたもの、また白人入植者の利用できるものとして担保する。南北戦争のさなかに生まれた生態系概念は知の支配秩序であり、白人植民地主義の科学知識を特権部位――時代観・身体観を真理として保持する場――と位置づけ正当化することで、植民地主義的な財産制度と主体性を再生産する。であるからこそ、アンドレア・スミスの論じるように、白人至上主義と父権制にもとづく土地編制を解体することは、植民地主義に抗する闘争になると考えられる。[*38]

世に知られた出版物で、最初に生態共同体の概念を扱ったものは、ジョージ・パーキンス・マーシュの著作『人と自然』で、刊行は南北戦争の終わりに当たる一八六四年のことだった。[*39] この戦争は大半の戦と同様、土地とあまたの身体に空前の被害をおよぼしたが、それは敵軍の資源と士気を殺ぎつつ、遊撃隊の長距離移動を助けるための戦略だった。戦争は産業と資源獲得の目を見張る拡大を要し、鉱山や森林や動物集団を大いに損なった。その木々や鳥たちの掃討が災いし、蚊をはじめとする「厄」が兵士らに惨事をもたらした。北軍だけで、戦死者を超える一一〇万人の兵士がマラリアや黄熱病に罹《かか》ったことから、アンドリュー・ベルは蚊を「第三の軍」と称する。[*40] この文脈では、資産所有者たる白人男性の主体性が、科学知識ならびに人種や種に印づけられた身体の管理と結び付くが、無害であるはずの生態系や生態学的健全性に関する理解はここから生まれる。戦争による甚だしい生態系の荒廃をみて、マーシュは失われた身体とその喪失が生んだ新たな不均衡を関連づけた。南北戦争による森林伐採、土壌侵食、蚊の増加、流域の淡水枯渇、それに定住植民地となったアメリカの景観を研究したマーシュは、「自然」の形態が変化していること、というより、人間がもたらす個々の変化が、周囲の身体に独特の予測可能な影響をおよぼすことを発見した。マーシュによれば、人類の活動は「いかなる生命形態にも勝る高次の権力」を形づくり、「自然が有機と無機の被造物のあいだに設けた」「絶対の平衡と均衡」を「崩し、関係を打ち砕く」。[*41] 特記すべきは、自然の均衡を損なう要因として、マーシュが人間による侵略種・異国種・移入種の持ち込みに注目している点である。「土着の動植物種は根絶やしにされ、よその生まれである他種に置き換わり、在来種の繁殖は大なり小なり叶わなくなり、地表は剝き出しとなるのでなければ、不本意そうに育つ新しい植物や外来の動物に覆われている」、そしてこの各々の作用が、周囲を取り巻く生態学的共同体にとてつもない影響をもたらすのだという。[*42]
見ての通り、マーシュは不均衡を読み解きうるものとするために、国家主義と経済と自然の言説を編み合わせ、果てしなく複雑な自然現象の関係を、人間の干渉の外にある、安定し固定された、閉じられたものと定義した。それによってつくられたのは、理想化された自然、生態共同体である。この共同体を彼は「水陸機械」「地帯」「生息地」「自然の秩序」と記述し、人間の破壊作用がおよばなければ比較的安定して変化のないものと見据えた。[*43] これを元とする生態系の定義は、しばしばシステム解析から生まれるもので、同じく平衡のとれた閉じられた共同体という概念に立脚し、この共同体は特異な均衡状態に至るべく、秩序原理にもとづいて協働と競争の平衡を決定するとの考え方を受け継ぐ。しかしながら、理想的自然を定義するには、攪乱された自然の仕組みを説き明かさなければならない。マーシュはその一つの方法として、生態学の論理と国民国家の領土概念を組み合わせ、破壊をもたらす「外来」勢力を構築した。『人と自然』は数章にわたって論じる。「人間がある植物を自生地から新天地へ移すと、そこに新たな地理的圧力を加えたことになり、これは一般に、その外来の植物に取って代わられた自生種の成長を妨げる結果となる」[*44]。こうした侵略者の読み解きを可能とすべく、マーシュは世界を渡る者に対する国家主義とオリエンタリズムの想像体系[†3]に働きかけ、アジアの穀物、日本の植物、東洋の花々、スペインの小麦、トルコの種など、国家主義の色を加えられたあらゆる生態身体の到来を列挙し、この「外部の」「異国の」「移住する」身体が「在来」「土着」の動植物にもたらす害を論じた。[*45] こうした「異国種」の大半は入植者の航海

†3　人びとが思い描く社会像の元となる諸々の制度や表象の総体。

に伴って「移民入国した」という。*46

マーシュの描く生態系は、土地の秩序立てに関する白人の想像体系を拠り所としており、この体系は、種に印づけられた身体や黒人の身体、先住民の身体を、資産、もしくは占有を認められた者の秩序に対する脅威と捉える。かかる想像体系が境界を定め、移動性を取り締まり続ける一方で、先住民の土地に白人が定住することを可能とする。生態系はなおも土地と集団、および連続する関係構造を小さな生態国家に分割するが、そのさまは国家主義の論理による地球の分割に酷似し、語りの複数性や国境を超える共同体を犠牲とする。生態系概念は同時に、国家主義の言説を介して侵略種を読み解きうるものに変える。先述した農業テロリストの越境に関する論文では、「アジア型ミカンキジラミ」「ヨーロッパ型ホソバヒメハマキ」「地中海型ミバエ」などと記された身体が、地理的侵犯によって読み解きうるものへと変えられている。

こうした国家主義的な生態帰属性は、意味論的次元だけでなく法的次元にも関わる。アメリカとカナダでは、非在来種を守る法律が総じて「原産国」の概念に立脚する。国家主義的想像体系は土着性や市民権や帰属を出生地と結び付けるので、生態身体はその生まれの地にもとづく生態学的国民国家の市民として理解されうるものとなる。移動する身体が国境を越えることで生まれる衝突に対処すべく、合衆国渡り鳥保護条約は、ロシア、カナダ、アメリカ、メキシコ、日本の生まれ（在来種）である特定の渡り鳥を、同盟国への移動中に殺してはならないと定める。他の地で生まれた鳥や、条約リスト（そのほとんどは一九七二年からそれ以前につくられたもの）に載っていない鳥は保護されない。[*47] 占有を認められた者の国家秩序に当て嵌まらない存在は、捨て去りうるものにされるのである。

この国家主義と生物学の言説の混合において、生態系は存在地点学《オントポロジー》の性格を帯びる。『マルクスの亡霊たち』でデリダが示した定義では、存在地点学は「現存者の存在論的価値をこの状況、安定し結構の整った位置決定、領土・生誕地・都市・身体一般の地点《トポス》と不可分に結び付ける公理系」を指す。[*48] デリダのいう存在地点学が、領土（「この」領土）による主体性への影響と構造的力学について語っているのだとしたら、生態系を存在地点学的な基礎付けとみることで、身体を《場における身体》、領土的帰属と結び付いて切り離せない存在としての身体とする図式が検証可能となる。生態系は正統化の構造として働き、身体を時空間の中で読み解きうるものとする。実際、領土的な生態系（すなわち生態国家）の帰属を保つ調節行為は、種に印づけられた（およびその他の）身体を、空間内に位置づけるだけでなく、時間内にも位置づける。つまり、ある系にいかなる身体が帰属し、その系がいかに境界線で区切られるかは、常に、いかなる歴史、誰の語り、誰の立ち位置に重きを置くかの問題である。生態系を読み解くには、移動・変化・位置転換する身体らの多数の歴史を犠牲にしつつ、単一のポラロイドを規範としなければならない。例えば、進化は今日もなお生態系概念の構造に重大な課題を突き付けている。生態系の論理は、異なる時間尺に沿って異なる集団に生じる、多様で複合的な、せめぎ合う変化を説明できない。そうした変化は統一的な系を、固定された有限の境界がない無制約の共同体へと変えてきた。[*49] 生態史家F・B・ゴリーが記すには、生態系理論の歴史の大部分にわたって、「生態系はほとんど時空間と無関係な形で研究されてきた。重要なのは、系を描き出せるだけの現実の系の振る舞いを、ある特定の時空間で捉えることだった」[*50]。この規範枠組みはそれから過去へ投影され、さらに未来へも投影されて、今後の系の働きを推測するために用いられる。

生態系概念は、剝奪の標的——侵略者、先住民の共同体、時に合わない者、場違いの者——を生み出し捉える一方で、受け入れ対象としたい身体をも生み出し、その記述と歴史を歪める。マーシュによる在来の身体や生態共同体の概念、およびそれに連なる諸々の定義群の読み解きが可能となるのは、オオカミ、ビーバー、バイソン、先住民集団、および他の数知れない共同体が「今日」の生態系から強引に消し去られたからでしかない。先住民や他の身体らが持つ関係構造は、植民地的な時空間秩序を乱すので、入植者が思い描くところの適切に秩序立った自然を維持すべく、除去されなければならない。アンドレア・スミスによれば、先住民の身体はしばしば汚染物とされるため、根絶の支配秩序、すなわち入植者的自然を成り立たせる集団殺害が要される[*51]。アメリカにおける国立公園の設立運動に触れつつアナ・ツィンは記す。「アメリカ先住民は追跡され殺害されてきた。生き残った集団は駆り集められて交易所や再定住地へ強制的に移され、そこで多くの者が力尽きた。それによってようやく、土着民の暮らしが形成に関わってきたところの環境が、神だけの創造しうる細工物の装いをまとい、入植者らの前に陳列されるのである」[*52]。

生態学的な存在地点学や、植民地主義的な時空間定位の問題もさることながら、生態系概念は国家主義的な国境論理を、資源や資産としての地球、さらには植民地経済の部分たる地球という経済的観念と融合させる。マーシュは生態系サービスという言葉——論争の的でありながら今日もなお使われる枠組み——さえ生み、「汚水の再利用」や「害虫防除」といった経済価値を生態学的サービスの特徴とした。[*53] しかし、人間化した入植者の共同体にサービスを提供するという点から生態系が読み解きうるものとなるだけで話は終わらない——生態系はそれ自体、小さな経済として概念化される。古典的な生態学理論の二大家、ユージン・オーダムとレイモンド・ローレル・リンデマンは、生態系は身体らのネットワークにおけるエネルギーの生産と消費を追うことで明確に捉えられると論じた。オーダムは系のあいだでのエネルギー交換を記述するに当たり、輸入や輸出といった語を用いた。[*54] リンデマンは「エネルギーは自然の通貨と考えられる」とさえ述べ、「食物連鎖《フード・チェーン》」や栄養構造の概念を考案することによって、階層システムの中で身体が占めるおおよその階級を言い表わした。後続者らはさらに、新自由主義的な「民主主義」を思わせる形で、生態系内の集合的な自動調整による競争と安定のバランスを語る。そこへ生態系における種の「専門職」を記述した生態系ニッチの概念を加えれば、通貨・階級制度・求人市場の揃った、新自由主義的に完全な、フル稼働する生態国家ができあがる。[*55] いわゆる「原産種」は——時空間内に強引に囚われた者たちも含め——、生態系内の資源を所有する存在とイメージされ、種に印づけられた身体は生産的な経済市民として読み解きうるものとなる。

対して、侵略種はアメリカ海洋大気庁——興味深いことに同庁は合衆国商務省の下部組織である

——により、「生態系の自然資源を脅かす」存在、「生態系ニッチ」や「限られた資源をめぐり在来生物と競争する」存在と公式に記される。バンクシーの描いた差別主義者の鳩たちが、自身らの帰属の正統性を虫の所有権によって示したように、自然資源は実際、生態系とその「正統」な居住者に属するとみなされる。種が侵略者となるのは、境界線を引かれた生態国家ののどかな「均衡」や想像上の進化論的平衡を脅かすと目された時であるが、それは人種区分された非市民が国民国家の主権と経済的安定を脅かすと目される状況に酷似する。

生態系を植民地経済とする見方を思えば、特定の「非在来」の身体が侵略者や厄や賊とされる一方で他はそうならないのも納得がいく。非白人の身体が、巨額の現金を持っていれば自由に国境間を往き来できるように、特定の容認できる種は、体制を乱さない貢献者や労働者、きちんと生産に携わる市民とみなされるかぎり、客となる。例えばアメリカの食料体制を支える身体は大半が「非在来種」に分類されようが、にもかかわらず客として歓迎される。他方、人種区分され非人間化された身体や特定の非在来種は、人類の経済的存続性や観念上の自然の「平衡」を脅かすとして強制的に排除される。ワカメやキヒトデといった身体は経済資源の脅威と受け止められる——かたやカナダのタールサンドから産出される侵略的石油の輸入などが奨励されている時にである（「外国産」〔中東産〕石油の貿易は危険をはらむ事業なので）[*56]。

では、生態系を平衡のとれた自動調整される統一体とみながら、適合しない者たちの排除に私たちが多大な投資をするのはどういうわけか。生態系はそこに存在する種によって決定されるといいながら、私たちが独自の植民地主義的論理にしたがって種を固定し排除するのはなにゆえか。生態学的空間に新自由主義の論理を投影するという詐術は、デリダの分析した民主主義の逆説を再現する。デリダによれば、民主主義はそれ自体の自己保存のため、時に保留される必要がある。[*57] 例えば一九九二年、アルジェリアでは非民主的政党の当選を避けるために民主的選挙を保留する決定がなされた。これに似て、希望ないし通念に適った「自然」秩序を保存するために、生態系の自動調整も保留され、特定集団は否応なく根絶される。しかしながらこの理想的生態系の保存に解体の余地があるというのは、それが大掛かりな人間の干渉抜きには成り立たないものだからである。還元できない不適合な身体や関係網が、理想の生態系の境界線を越え、生態存在地点学にもとづくサピエンス中心的な理解の枠組みを乱すと、かれらは居所に留まりそこで適切に振る舞わないということで、生政治の暴力に遭う。このサピエンスの生政治（とそれに絡む剥奪）の介入こそが、生態系概念の矛盾と非論理を露呈している。

生物学、経済学、植民地主義の知識体系が生む生態系概念は、現存する経済的・国家主義的な生政治の道具を、おのが防衛と施行に用いる。「侵略された」生態国家の国境を再防衛するのは生政治の道具と検問所であり、これらは州法や国内法を、電子タグの装着や生殖管理、戸口調査といった生体技術と融合させる。人間か人外かを問わず、非在来の者の出生率と生殖を管理し報告することは、危惧する者らを侵略者対策に向かわせる手法となる。エレナ・グティエレスは、人口過剰、福祉受給者の増加、メキシコ人移民の増大といったレトリックや、移民の子供の出産費用が過大であるという認識がもとで、一九六〇年代から七〇年代のロサンゼルス郡では、主にメキシコ人女性が断種の標的になったと論じる。[*58] 当時の環境保護論者は同じく、生態系での個体数増加を抑える方法として断種を奨励した。[*59]「侵略者」の根絶をその時代の生政治の道具と結び付ける物理的強行の例は枚挙に暇がない。[*60] 侵略的物資、例えばデンマークのペントバルビタール〔鎮静催眠薬の一種〕を輸入して、侵略者／犯罪者とされた多数の身体や、犬猫その他、人間の飼い馴らしによって生まれ、過剰繁殖し遺棄された「製品」を「人道的に」「安楽殺」するのもその一例である。他の悪名高い例としては、モンサントが製造しベトナムで使用されたオレンジ剤（ダイオキシン）や、ドイツで開発されナチスの絶滅収容所で使用されたチクロンB（シアン化水素）が挙げられる。

種を超えて——主体性の脱領土化

侵略種の概念が中立的な生態系概念を前提するように、侵略性や土着性の言語は、種が物理的な実体を持つことを前提とする。ある集団への脅威が読み解きうるものとなるのは、種の言説を通してである。が、侵略性と同様、種もまた自然で中立的な生物学上の実体を持たない。種は認識の枠組みであって、「科学的にこの概念が生まれた当初から政治色を帯び」、植民地主義と人種差別と異性愛規範にもとづく帰属と地理的境界の言説を通して立ち現われる。[*61]

ラデル・マクウォーターが種の概念の系譜学で述べるように、種の言説の歴史は優生学や奴隷制政策やアメリカ先住民に対する土地侵犯政策と不可分に結び付いている。[*62] 人種・異性愛・能力の言説は、形態的な特徴（身体の同一性）や生殖を種の区分の鍵とする上で悪名高い役回りを果たしてきた。有名な話だが、白人探検家が遠い異国の土地で多様な人間集団を「発見」した時、懐疑論者らは形態学による種の定義を持ち出し、有色人種や先住民集団は白人と同じ「種」には属さないと主張した。[*63] 性の分野では「父権制の内に宿る生殖の重視」により、進化論が異性愛的な生殖の規範を用いて種や進化を読み解きうるものとしたが、種の言説は同時に、変種たる人間身体（障害を持つ身体、クィアの身体、有色の身体）を「文字通りヒトという種の生物学的な敵」へと変えるのに利用された。[*64] 種の定義と人種差別の関係について論じながら、アレクサンドラ・イスファハーニ・ハモンドはいう。「一八世紀中葉にリンネが唱えた植物相と動物相の階層構造から、二〇世紀初頭にマディソン・グラントが唱えた北欧人種の優越性理論まで、生物学の分類法には植民地主義と奴隷制の論理が埋め込まれ、これは動物学の成果に導かれながら、ブラジルとアメリカの定住植民地のみならずヒトラーのドイツにおいても、生権力構造の軸をなしてきた」。[*65] この初期の種の定義と植民地人種差別や異性愛規範の重なりが特に顕著に表われているのが、種に印づけられた身体らとともに小人や先住民やアフリカ諸国の市民を展示した動物園の歴史である。[*66]

ただし、種の帰属や人間動物園に疑いが向けられたのは、現代科学が正しい種の線引きを明確化し、人種差別の誤った幻想を正したからだと思ってはならない。むしろこれらの歴史が物語るのは、種が常に、この言葉で指し示されるはずの身体に厳密に対応しない身体群を系統立てるものとして機能してきた実態である。マクウォーターが述べるように、「種の概念は、多源発生論者ら[†4]がそれをアメリカ先住民やアフリカ系アメリカ人に対して用いるより以前から、政治的にも道徳的にも中立ではなかった。種が白人を黒人から分離する上で抑圧的に機能しえたのは、それが既に、裾野を広げる人間活動に合う形で自然界における異性愛共同体の分離線を示す道具だったからである」[*67]。一七世紀に誕生して以来、この概念は驚くほど頼りなく、その定義をなす基準は常に揺らいでいる。科学の各領域は異なる分類基準をもとに独自の種の定義を用い続けている。生態学者は生態系ニッチに、生物学者は形態上の特徴に着眼した概念を用いる。そもそも、チャールズ・ダーウィンからエルンスト・マイヤーまでの時代に、「種の形成の哲学」を書いたリバティ・ハイド・ベイリー[*68]を筆頭とする多数の科学者らが、種の概念は客観的な実在であるか、観察者から独立しうるものなのかを問題にした[*69]。種が生物学的な実体を持つか、自然を整序化する人間の構築物であるかは、今もなお生物学界で盛んに争われている。

　この論争が、明瞭性と特異性を兼ね備えるはずのDNAという分子の言語をもってしても決着に至らないのは興味深い。それどころか、DNAが生物学、特に生物多様性研究の中で、ロジ・ブライドッティのいう「独裁的権威」を得ると、遺伝学は種の厳密な定義づけをなお困難にした[*70]。遺伝子はそれ自体が多様な単位であり、突然変異や性淘汰によって変質変動し、地域間でも地域内でも大きな差異がみられる。種の問題をめぐる高度に専門的な議論が交わされているのは、ミトコンドリア、クロモソーム、ヌクレオチド、その他、ミクロの立役者の競技場であり、その各々の存在論的重要性は、議論の的となっている種によって（鳥の一種かサメの一種かなど）、また議論の土台となっている科学によって変わる。生物学の種の分類と系統発生学のそれは、各々独自の種の概念を読み解きうるものとすべく、異なる遺伝物質を探し求める。さらに、かすかな連続性のみられる系統から種が分かれ、遺伝的に新しい種が誕生ないし進化する過程を追う中で、科学者らはマーシュに似た生物地理学の言語を用いる。すなわち、かれらは種の境界を固定すべく、地理的起源を突き止めようと努め、DNAを探し求める。鳥類は空の移動をするため、遺伝子にはしばしば領土間をまたぐ帰属を表わす非連続性の特徴が刻まれ、種分化の跡が追いにくいことでよく知られる。[*71]

少なくとも、種が明確なカテゴリーでないとはいえよう。身体はこの概念を超えるものであって、種が記述する特徴や知見に還元できない。よしんば同一のいわゆる種の構成員が全く同じDNAやRNAを持っていたところで、遺伝子は必ずしも身体を組織化する唯一ないし第一の決定因子ではない。DNAは基本的に、身体がどう組織化されたかを示す表面的な記述語としての役割を果たすのみで、身体が共同体を形づくり、ある選択へ向かう理由を説明する力はほとんど持たない。

しかしそれよりも指摘しておきたいのは、隠喩《メタファー》としての種が、身体の組織化の実際のあり方をゆがめて捉える、ないし覆い隠すことである。DNAに注目する視点は、種の科学が関心を寄せる単一の統一体を形づくる共身体（共生的・不可分的なそれ）や共成変化の多様性を説明できない。種

†4　人類は互いに独立した複数の祖先から進化したとする説の支持者。

は個体の分類を捉えようと試みるが、その集団を構成するところの、ともに進化し、ともに存在する身体・土地・作用の問題に行き当たる。事実、いわゆる種を異にする身体間での遺伝子の水平伝播（細菌から動植物へのそれなど）は、DNAだけで種を定義することをほとんど不可能とする。諸々の遺伝的決定基はこうした想像上の境界線を越える関係を持ち、種に印づけられた帰属の分類を無効化する。これを読んでいる読者のホモ・サピエンスとされるはずの身体も、実際には九〇パーセントが細菌からなり、一〇パーセントがその他であるに過ぎない。[*72] サピエンス自体が「細菌の諸民族」に入植された領土であり、ヒトの機能が細菌との遺伝的混合によって決定される事実も、「侵略的」他者の厄払い政策や純粋な種の区分に逆らっている。[*73]

種に印づけられた身体らがDNAと遺伝的帰属の統制下に置かれ、独自の組織化や自己理解の様式を覆い隠されるのに似て、先住民集団もまたゲノム解析の標的となって、遺伝的純血性や移住の歴史を決定される。[*74] 先住民研究者のキム・トールベアは、アメリカ先住民の身体からのDNA抽出がかれらの共同体にとって得となることはほとんどない、と指摘する。DNA抽出は植民地主義的技術であり、西洋科学が先住民の帰属の正統性を判定することを許す。遺伝学者、系図学者、それに部族の構成員を名乗りたがる者らが、何としても先住民DNAを検査し現金化しようと躍起になるかたわら、先住民の主権と共同体理解は、帰属に関する伝来の知が剝ぎ取られ、植民地主義的な科学知がそれに取って代わることで、土台を掘り崩される。[*75]

特定の遺伝標識が共同体の自己決定と知に優先される例を確かめるには、アメリカ先住民ハバスパイとアリゾナ州立大学のあいだで争われた近年の訴訟事件に目を向けるのがよい。一九八〇年代後期、ハバスパイの人びとは異常に高い糖尿病の発症率と遺伝因子の関わりを調べてもらう目的で、アリゾナ州立大学へ血液サンプルを提供した。ところが遺伝子検査の結果は返って来ず、二〇〇三年になってハバスパイは、大学が別の、要請されていない研究、遺伝的遺産や移住や近親交配に関する研究などを行っていたと知る。自分たちはグランド・キャニオンの地で生まれ、その守護のために遣わされたというハバスパイの歴史に相違して、遺伝子解析はかれらがアジアの出身であると告げた。[*76] キム・トールベアとジェニー・リアドンは、この遺伝学研究に関与した科学者らが「あたかもハバスパイのDNAを所有しているかのように――つまりその占有権と管轄権を有するかのように――振る舞っていた」と記す。[*77]

先住民集団は遺伝的遺産に帰することができない、あるいは、その遺産は歴史の全体像を説明しきれない、と単純に結論するよりも、私たちはむしろ、この人びとをそもそもの初めに一民族としたもの、すなわち、かれらの集結と自己理解の鍵だった歴史そのものを、これらの遺伝標識が曇らせ、覆い隠し、侵すのだと指摘しなければならない。これが最大の問題である――生態系と侵略種の言説を統括する植民地主義の組織化原理は、認められた帰属と領土へ世界を切り分けるのみならず、そうすることで、身体が組織化を遂げ、寄り集まり、共に成り変わる動きを、覆い隠し、しりぞけ、進んで潰しにかかる。

ハバスパイの人びとは、種の指定や遺伝系統や地理的な定住植民地の囲繞《いじょう》を超える主体性を示すことで、この植民地主義の枠組みを揺るがす。グランド・キャニオンの地とともに、その地と寄り添う形で成り変わってきたハバスパイは、欧米的DNA解析が示唆するような移住民や侵略者ではない。かれらは生態学的集合体であり、歴史の剝奪、地理上の親類の剝奪に抗する。身体は共成変化し、その形成は植民地主義の認識枠組みという問題含みの代物には還元できず、それでは把捉できないことを、かれらは実証している。ハバスパイの生が土地と結び付いていること、そしてこの共成変化がDNAや資産や国境によっては理解できないことを悟り、それを真摯に受け止めるとすれば、別の主体性が姿を現わす——多様な存在からなる世界と絡み合い、生成変化ではなく共成変化に特徴づけられる主体性である。この主体性は、私たちがみな、身体内と身体間において集合体であることを肯定する。植民地主義と種差別主義の論理が統べる、閉じられた有形の領土的な種・生態系・国家の圏域に代え、この主体性は、行為主体たる他者（人びとが侵略者と称したがる者も含む）とともに私たちが構想する、別のあり方に開かれている。私たちは「実験する」主体、「すなわち、絶えず、必然的に、関係的に、あるいは思いがけずも他者と出会う」主体でなければならない。*78

結論

それでは、欲求や目的や押し被された強弱様々な危うさの差異を認めつつ、共有された空間と居所《きょしょ》を描き直すにはどうすればよいのか。おそらく手始めは、欧米の白人入植者が握る土地の概念を改め、いかなる生や知や価値が集合的領域の権利を主張しうるかを考え直すところからだろう。追求すべきは、資産と所有と認められた帰属の論理を捨て去り、共成変化と客の受け入れへ向かう、一種の歓待である――その歓待は、植民地主義があらかじめ定めた時空間の秩序を壊し、帰属する者としない者を分ける白人の理解を揺るがすものでなければならない。

D・H・ローレンスの詩作品「蛇」を読み解くデリダの解釈は、この種の歓待を理解する手がかりとなる。[*79] この詩では、一人の男が家の水桶へ近づいたところ、毒蛇が水を飲んでいるのを目にする。場面は両者の危うさと渇きの瞬間から始まり、はっきり実体を持った異なる二つの身体が、一つの望みを共有する。蛇が静かに水を飲み、それと分かる脅威を何ら突き付けないのを見て、男は安全を脅かす毒の持ち主を害するよう説く「人間的教育」について考え直す。作中では、他者のはらむ脅威に関する、種に印づけられた知を揺るがすのは、男が初めて思い至った蛇の欲求の不確かさである――蛇が単に水を欲し、飲んだ後には去るのだとしたらどうだろう。蛇のはらむ脅威が、その危うさと求めによって薄らいでいたらどうだろう。そのような倫理的可能性を思って謙虚になった男が、争いの誘惑を断《た》ったことで、両者はただ自分のしたいように振る舞う。[*80]

ここに描かれた歓待の場面は、占有を認められた者の、種に印づけられた知による厄払い政策を解体する別の道を示す。この物語が歓待の見本例となるのは、男が自己満足的な気前よさから、自分の領分である水の隠し場で蛇が渇きを癒すことを許すからではない。ここに歓待が存するのは、客と主、居所と侵略者の二分が失われ、相互的な責任の感覚に置き換わるからである。最初にそこにいた蛇が男を客としてもてなすのか、男が蛇をもてなすのか。男は蛇よりも前でなく後にその場へ訪れるが、なお自分がこの他者に関し、またこの他者に対し、倫理的な責任を負っていると感じる。詩は男の独白で終わる。「私よりも前に私の水桶へ来た者がいて、私は二番客のごとく待っていた」[*81]。

この作品は厄払い的な国境政策に代わる二つの重要な脱植民地主義の発想を描き出している——責めと受け入れである。水を自分のものにしたいという人間中心的な欲求の責めを負って、男が他者の危うさを受け入れる点に着目されたい。男はそれと分かる脅威を突き付ける生命を損ないたいという衝動を問い直したあげく、逆に不確かさと受け入れの姿勢を肯定する。彼は種に印づけられた身体をめぐる問題含みの知の責めを負い、それに代えて行為主体性と選択の肯定を表に出す。この詩では、認められた帰属、資産、種に印づけられた知の保留が、形のある新しい結び付きの形成を促す。私たちもこれにならい、どこに誰が属すかを決める植民地主義的・国家統制主義的パラダイムの責めを負いつつ、他の身体と空間が、今日の領土や生態共同体の定義に縛られない——どころか、ことによるとそれでは捉えられない——形で、積極的に決定を下し、混ざり合い、成り変わる事実を受け入れることができるはずである。私たちがみずからの怠慢と暴力の責めを負い、他者——危険にすらなりうる他者——に対し責めを果たすには、かれらが自分自身で決定を下すその積極性を前に、謙虚さを持たねばならない。これは解体的な歓待であり、私たち自身の知の支配秩序と、領土を植民地化して境界を示す試みを、進んで剥奪に委ねる形で、責めを負うよう私たちに求める。[†5] 私たち自身が剥奪を受けることで、新たな関係的集合体に関わり、危うい／侵略的身体の境界と圏域に応じる道が開ける。ダナ・ハラウェイの言葉を借りれば、私たちは「境界構築の責め」を負いながらも、「境界の混沌を喜ぶ[*82]」ことすらできる。

この同時的な責めと受け入れを見事に表わしているのが、先に触れたアンドレア・スミスの例である。在来性と侵略性を解体する本稿を書いている最中に、この学者の非土着的アイデンティティをめぐる論争が起こった。脱植民地思想と先住民研究の著作で知られるスミスは、研究歴を通し、自身をアメリカ先住民のチェロキー人とみてきたが、チェロキー人の共同体員や他の先住民フェミニストらは彼女に対し、先住民を名乗らないよう繰り返し要請してきた。[*83] 植民地主義的な戸口調査・土地管理・文化粛清の枠組みは、共同体や土地に対する先住民の権利の主張を分散させ剥奪する。そうしてこの枠組みは、文化盗用や里子養育制度、植民地主義的認識枠組みなどを通し、帰属と血統の捏造・誤伝・抹消・無効化を可能とする。先住民として通ろうとすることで——さらには産学複合体の名士界隈に名目的な先住民の代表として招かれることで——スミスは植民地主義的なアイデンティティ形成の仕組みを利用し、チェロキー人をはじめとする先住民の共同体と学者にさ

---

†5　この場合、私たちの知の支配秩序や境界設定を剥奪するものは、土地や他種存在と私たちとの関係である。すなわち私たちがみずから特権を手放すのではなく、他者との関係を通して自身らの特権が剥奪されたと悟り、その認識にしたがって行動を改めることがここでの要点となる。

らなる剝奪を加え、かれらの姿をさらに見えなくした。スミスの振る舞いは、「入植者らが先住民の生活を全面にわたって占有し、その領土と存在の継続的な剝奪と共犯関係にある自身らを赦免しようと図ってきた歴史」[*84]を強化する。ただし、先住民フェミニストの学者らが連名の公開書簡で記したように、これは誰が正統な先住民で誰が違うかの問題ではない。「アンドレア・スミスに関する危惧は、国家統制主義的な形の登録・不登録、連邦政府の承認の有無から生じるのではない。血液定量〔血の濃さ〕その他の生物学的な本質主義の帰属概念は関係ない。……私たちの危惧は、現在を形づくる痛ましい植民地化・奴隷制・集団殺害の歴史を背景に、何としても必要とされる透明性と責任に関わるものである」[*85]。

この先住民フェミニストの学者たちにならい、また「侵略的他者」を処分ないし受容したがる誘惑をしりぞけ、筆者らは脱領土化された主体性、そして新たな種に印づけられた関係を支持する。透明性のある責めを負った主体性が、いわゆる在来と非在来の身体を苦しめてきた痛ましい植民地主義の遺産を真摯に受け止めることを求める。固定されたアイデンティティとしての土着性と非土着性を探すことはやめ、なおかつ場と危うさを肯定したい。すなわち、国境と帰属の概念をまるごと無視するのではなく、国境の形成過程を確かめるとともに、私たちの暮らす世界の現実を真摯に受け止めることが必要である。この世界では、特定の地球存在が欧米的な生の配置の中で殺しうるものとされ、特定の生活様式（厄払い政策や廃頽資本主義）は他者の繁栄の力を侵略的に殺いでいる。厄払い政策に抵抗する試みの中で、筆者らは単独で戦う力を欠くと悟り、時間と地理と学問的帰属の国境地帯へ向かった。筆者らは互いに、学問上の侵略性とでもいうべきものを必要とした。さらにはグーグル・ドキュメントに関する論文まで書いた[*86]——至極近接的で個人的にみえながら、三時間の時差がある数千マイルの彼方で働く者の、風変わりなカーソルに出会う、あの電脳国境地帯である。自分たちが植民地主義の仕組みに埋め込まれている事実を認め、学問的限界に向き合い、互いと、また各々の形ある共同体と集合体をなす過程を経て初めて、筆者らは責めを負いつつ自身の存在論を剝奪に委ね、新しい関係の構想を受け入れることができた。

さらに前進するには、先住民研究者ティイエイエイケ・アルフレッドのいう根本的想像力が必要である。根本的想像力は、侵略種と侵略的他者を統制し処分する定住植民地主義の論理を離れ、新しい関係の可能性を開き、揺さぶり、変えることを可能とする。アルフレッドが論じるに、今日の北アメリカでは、根本的想像力は「この土地とそこに存する一切を、資本主義的事業のための単なる資源とする見方を拒むことを意味する[*87]」。アンドレア・スミスが記すように、移民が（付け加えれば、いわゆる侵略種が）問題になるのは、土地を資産とみるからでしかない[*88]。根本的想像力は、この地を「ヨーロッパ帝国主義のテクストに植え付けられた衝動と欲望を満たすために利用濫用すべき儲けものの商品ではなく、聖なる故郷」とみる[*89]。その想像力は種に印づけられた身体をみつめるに当たって、問題をはらむ生態国家の論理を離れ、代わりに私たちが侵略者と呼びたがる他者の特異な欲求を考えつつ、予定調和的な厄払い政策が新しい未来の芽を摘むことに抗うだろう。これは衝突や喪失や死を無視する理想化された自然観ではない。それは誰が留まり誰が去るべきか、そしてより重要な点として、誰が決定を下すかをめぐる、私たちの第一感を進んで問い直す態度である。種に印づけられた身体らが、積極性と十全性をもって、私たちの政策に抗い自身らの運命を決めることから、筆者らはかれらとその共同体を信頼したく思う。ラフィ・ユアットのいう「より干渉の薄い再野生化戦略」[*90]を推しつつ、同時に新植民地主義の統制と先住民の抹消に関して責めを負い、その償いをしたい。[*91]著述家リアン・シンプソンの言葉は、この想像力が居所と客の概念を緊張関係に置くさまを言い表わしている。「私は国民国家ではなく、それになろうともしない。私たちの政治と民族意識を生むものは、暴力によって防衛される囲い地ではないが、それでも私たちは故郷を持つ。私たちはそれを太古の昔から持っていた」[*92]。このような根本的想像力によって私たちが向かうのは脱植民地化された世界であり、そこではあらゆる種類の親族同胞が序列なき関係の中に生きる――その関係にあっては、各身体の移ろいゆく配置と選好が、普遍的体系によって認識ないし整序されることはない。

これを心に留めた上で、最後にデリダの議論を補うべく、「海亀の島と空の女」の物語に目を向けたい。この話は脱植民地化の想像体系へ向から本稿のアプローチを再確認するもので、人間による境界と帰属の形成に代え、種に印づけられた生命と共同体の行為主体性を中核に据える。物語は人間が地球に訪れるよりも前の時点から始まる――そこでは二足の者は居所を持たず、侵略者の予備軍となる。実際、先住民研究者バネッサ・ワッツがベントン・バナイを参照しつつ指摘するように、「先住民の創世神話の多くでは、人間が地球に訪れた最後の種であるという考え方が主流をなした。それは人間が、既に機能している社会に依存する形で訪れたことをも意味した」[*93]。地球の空が呼吸に適さなくなり、海が酸性になるという話の展開は、私たち全てが剝奪のもとにある存在で、根本において相互に繋がっていることを想い起こさせる。ワッツが「場の思想」と言い表わしたこの先住民の世界観は、現前の形而上学にもとづく搾取的・人間中心的生態学と鋭く対立する。海亀の島の物語は、「全ての生きものが魂を宿すという考え方を受け入れる」よう聞き手に求めるが、その魂は「生態系内の複雑な構造にも収まらない。すなわち、人ならぬ存在は他の人ならぬ者らといかに暮らし、係り合い、関係を築くかを選択する」[*94]。その世界では、生命が生じるところの空白とも思える段階にある泥までが行為者であり、所有された、ないし物言わぬ身体ではない。海亀の島の創世神話は、空の女が「土地、あるいは領土となった」[*95]顚末を伝える。空の女が領土に成り変わる展開は、私たちがみな地球と複雑密接に絡み合っていることを語る。したがってこの物語を紹介する上で、筆者らはワッツに賛同し、これを作り話とけなしたがる衝動に抵抗したい。思い出さねばならないが、植民地主義は、一面では先住民の身体や種に印づけられた身体を、自身らの世界に対する不信へと向かわせることで機能する。

海亀の島とは、筆者らが本稿を書いている土地、ヨーロッパ中心主義のもと北アメリカと称される地を指し、複数のファースト・ネーション共同体の創世神話に現われる。その一つ、カネーサターケの人びとによる語りでは、話は世界一面が水だった大昔の時代から始まる[*96]。水の中にはビーバーや臭鼠《におい ねずみ》、獺《かわうそ》、海亀、魚などの動物たちが暮らし、その仲間には水鳥の鴨《かも》や真鴨、鷗《かもめ》、雁《がん》、阿比《あび》、白鳥らがいた。水の上には空の世界があり、空の人びとが住んでいた。ある日、空の世界の穴から下界の水へ、空の女が落ちた。落ちる空の女を海鳥らが受け止め、大きな亀に向かって、彼女を背で休ませてくれないかと頼む。亀は承知し、空の女を休ませる。すると空の女は水の動物たちに語りかけ、もしここに土があれば、空の世界から持ってきた種を植えることができると話す。いくらかの動物たちが彼女のために水底へ潜ることを申し出る。まずビーバーが向かったが、戻っては来られなかった。次に獺が潜ったが、同じく帰ってこなかった。しばらくして臭鼠が挑戦し、手に泥を持って再び現われた。海亀は背に泥を載せればよいと空の女に言い、泥から地球が育ち始めた。この物語は空の女とその子ら（私たち）の運命を、海亀や他の地球の生きものたちの運命と結び付ける。海亀の背に乗る客として、私たちは侵略性と土着性という植民地主義の分類を崩し去る責めを果たし、また国境線の引かれた入植の地理学や厄払い的な生態系管理に係り合っている責めを負わなければならない。海亀や臭鼠、鳩、燕、蛇、獺と、泥や種々の細菌類と、マツノキクイムシやオオヒキガエルと、そして他の危うい者や侵略者とされた存在と、親密な繋がりを見出そうと欲すれば、私たちは脱植民地化の未来へと向かい、全ての者を縛る危うさと剝奪を認める新しい道を究めることができるだろう。

第四章　ユダの豚

——サンタクルス島の「野生化」豚殺し、生政治、ポスト商品物神

バシレ・スタネスク

『ニューヨーク・タイムズ』紙の二〇〇六年ベスト一〇冊に選ばれた著作『雑食動物のジレンマ』[*1]の中で、ジャーナリストのマイケル・ポーランは「侵略種」（とりわけサンタクルス島[†1]で殺されている「野生化」豚）の例を引き合いに出し、動物の権利論と環境保護論が本質的に両立しえないことを証明しようとする。のみならずポーランは、個人的にサンタクルス島の野生化豚を狩り殺すまでにおよび、その体験を至極楽しんでハイになった気分に譬える。[*2]同じく、フェミニストのダナ・ハラウェイは著書『種が出会うとき』[*3]〔邦題は『犬と人が出会うとき』〕の終わり近くでサンタクルス島の野生化豚を食べた時のことを振り返り、野生化豚は環境を壊すので殺してもよいのだと語る。[*4] T・C・ボイルの二〇一一年の小説『殺しが始まる時』[*5]もサンタクルス島における野生化豚の

---

†1　カリフォルニア州南西に位置するチャンネル諸島の一つ。

殺害を扱う。[*6] 特に話の展開の中心を占めるのは、動物の権利活動家と生物学を修めた環境保護論者の激しい対立であるが、描かれる動物の権利活動家は良い印象を与えない。[*7]

筆者はここ数年、ポーランの著作――および より広い「地産地消」の「人道的食肉」運動――を主たる研究テーマとしてきたので、[*8] 本章ではポーランによる野生化豚殺しの議論に焦点を当てたい。ただし、本章は独りポーランだけに留まらない広汎な動きに目を向け、より大きな問題である「動物の権利論」対「環境保護論」という想像上の対立を検証する上で、サンタクルス島の野生化豚殺しが類のない有用な「試金石」となることを明らかにしたい。言い換えれば、サンタクルス島およびチャンネル諸島における野生化豚殺しが元となって、大衆文化、批判理論、文芸の有名作に共通の所見が生まれたのであるが、これらの作品は一体となって、野生化豚の殺戮は野生化種駆除の模範例だと論じる。[*9] 例えばサンタクルス島の大半を所有する環境団体ザ・ネイチャー・コンサーバンシーは、野生化豚集団の駆除が、将来の侵略種駆除全般の「モデル」[*10]「代表例」[*11]「青写真」[*12] だと言い張る。したがって野生化豚の駆除に関するマイケル・ポーランの議論を調べる作業は、単にマイケル・ポーラン、「地産地消運動」、野生化豚、さらにはサンタクルス島の問題に向き合うだけでなく、「侵略種」の話題で特によく知られ、評判も高く言及も多い事例の一つに迫る一方、環境に関心を抱く学者・理論家と人外の動物の生に関心を抱く学者・理論家が相いれない関係にあるという支配的な議論にメスを入れることにも繋がる。

筆者は逆に、ポーランもサンタクルス島の事例も、右に述べた「相いれない関係」の実在を証明できていないと論じる。それどころか、サンタクルス島における野生化豚の駆除は、環境への懸念が主たる動機となって進められたものではなく、市場向きの「自然」像をつくり出したいという欲望から進められたものだった。さらに筆者の見解では、この動物たちを殺した技術的手法は、自然や「自然らしさ」や環境の「世話役」に関するいかなる伝統的な理解にも真っ向から反する。筆者はこの外見上望ましくない存在と目された種の文字通りの大量殺戮に、防疫のシステムという装いをまとわせる基盤は、商品物神と生政治の概念によってよく理解できると考える。そしてこの殺戮は保護を装うことで、つまるところ地球最大の侵略的・環境破壊的動物が、小さな島に暮らす豚たちではなく、他ならぬ私たちであるという現実を覆い隠す役割を果たしている。

第一部　豚と鷲と狐の話

サンタクルス島の大半を所有する民間非営利団体ザ・ネイチャー・コンサーバンシーが環境保護の観点から野生化豚殺しを擁護するのは、それが生物多様性と絶滅危惧種の動物を守るのに必要だから、とのことである。いわく、野生化豚はイヌワシを引き寄せ、そのイヌワシが島にみられる絶滅危惧種のキツネを狩り始めたのだという。この話題を扱ったアメリカ国立公園局のウェブサイトと印刷版の公報はこう説明する。

野生化豚はシマハイイロギツネを激減させた主要因である。子豚はイヌワシにとって一年を通し得られる食料となり、そのおかげでかつては稀もしくは時おり訪れるだけだったこの島は、生息域を広げて島に定住し、その集団がシマハイイロギツネを狩るようになった。イヌワシによる捕食はサンタクルス島、サンタローザ島、サンミゲル島のキツネを絶滅の淵に追いやった。[*13]

この物語を下敷きに、ポーランは動物の権利論と環境保護論が本質的に対立すると論じる。『雑食動物のジレンマ』で彼は述べる。

先述したように、国立公園局とザ・ネイチャー・コンサーバンシーに雇われた狙撃手の部隊は、カリフォルニア州南岸から一八マイル〔約二九キロメートル〕の地点にあるサンタクルス島で、何千頭もの野生化豚の殺害に従事している。この掃討は野心的な計画の一端で、島の動植物生息地を修復し、シマハイイロギツネという、南カリフォルニアの僅かな諸島でしかみられない絶滅危惧種を救済することが目的である。キツネを助けるため、国立公園局とザ・ネイチャー・コンサーバンシーはまず、一世紀以上も前から人間がもたらしてきた複雑な一連の生態学的変化を帳消しにしなければならない。[*14]

しかし、この単純な物語はマーケティング戦略であったことがほぼ判明している。初めに豚駆除計画を推進したチャンネル諸島国立公園の前監督官ティム・セトニカと、計画の元となった島の環境アセスメント報告書[*15]を作成した共著者らは、計画の主たる動機が環境保護でなく美学的なものだったと白状している。セトニカは説明する。

キツネの回復計画に割ける資金がなかったので、我々は計画を売り込むためにメディアの情報操作を思いつき、イヌワシが公園の島々に住み着いた大きな原因は豚だということにした。これが豚を悪者に仕立て、豚駆除計画を支える助けになる。人びとには言わなかったが、一九九一年までに我々はサンタローザ島の豚を殺し尽くしたので、ワシが食べる豚はいなかったのである。もちろん、イヌワシは豚を食べるが、キツネの方が捕まえやすいのだから、遥かに多くそちらを食べる。[*16]

この告白を受け、全米人道協会〔アメリカの大手動物福祉団体〕の計画・政策首席担当官マイケル・マーカリアンは、豚の駆除に避妊法計画を用いるよう勧めた提案があっさり却下されたことを明かした。[*17] セトニカとマーカリアンによれば、野生化豚殺しの動機は環境への懸念ではなく、人間からみた魅力の欠如と血筋だけを理由に、標的の動物種を片っ端から撲滅したいと願う欲望だった。[*18]

時間を割いてセトニカとマーカリアンの言葉を引いたのは、ポーランがこれら全ての言葉が載った記事を引用しながら、その主張の全てを単純に無視しているからである。[*19] さらに、セトニカはチャンネル諸島国立公園の監督官を務め、ザ・ネイチャー・コンサーバンシーが豚駆除の根拠とした環境アセスメント報告書の「詳細はこちらまで」にも名を連ねていたのだから、[*20]ザ・ネイチャー・コンサーバンシーも右の批判を把握していると思われる。が、ポーランと同様、ザ・ネイチャー・コンサーバンシーのウェブサイトや刊行物を総ざらいしても、批判への言及や反論は一つも見つからない。野生化豚の駆除計画に数々の批判が寄せられている事実を知らないはずがないにもかかわらず、ポーランとザ・ネイチャー・コンサーバンシーはただ恣意的な省略をすることで批判への回答に代える。例えばポーランは、セトニカが豚駆除計画をマーケティング手法だったと認めた先の特集の前半部を直接引用しながら、セトニカの告白も記事の残りの部分も全く紹介せず、それに答えもしない。ポーランは記す。

全米人道協会の代表者「マイケル・マーカリアン」は特集記事「ティム・セトニカの告白が載った当の記事」の中で「傷ついた豚や母を失った子豚が犬に追われ、ナイフや棍棒で息の根を止められる」と語っている。公園局の生態学者が注目している「種としての」ブタから、傷つき母を失い、犬と棍棒を振るう男らに追い詰められる個の豚の姿へと視点をずらす、このレトリックに注目しよう。[*21]

ポーランは駆除計画が環境保護と何の関係もなかったことをチャンネル諸島国立公園の元監督

官が認めている点には一切触れない――全米人道協会が豚駆除の代替法として避妊法の使用や不妊化を提案した点にも、他の島で行われた種の根絶努力が惨憺たる結果を招いた点にも、ザ・ネイチャー・コンサーバンシーの唱える環境保護の議論が上辺だけのものだと複数の団体が指摘している点にも触れない（これら全ては同じ特集記事の中に書かれている）。代わりにポーランは、動物の権利活動家による批判は個の動物の苦しみと種としての動物の苦しみを区別することにのみ由来すると偽るが、彼が自分の引いた記事の一部だけに目を通し、そこにあった批判の記述は読まなかったなど考えられない。要するに、ポーランは最初の段落だけを、完全に文脈から切り離して選び出し、人道協会（および、敷衍してあらゆる動物の「権利」団体[*22][†2]）の問題全体を歪めて伝えたのである。人道協会が実際に論じているのは、ポーランが示そうとする内容と違い、個の動物か集団の種かという問題ではなく、さらにいえば環境か動物の権利かという問題でもない。そうではなく、人道協会が指摘したのは、この島に少なくとも一五〇年のあいだ暮らしてきた豚たちが、侵略的な野生化種だから殺さなくてはならないとの主張は、真に有力な証拠なしに豚殺しを正当化するための煙幕として使われた、という問題である。人道協会（および多くの動物の権利団体）は、個

†2　＊22にもあるように、全米人道協会をはじめとする動物福祉団体と、動物の権利団体は区別される。前者は人間による動物利用を否定することなく、動物の境遇改善を目指すのに対し、後者は動物利用そのものの廃絶を目指す。

が種に勝る、ないし環境が動物の権利に勝るべきだといった話をしているのではなく、環境保護のレトリックは戦略的に用いられ、そこには動物を守る意図など微塵もない代わりに、ただ美学的理由やマーケティングの視点だけで進められる野生化豚の大量虐殺という現実を覆い隠す意図のみが存する、ということを論じている。

ポーランがこの事例を取り上げたのは、事例そのものから導いた理論を説明するためでなく、事例の「切り貼り」によって、自分が信じたがっている理論を証明するためだったように窺われる。[*23]というのも、ポーランは『雑食動物のジレンマ』刊行の数年前に、これと同じ章（「個」の動物の権利と、「集団」たる種の損害および環境保護論との、いわゆる対立に関する議論も含む内容）を、『ニューヨーク・タイムズ』紙の記事として発表したが、そこには一つ、大きな違いがあった――サンタクルス島のくだりとなる部分は、「ライトソン島」の話になっている。以下が『ニューヨーク・タイムズ』紙の記事に使われた当初の内容（サンタクルス島の代わりにライトソン島の記述がある部分）である。

一六一一年、ファン・ダ・ゴマ（別名・海に迷ったファン）は、偶然にもインド洋に浮かぶ六平方マイル〔約一六平方キロメートル〕の岩礁、ライトソン島に辿り着いた。ただ一つこの島で独特なのは、ここがアルカニアの木とそこに営巣する鳥、ライトソンオオウミスズメの原産地として唯一知られる場所だったことである。ダ・ゴマと乗組員らは一週間ここに留まったが、大半の時間を、船から逃げた山羊を捕まえようという無駄な努力に空費した——ところで、この山羊たちは身ごもっていた。四世紀近く経った頃、ライトソン島には三八〇頭の山羊が住み、届く範囲の草木をほぼ食べ尽くしていた。島で最も若いアルカニアの木でさえ三〇〇歳を超え、ウミスズメは僅か五二羽しか残っていない。動物の権利論からすれば、この山羊たち一頭一頭が地球で最後のライトソンオオウミスズメと少なくとも同等の生きる権利を持ち、木は情感〔快苦を経験する能力〕を具えないので何らの道徳的配慮にも値しない（一九八〇年代の中頃にイギリスの環境団体が山羊の射殺に着手したものの、哺乳類解放戦線がその事務所を爆破したために、計画は中断を余儀なくされた）。

生物学者デビッド・エーレンフェルドの著書『やり直し』に綴られた、このライトソン島の話から少なくとも窺い知れるのは、個の権利にもとづく人間の道徳は自然界に応用すると、うまく馴染まないということだ。驚くには当たらない。道徳は人間文化の産物で、社会関係の取り決めを助けるために発明されたものである。だからそれにはよく使える。けれども、知っての通り自然が人間の社会行動に満足な指針を与えないように、人間の道徳体系が自然に満足な指針を与えると考えるのは人間中心的ではないだろうか。自然界との接し方を導くには、別の倫理枠組み、今日の人間に権利概念が馴染むのに似て、植物、動物、生息地（情感の価値が希薄になる対象）の特別な求めに馴染む枠組みが必要になるだろう。[*24]

問題は「ライトソン島」が存在しないことである。この島はデビッド・エーレンフェルドが著書『やり直し——新千年紀の人と自然』でこしらえた全くの架空の産物だった。つまり、どういうことかというと、動物の権利が環境倫理に背くと示したポーランの当初の「証明」は、架空の話を実際の出来事と取り違えた、その勘違いだけにもとづくのである。しかも『ニューヨーク・タイムズ』紙が訂正の発表を迫られ、[*25]この島（さらにいえば「哺乳類解放戦線」）が存在すらしなかったことを認めた後も、ポーランは単に一つの例（ライトソン島）を別の例（サンタクルス島）に「差し替えた」だけで、全体の趣旨や議論には何ら実質的な変更を加えなかった。問題なのは、ポーランが架空の事例を科学的証拠と取り違える不面目なジャーナリズム上のミスを犯したことではない——誰にでも間違いはある。問題なのは、この二つの例（ライトソン島が存在すらしないこと、およびサンタクルス島に関する特集記事が完全に文脈を無視した形で引用されたこと）から分かるように、少なくともポーランにとって、動物の権利論と環境保護論が対立関係にあるとの議論は、多数の経験的証拠を客観的に調べて導き出した見解ではない、という点である。むしろポーランは、まず自分の中で「真実」と思いたい議論をこしらえ（動物の権利論をけなすために）、続いてそのあらかじめ決まっている論旨を支えるのに使えそうな証拠を探し求めたのだろう。

ザ・ネイチャー・コンサーバンシーもやはりこうした省略や歪曲をしていると疑われる。というのも同団体は発足当初から、外見上望ましくないとみた動植物の除去を目標とし続けてきたからである。カリフォルニア大学サンタバーバラ校の環境研究プログラムに所属するジョー・アン・シェルトン教授[26]が記録するように、ザ・ネイチャー・コンサーバンシー（ポーランが議論の下敷きとした団体）の目標は、環境に平衡をもたらすことではなく、コロンブス到来後の動植物種を、環境の実情がどうあろうと全て根絶することにある。シェルトンはいう。

その名に反し、ザ・ネイチャー・コンサーバンシー〔原義は「自然保全協会」〕はコロンブス到来前の動植物集団を保全するだけでなく、コロンブス到来前の景観を復元する目標を立てた。二つの目標は似ているが同じではない。保全は種が共存する余地を残すのに対し、復元は一種の生物学的浄化、「外来種の排外」であって……太古の風景を再現するために全ヨーロッパ的要素の除去を求める。[27]

というわけで、ザ・ネイチャー・コンサーバンシーもポーランも、野生化豚集団の殺害が批判されているのを承知で、自身らに不利な主張を単純に無視するが、それはその批判が、あらかじめ筋の決まっているかれらの作話を崩し去るからである。

第二部　物神

ポーランとザ・ネイチャー・コンサーバンシーの示す物語が事実に相違するのもさることながら、

ここにはいくつか、深刻な問題が潜んでいるので、一度それを明らかにしたい。ポーランが豚殺しの正当化に用いた資料はほぼ「疑似科学」であるが、そのようにして彼が豚殺しを促した動機は二手に分かれる。第一に、そこには「原生自然」の構成要素が何かをめぐる一定の見方があり、第二に、そこには食用消費で利用される動物たちへの種差別的な偏見があった。元々この島には、一五〇年以上ものあいだ取り残されていた三種の動物がいた——馬、羊、豚である。馬は一頭も殺されなかった（みな場所を移され住まいを得た）。羊は一部が殺された後、抗議が起こり、残りはみな駆り集められて、その場では殺されずに食肉処理場へ売られた。豚はみな残忍きわまる手法で殺された。[*28] このように、同じく野生化した種でも、各々は明らかに異なる価値を割り振られており、それはみたところ種自体の違いによるものではなく（豚は羊と同じ程度に賢い）、食品消費との関連でアメリカ人が動物たちに認めた社会的価値の差によるものと思われる。

野生化豚の「増え過ぎ」は、かつて生態学上の最悪の悪玉とされていた野生化羊の殺害と移動が原因で引き起こされた部分が大きい。[*29] 糧《かて》を取り合う羊がいなくなって野生化豚の「激増」が生じた——つまり、一つの種の「管理」と殺害が、さらなる管理とさらなる殺害を呼ぶ。「野生化」羊の駆除で大変な抗議を受けた経験から、ザ・ネイチャー・コンサーバンシーはニュージーランドの民間契約会社プロハントに豚の撲滅を依頼した。プロハント社の実体は、世界的な営利の動物撲滅業者である。プロハントの豚殺しは次の段階にわたった。

一、フェンスを設け、島全体を罠と射撃で管理できる複数の区画に分けた。
二、犬と銃を使って豚を追い詰めた。[*30]
三、ヘリコプターから豚を撃ち殺すことまで始めた。
四、それでも（完全には）豚を殺しきれなかったので、今度は豚にGPSレーダーを埋め込んだ。豚は社会性の動物なので仲間を探し出す。そこで業者が現われ豚たちを殺害した。つまり豚の社会性そのものが武器に変えられた。
五、それでもなお殺しきれなかったので、プロハントは雌の豚を捕らえて生殖器を除去し、化学的手法で常に「さかり」のついた状態にした。その豚たちにGPSの追跡装置を埋め込み、他の豚をおびき寄せるのに使って、集まった仲間を殺していった。この戦略は「ユダの豚」[*31]と呼ばれ、高い効率性を誇ると分かって広く用いられた。[*32]その規模を表わす数字を示せば、プロハントは僅か四一一日で五〇三六頭の豚を殺戮した。[*33]

かくして、自然を「保護」するという名目のもと、友情と社会性という二つの自然現象が冒瀆され、化学と生物学と機械の力によって利用された。これらの行動の一つ一つが（ヘリコプター、弾丸、島一帯を覆うフェンスなどによって）環境と生態系に甚大な影響をおよぼすにもかかわらず、その点をめぐる考察は、プロハントの報告書にも、ザ・ネイチャー・コンサーバンシーのウェブサイトにも、ポーランその他、この計画に賛同するいかなる者の著作にも、一つとして現われなかった。同じく、豚たち自身の苦しみは全当事者のあいだで微塵も顧みられなかった。[*34] それどころか皮肉なことに、人びとが動物を気の毒がるかもしれないという危惧そのものが、この徹底的な蛮行を正当化した。推進者らは、誰かが計画の実態を世に知らしめる前に豚を殺し去る必要があった。プロハントの報告書はこう述べる。

動物管理は議論を呼ぶので、駆除計画に対し訴訟が起こる可能性は高い。……駆除以外に保全上の問題を解決する方法が考えられない状況であっても、訴訟が起これば計画の完遂は妨げられるおそれがあり、市民の圧力が加われば土地管理者の計画参与は揺らぎかねない。……こうしたリスクを減らすため、駆除計画は効率的に進められねばならず、そのためには実地活動に携わる組織の緻密な計画設計と献身が要される。[*35]

つまり、動物は動物保護のために根絶されなければならず、自然は自然保護のために冒瀆されなければならなかった。おまけに、豚を悪者にする当の生態学の議論（絶滅危惧種のキツネを守るだのワシがどうだのといった話）が、全体、嘘であるか誇張であるか、そうでなくとも別の方法で解決できたであろうことは、至極有力な証拠によって示されている（Shelton; Reynolds; Markarian; Channel Islands Animal Protection Association）。むしろ計画の真の目的は美観にあったと思われる——島を訪れた者の目に不自然と映る動物（野生化した豚、羊、馬）を除去すること。少なくとも、ことこの事例に関していえば、「自然」は安定した生態系の問題を体現するものではなく、「手つかず」の「穢されていない」原生自然というエデンの楽園的な神話を表象する。皮肉にも、この空想めいた神話を形にする努力は、化学的手法による発情の誘起、GPS標識、マシンガンによって遂行される。ウィリアム・クロノンは古典的な論文「原生自然の問題点」の中でこう語る。

> 人類から独立して存する地球の一角どころか、それは元より人間がつくり出したものである。……原生自然はその不自然さを仮面の下に隠すが、仮面は実に自然らしく見えるので尚のこと人を欺く。私たちは原生自然が掲げる鏡を覗き込んで、自分が自然を眺めているといとも簡単に信じ込むが、その実、見ているのは私たち自身の浅はかな憧憬や欲望である。したがって、原生自然が人間文化と人外世界の歪んだ関係を正す解決になりうると考えるのは間違いであり、それというのも原生自然自体が小さからぬ問題の一要素だからである。[*36]

サンタクルス島における野生化豚の根絶は、自然の保護というより生産であり、その自然は売買可能な製品となる。ザ・ネイチャー・コンサーバンシーは非営利でありながら、資産・寄付・年間予算の総計をみれば世界最富裕の環境団体であり、ウェブサイト上では活動支援のために人びとができる一六以上の寄付方法を列挙している（Nature Conservancy "Membership and Giving"）。現に『ワシントンポスト』紙はザ・ネイチャー・コンサーバンシーを、営利企業との類似や関係をもとに「一種の巨大法人組織」と形容した。同紙はザ・ネイチャー・コンサーバンシーを取り上げた長大な三部構成の記事でこう論じる。

バージニア州アーリントンに拠点を置くザ・ネイチャー・コンサーバンシーは世界最富裕の環境団体に成長し、貴重な地域を守るという誓約によって三〇億ドルの資産を築いた。……が、同団体は森林を切り拓き、六四〇〇万ドルの大金を動かして脆弱な草原地帯に豪邸を立てる計画を進め、絶滅危惧種の鳥が営巣する最後の土地で天然ガスの採掘を行った。……理事会や審議会には今や一社または複数の石油企業、化学メーカー、自動車製造会社、採掘業者、伐採業者、それに石炭を燃やす電力会社が名を連ねる。こうした法人のいくつかは環境破壊で何百万ドルもの罰金を科された前歴がある。昨年、これらの企業は同団体に二億二五〇〇万ドルを寄付したが、これは個人献金者の寄付総額にも届きそうな数字だった。今日では、数百万人の会員を抱えるザ・ネイチャー・コンサーバンシー自体が一種の巨大法人組織、エコ大手になっている。同団体はまた一環境保護ブランドの牽引役となって、保全活動と法人国家アメリカの歩み寄りを促している。[*37]

こうしたことから、この人工の消費用製品たる自然の生産には、「商品物神の崇拝」が見て取れる。カール・マルクスは初め、著書『資本論』第一巻の中で商品物神をこう定義した。

したがってこれに似たものを求めるには、霧がかった宗教の領域へ飛ばねばならない。そこでは人間の頭脳の産物がそれ自体の生命を与えられた自律的な姿で現われ、産物同士や人間との関係に入る。商品の世界では、人の手がつくった製品も同じようになる。私はこれを物神崇拝と名付けるが、それは労働製品が商品としてつくられた途端にその物にまといつくので、商品生産とは切っても切れない。[*38]

マルクスは要するに、物質的な対象が――魔法によるかのように――その生産に投じられた労働の諸条件とは無関係な姿で現われる、という現象を論じている。しかし豚殺しの事例にみられるのは逆の現象であって、私たちは普通、自然を人工の製品の対極にあるものと考えるが、この「人の手が入っていない」自然の風景を売りたいという願望こそが、サンタクルス島の豚を殺すそもそもの理由と意欲の一端を担っている感がある。野生化豚の殺害は一種の「ポスト商品物神」として機能し、人工物に囲まれた消費文化のしがらみを逃れ、エデン的な原生自然の概念へ戻りたいというその願望が、当の撲滅の支えになっていると解釈できる。つまり皮肉にも、ここで売られている製品とは他でもない、消費文化における商品物神の崇拝を超え、思い描く過去の「本物らしさ」「実物らしさ」に戻りたいという願望そのものなのである。こうした形で「自然」は製品となるが、この製品は「人間中心的な環境保護」の一種として絶えず管理を要する。人間は常にその製造の中心に位置しながらも、全ての努力は人間を見かけ上「孤島の楽園」の内に消し去ることを目指し、できあがる楽園は「数百年前」の「別世界」がきっとこうであったろうという姿になる（Nature Conservancy; National Park Service）。

この大量死、殺戮、拷問、動物殺しは、動物と自然界を「保護」する必要があるという言い分によってのみ正当化される。その意味で筆者は、この野生化豚を駆除しなければならないという誤った思い込みを、地産地消運動の背景をなす考えとの関連で捉えたい。地産地消運動は地理的に限られた地域内で、小さな地元の人道的農家から食物を購入しようという取り組みであるが、筆者が以前から論じてきたように、[*39][*40][*41]この運動は大量消費と商品物神を超えて過去の本物らしさに戻るという理念そのものを製品として売り込むのであって、つまりは地産地消運動自体が「ポスト商品」の物神崇拝となっている。この野生化動物といわゆる人道的食肉ないし地場産肉の繋がりこそがポーランの著作の核心をなす。ポーランは豚を殺し尽くす人間とそれによって救われるキツネの「共生」を語った流れで、人間の消費用に育てられる動物と農家のあいだにも「共生」があると論じる。[*42]すなわち野生化動物に関する議論は実のところ、彼が本当に論じたいところの肉食の「自然さ」を証明する余談として使われている。その証拠に、この野生化豚に関する議論は、章の大部分を占める「菜食《ビーガン》の理想郷」と題された節の直前に現われる。[*43]そしてこの菜食の議論こそがおそらくはポーランにとっての肝であり、ここで彼は「人間」と人間が食べる動物たちが一種の目に見えない社会契約を交わしていると空想する――私たちは動物を養い世話する代わりに、見返りとしてかれらを食べることが許される、と。つまりポーランが「工場式畜産」を批判するのは、全ての動物食をやめようという訴えではなく、本来的な動物の「世話」をしない怠慢を見直そうという呼びかけに過ぎない。

ポーランの主軸をなす議論も、野生化動物と人道的畜産を繋げる話の展開も、筆者のみるところ二つ目の概念、「生政治」の考え方に立脚する。人間は生そのものを管理しなければならない、という思想である。[*44] 生政治の概念は、フランスの理論家ミシェル・フーコーの説明によれば、二つの基本要素に分かれる。第一の側面は、生命の統計的カテゴリー(ここでは島の野生化動物の集団)を管理する国家や法人の性向である。フーコーが語るように、生政治は「出産と死亡の割合、生殖率、集団の繁殖力、等々」[*45]を管轄する。しかし、考えうる一連の措置(不妊化や出産制限、駆除や撲滅)にもましてフーコーの目を引いたのは、イデオロギーの変化である。とりわけフーコーは、国家や市場による死の産出が、生そのものの「保護」へと形を変える過程に注目する。「主権者の権利にもとづくこの死は、今や単に、生を保証・維持・育成する社会体の権利を裏返したものとして表明される。しかし戦争が一九世紀以降に匹敵するほど血生臭かった時代はなく、また同じ条件下でも、支配体制が体制内の集団にこれほどのホロコーストを仕掛けた時代もなかった」[*46]。つまり、「生政治」の概念に関しフーコーが最大の興味を抱いたのは、本章でも特に重要な点であるが、国家や市場が、常にあらかじめ生の保護を前提として全ての決定を下す機構へと変わった経緯である(豚はキツネを保護するために殺害されなくてはならない)。ところが現実には未曽有《みぞう》の死が生み出されており、それは殺す「権利」によるのではなくして、生を保護する「権利」の仕業に他ならない（動物は動物を「保護」するために殺される）。

根底には、「自然」は人間の絶えざる介入なしに自己を管理することができない、という考え方があるのだと思われる。しかし一方でその「介入」は常に隠されなければならない。そこで、市場の見えざる手が結局は人間の絶えざる介入を必要とするのに似て、この野生化動物の駆除や人道的食肉生産を求める声は、俗にいう「自然さ」への人間の絶えざる関与を要請しかつ否認することとなる。

サンタクルス島の豚駆除を理解するには、商品物神と生政治を互いとの関係で捉える必要がある。[*47] 古典的な商品物神の考え方では、物をつくる労働が隠され、製品があたかも魔法のように、何らの労働も関わっていないと思わせる姿で現われようとする（アップル社の新型コンピュータは「カリフォルニア州でデザイン」と広告に謳うが、製造は全て中国が担い、労働者らは、少なくともかつては、自殺をしないと誓う契約書に署名することを強いられた）。[*48][*49] サンタクルス島を形づくる労働、プロハント、殺害等もまた、全て消え去らねばならない。が、古典的な消費者の物神崇拝には、ともかくも人が物を購入しているという感覚がある。そこには現に購入される製品があり、どれほど商品づくりの労働から隔てられていようと、商品は確かに存在する（すなわち、コンピュータづくりの労働環境からどれほど隔てられていても、私たちはとりあえずコンピュータを購入しているという実感を抱く）。しかし、この新たな「ポスト商品」の物神崇拝では、単に商品の裏にある労働の側面が隠されるだけでなく、そもそもそれは最重要な点でもなく、人が商品を購入しているという感覚そのものが隠される。そこで、サンタクルス島はザ・ネイチャー・コンサーバンシーが大部分を所有し私的に管理する土地でありながら、そのエデン的と思われる風景は全く製品の装いをまとわず、単純に「自然」への回帰として現われる。したがってこの市場向けの人工風景を形成し維持し精錬する作業に伴う暴力は、「自然さ」の中に、言い換えれば生政治的な前飾りの中に刻み込まれる必要がある。かくして、いわゆる侵略種の殺害を特徴づける技術的暴力は単なる自然回帰だという終わりなき幻想が紡がれ、ザ・ネイチャー・コンサーバンシーは自然を踏みにじっているのではなく、野生化種を駆除して島をかつての状態に戻すことで、過去の自然侵犯を帳消しにしている、どころか埋め合わせているのだという主張が生まれる。生政治の論理（人間が生そのものを管理し保護しなくてはならないという思考）は商品物神の産出を正当化する一方、商品物神、あるいは今やポスト商品物神の論理（自然は人間によってつくられたものでないばかりか、人間によって売られるものですらない装いで、魔法によるかのごとく素朴に現われる）は生政治的管理の機能を隠蔽する。ザ・ネイチャー・コンサーバンシーは現在、ウェブサイト上で「かつて生態学的な破滅の危機にあったサンタクルス島は今日、数百年前の南カリフォルニアにあった風景を、訪れる人びとに提供します」[*50]と語るが、そこで売り込まれている製品は、人間の介入と統制以前の時代へタイムトラベルしつつ、そのような人間の統制が招いた環境破壊の償いをする能力であり、しかもその償いは人間の支配と統制を弱めることによってでなく、強めることによって達成されるのである。

第三部　島の「楽園」

サンタクルス島を含むチャンネル諸島についてこうした主張を唱えるのがとりわけ問題なのは、ここが北アメリカ最古の人間遺跡を残す土地だからである。[*51] スザン・レイカムは論じる。

チャンネル諸島の目標として思い描かれるのは、人間と人外の存在が共存する状態ではなく、人間の関与が皆無もしくは最小となった状態である。これは皮肉な話で、カリフォルニア州のチャンネル諸島は人間の定住記録が残る北アメリカ最古の地であり、したがって人間による改変の歴史も最大の長さを持つ。ここに表われているのは、アメリカ人を覆う「原生自然カルト」の根深さであり、その基調をなすのは、原生自然から一切の人跡を消し去ろう……という考えである。この考えに則れば、原生自然と称される環境で人間と動植物相が関わることは、必ず「自然」を損なう結果となるので、あるまじき事態と目される。[*52]

人間の介入以前の状態を「復元」する舞台としてサンタクルス島を選ぶのは、北アメリカにおいて最も皮肉な選択といってよい。キツネを引き合いに出すのは尚のこと皮肉で、人間はシマハイイロギツネより何千年も前にこの島へ（大陸から）渡ってきたと考えられている。島を人間の介入以前の時代に「復元」するとなったら、様々な改変とともに、マンモスの再導入まで必要になるだろう。[*53]

加えて、ザ・ネイチャー・コンサーバンシーは島を「数百年前」の風景に戻したと言い張るが、当の島に暮らしていた人びとがいないままでそう語るのは、島の歴史から先住民チュマシュ人の歴史を消し去ることに等しい。もし本当に島を西欧植民地主義の到来以前と同じ状態に「戻し」たいというのであれば、ザ・ネイチャー・コンサーバンシーは島の管轄権をチュマシュ人に返さなければならない。チュマシュ人は現在も生きている上、ごく最近の一九八四年まで、島の返還をめぐり連邦裁判所で争ってきた。[*54] が、筆者の知るかぎり、ザ・ネイチャー・コンサーバンシーや国立公園局の誰一人として、また加えていえばマイケル・ポーランも、島をチュマシュ人の主権下に返還せよとは唱えていない。なお示唆に富むのは、時代と正統性に関する競合的な解釈が、野生化動物と先住民をともに島で生き続ける権利の枠から除外することだろう。野生化動物は比較的「新しい」存在であるためにこの権利を欠く（つまりその権利の主張は充分に古くない）。それに対し、裁判所はチュマシュ人が比較的「古い」存在であるためにその訴えが有効性を欠くと結論してきた（つまりその所有権の主張は充分に新しくない）。この対立はおかしなもので、チュマシュ人が滅ぼされ島から立ち退かされた時期は、牧場経営者が最初に野生化種となる動物を持ち込んだ時期（一六〇〇年代から一八八〇年代にかけて）とほぼ重なるのである。もしも一八八〇年代以前の島の状態が、後のあらゆる外部からの侵犯に対し保存されなければならないような、何か唯一無二の時代的な意味を持つのだとしたら（ザ・ネイチャー・コンサーバンシーはそう言いたげにみえるが）、島をチュマシュ人に返し、後にやってきた西洋人（ザ・ネイチャー・コンサーバンシー自体も含む）の介入から守るべきであるとの結論にならざるをえないのではないか。

島を過去の状態に「戻す」どころか、ザ・ネイチャー・コンサーバンシーは実のところ、新しいものをつくり出している――一万年以上の歴史に反した、人の住まない手つかずの「島の楽園」である。自然への「回帰」とは懸け離れたところで、ザ・ネイチャー・コンサーバンシーは自然の幻影を構築・製作・偽造しているのであって、それは同団体が自然はこうある「べきだ」と信じる美学的観念に沿ってデザインされる。そこで、ザ・ネイチャー・コンサーバンシーはどこまでも皮肉な緊張をはらんだまま活動する――同団体は、島に関わった人間の長大きわまる歴史を消し去りながら、同時に「数百年前」の手つかずの状態に復元した「島の楽園」を維持する絶え間ない膨大な人間の介入を覆い隠さなければならない。この緊張関係を至る所で露呈しているのはかれらのウェブサイトで、その記述は同団体の不断の介入に光を当てつつ、同時にそれを覆い隠そうとする。例えばこうである。「野生のキツネたちは発信機の付いた首輪で監視され、毎年狂犬病や犬ジステンパーのワクチン接種を受けつつ、島の楽園で再び訪れた幸せな生活を送っています*55」。

ザ・ネイチャー・コンサーバンシーによる「島の楽園」の製作は、ディズニー・コーポレーションによるかつての「動物王国」の製作に触発された部分があるとみえる。ディズニーは一九九八年四月二二日のアースディに動物王国テーマパークを創立した。同社は完全な営利企業であるが、ウェブサイトや宣伝資材では繰り返し、このテーマパークの目的が金ではなく保全にあると訴えている。例えば現在ディズニーがウェブサイトに載せている情報では、動物王国は「保全活動に献身したウォルト・ディズニーに学び、動物の愛護・教育・研究に携わります」とあり（"Disney's Animal Kingdom Theme Park"）、「ゾウやトラから、ウミガメやサメまで、地球上の最も素晴らしい動物たちが、ディズニーをわが家と呼びます――それに世界を牽引する野生動物の保全活動家や、動物愛護の専門家、教育者たちも」と謳う（"Disney Animals"）。さらに同社は、テーマパークに飼われる動物種の各々にちなんで、その保全努力の具体例を挙げる。一例として、「渡り鳥」の項には次のようにある。

ディズニーは渡り鳥を救っています！

野生動物の生息地を保護することはウォルト・ディズニーの夢であり、そのために彼は、ウォルト・ディズニー・ワールド・リゾートの三分の一――八〇〇〇エーカーを超える湿地と高地の生息地――を保護区としました。ディズニーの野生動物管理保全区（ＷＭＣＡ）は、数々の渡り鳥にとって貴重な回廊となり、他の鳥たちの冬越しと巣づくりを支えます。[*56]

無論、実際の動物王国は保全や科学に端を発するものではない。むしろそれは、旅行客が思い描く「自然」の姿に重なり、ゆえにかれらが鑑賞したがる風景の幻影を、完全なつくりものであれ、目に見える形で提供する事業である。そして当然ながら、こうした自然らしさの模倣を維持しようと思えば、人間による絶え間ない継続的な統制が要される。この統制はしばしば、「不自然」と映るであろう要因に絡む動物たちの死と苦しみを伴う（サファリの乗り物に轢《ひ》かれる野生のツル、輸送中に死んでしまうゾウ、不凍液に含まれる化学物質への曝露によって殺されるチーターなど[*57]）。規模は違えど、ディズニーによる「動物王国」の製作と、ザ・ネイチャー・コンサーバンシーによる「島の楽園」の製作には、一定の連続性があると筆者はみる。両者とも、事業は純粋に科学と保全に根差すと正当化を続ける。が、主張に反してこの人の手による自然の「製作」は、どこから見ても、人の統制が少なかった過去といわれる時代への「回帰」などではなく、両者揃って、さらなる統制の強化となっている。実際のサンタクルス島は一万年以上ものあいだ、絶えず人間と接触しかつその介入を受けてきた。なるほど新しい種の持ち込みは、二〇〇〇年前には大変な破壊をもたらしたに違いないが、山羊も豚も馬も他の動物たちも、一八八〇年代以来、それなりに生態学的平衡を保ってこの島に生きてきた。イヌワシが大集団になったのは、DDTが現われてハクトウワシを激減させ、人間が山羊を殺戮してからのことである。童謡の「ハエを飲んだおばあさん」よろしく、一つの種を殺戮し統制すると、さらに別の種の殺戮と統制が必要になるらしい。チャンネル諸島国立公園の監督官だったティム・セトニカが言うように、「公園の歴史は大部分が、一つの種を殺して別の種を救うことに終始した[*58]」。何を隠そう、既にいくつかの証拠が示すところでは、キツネの復活が在来種のマダラスカンクを危機にさらすおそれがあるという。[*59] ザ・ネイチャー・コンサーバンシーは、今度はスカンクを救うためにキツネの一部を「除去」しなくてはならないのだろうか。それとも、こちらの方がありそうだが、かれらはただスカンクが絶滅するに任せるのだろうか――キツネの方が人間の思い描く手つかずの原生自然像に適合するがゆえに。どちらにせよ、製作されるもの――本当の製品――がめざすところは、真に安定した持続可能な生態系ではなく、それどころか人間の介入を離れた、統制のない「野生」ですらない。代わりにザ・ネイチャー・コンサーバンシーが製作するのは、ディズニーの動物王国に似て、同団体、もしくはその寄付者が思い描く自然回帰のイメージを原画とした、自然の模写にほかならない。メリーランド大学のロバート・H・ネルソンは『ニューヨーク・タイムズ』紙の中で、似た動きとして、ガラパゴス諸島における山羊の駆除について語った。「今の活動は実質、神がつくった原初の自然、人跡未踏の自然を再現する試みになっています。つくられているのは実物というよりディズニーランドに近いものです[*60]」。

第四部　人間の務め

しかし、ここで一旦、筆者が完全に間違っていると考えてみよう――豚が先述したような情け容赦ない段階を踏んで皆殺しにされなければならなかった背景には、小さな島で絶滅の危機に瀕したキツネを守りたいという純粋に利他的な願望しかなく、他にキツネを保護する手段はなかった上、キツネが増え続けていっても人間がこれ以降介入する必要はない、としてみる。百歩譲ってこれがみな事実だったとしても、本章の初めに紹介したマイケル・ポーランの元の議論が成り立たない点に変わりはない。活動家や学者であれば誰でも証人になれるが、批判的動物研究の世界に足を踏み入れると、神妙不可思議な仮説的事例の世界に迷い込む――「火事の建物に自分の犬と子供がいて、どちらを救うか選ばなければならないとしたら、どちらを選ぶか」「救命ボートに乗り合わせて、自分の犬と妻のどちらかを犠牲にしなければならないとしたら、どちらを海に落とすか」そしておそらく一番よくあるのが「無人島に取り残されて何も食べるものがないとしたら、動物を殺して食べるか」。これらの問いは日常生活にはほとんど関係がないように思える。が、どうやらこうした質問の背景には、もし何らかの現実的――ないし空想的――シナリオの中で一匹でも動物を殺すことが許されるとしたら、なぜかは分からないが動物の権利論は「無効」となり、ありとあらゆる動物殺しが認められるという質問者の思い込みがあるらしい。この種の欠陥論理こそ、野生化動物と侵略種の問題を引き合いに出したポーランに見られるものである。ポーランはつまるところ、「無人島に取り残されて食べるものがなかったら」式の議論を焼き直したに過ぎない。この話題を扱った最初の記事で全くの架空話を例に出した時も、二度目の記述で文脈無視の引用文を悪用しつつ、雑な「切り貼り」型の議論をぶった時も、おそらくポーランにとって重要なのは、危機に瀕したキツネのことではなかった（ポーランが島で絶滅の危機に瀕した動物集団の問題を精力的に扱ってきたのだとしても、筆者はいまだにそれを見つけられない）。むしろ筆者は、これらの問いを「不誠実」の表われとみる。こうした問いを提起する意図は、実のところ、侵略種問題に対処する最善の道を（さらにいえば、無人島で何を食べるかの選択や、家が火事になった際の有効な対処計画を）探ることではない。ある意味では、筆者がしてきたように、掲げられた問いに正確に答える試みは、そもそも問いの要点から外れているともいえる。こうした「不誠実」の問いはただ、一例でも動物殺しが許される場合があれば、動物倫理は誤りと証明され、肉食が正当化される、という偽りを述べたいに過ぎない。しかしその結論は不当である。サンタクルス島の野生化豚が殺されるべきだったか否かは、いずれにせよ動物の権利論が「正しい」か「間違っている」かというポーランの問いの答にはならず、より具体的には、ポーランが肉その他の動物製品を消費することが道徳的に許されるかどうかを考える材料にもならない。というのも単純な事実をいえば、もしポーランが気候変動の進行や侵略種の存在を心から気に病んでいるとした場合、彼にできる単一の最も重要な行動は、持続可能な形で動物製品の消費を控える、もしくはやめることだからである。島を救うために野生化豚を駆除すべきか否かという科学的議論はありうる――かもしれない――が、ポーランが動物製品を消費し続けることは、動物の飼育法や生産方式に関係なく、何ら科学的には正当化できない。どうあっても筆者の議論は変わらない――必要なのは動物の権利論か環境保護論かという選択ではなく、動物の権利論と環境保護論、双方の視点を合わせた複雑で繊細な交差的アプローチを育て、個の動物の苦しみとともに、私たち皆が暮らす広い生態系にも配慮しかつ責任を負える体系を築くことである。

ただし、もし人びとがそのような分析を検討するとしたら、最も危惧すべき、また変えるべき侵略種は、小さな島の野生化豚ではなく、私たち自身だという結論が導かれるだろう。というのも、このエデン的なハリボテの背後には、最後の次元の否定と贖罪の身振りが隠されている——すなわち、種の絶滅と生物多様性喪失の最大原因は、野生化豚ではなく、世界の食肉消費なのである。国連は初め、二〇〇六年にそれを述べた（状況はそれ以来、悪化の一途を辿っている）。

家畜は今や、全陸生動物バイオマス〔有機物に換算した生物の量〕の約二〇パーセントを占めるが、この動物らが占有する地表の三〇パーセントはかつて野生動物の生息地だった。実に、畜産部門は生物多様性減少の最大原因である疑いが強い。同部門は森林伐採の主要因をなす上、土地劣化、汚染、気候変動、乱獲、沿岸部の堆砂、外来種の侵略促進を引き起こす最大級の原因だからである[61]。

そこで、議論の円環を完成させるべく、筆者はこの野生化動物の殺害に関する言説を人道的畜産の言説と結び付けて考えたい。現実には、いわゆる人道的農場の動物たちはやはり遺伝子を操作され、ひどい虐待を受け、工業的な屠殺場でまだ赤子の内に殺される[62]。が、仮にそうでなかったとしても、合衆国で畜産利用される動物の九九・九パーセントは工場式畜産場で飼われるのだから[63]、人道的畜産の存在は事実上、意味をなさない。したがって、筆者は以前にも論じたが[64]、地場産製品の魅力と有用性は、普遍的ともいえる工場式畜産体制の現実を覆い隠すこと、そしてより重要な点として、厳しい選択を迫られる現実、すなわち肉食と倫理は両立しないという現実を覆い隠すことに尽きる。言い方を換えると、消費者が高値で購入するのは、肉そのものではなく、決心をつけるべき現実の忘却である。そうした形で、人道的とされる農場に暮らす僅かな看板用の動物は、象徴的な贖罪の代用品となり、それはちょうど、アメリカ人が何百万羽もの七面鳥を殺す感謝祭に先立ち、アメリカ大統領が一羽の七面鳥〔およびもう一羽の予備〕に恩赦を与える奇妙な習慣[†3]に似る。[*65] 同じように、人道的農場は少数の動物に下す象徴的な恩赦として機能し、全世界でほぼ例外なく工場式畜産の環境に置かれた七〇〇億の若くして殺される動物たちに対する贖罪となる。

　サンタクルス島の豚殺しを、筆者は最後に、象徴的贖罪と否定の観点から捉える。七面鳥に「恩赦」を与え、一パーセントにも満たない動物を「人道的」農場で育てるのに似て、一日数十種が消滅しつつ、二〇五〇年までには全生物のうち半数もの種が絶滅すると試算される世界にあって、たった一つのシマハイイロギツネという種を「救済」する行為は、ほとんど象徴的な振る舞いでしかない。[*66] 事実、サンタクルス島の属する同じカリフォルニア州では、人間集団と農業の拡大が——ほぼ唯一の——原因となって、サンホアキンキットギツネを絶滅に追いやっている。[*67] そこで、地産

†3　屠殺用の七面鳥と同じ条件で肥育した鳥の中から、いくつかの段階を経て二羽を選び出し、屠殺を免れる「恩赦」を与える大統領の恒例行事。

地消運動や人道的畜産運動と同じく、シマハイイロギツネの「救済」は現実を覆い隠す――種の消失と絶滅を押し進める単一の最大要因は、豚ではなく人間であり、人間による途方もない動物消費である、という現実を。かかる否定は動物殺しを表面的に必要と位置づけ正当化するので、実にうまく機能するが、その実、当の死が贖《あがな》うとされる流行病的な種の絶滅を引き起こすものは、豚をはじめとする動物の飼養と屠殺にほかならない。全くの人間中心的な論理によって、種の駆逐の原因は人間から動物たち自身に転嫁され、人間は生政治と商品物神を介し、今度はかれらを「救済」するために介入を許される。

植民地主義の用語に「白人の務め」[*68]というものがあるが、本章で扱った類の根絶努力にはこれに似た「人間の務め」が潜むとみえ、人間はいまや保護という論理にしたがって支配を継続する。私たちは自然界を救済するために統制する。動物を保護するために殺害する。「人道的食肉」を買おうというポーランの訴えも、ザ・ネイチャー・コンサーバンシーによる根絶の取り組みも、本質は変わらない――人は購買行為によって商品物神を逃れ、殺害行為によって生政治の論理を脱し、また不思議にも、支配行為によって人間中心主義の枠組みを抜け出せるというのである。

第五章　帰属の大活劇——多種世界における市民権の非登録化

バヌ・スブラマニアム

二〇一四年以来、アメリカの紙面媒体、テレビ、ソーシャル・メディアは、国内外国人の役割をめぐる大活劇でごった返している。アメリカはことに揺れやすい時代へ突入したとみえ、外国人、中でも褐色の肌をした人びとは、国を苛む諸問題の罪を着せられる——健康や経済の領域から、雇用、教育、環境、生態系、さらには不平等まで。二〇一六年の大統領予備選挙が佳境に入った折、移民問題は国を悩ませる中心課題の一つとして現われた。特に共和党内では国境閉鎖を呼びかける声が再燃し、大統領候補者らは手段の厳しさに差こそあれ、こぞって移民を削減する法律を支持した。指名確実の候補者となったドナルド・トランプは、自身のキャンペーンを孤立主義と国家主義のレトリックで固め、アメリカ南部国境に（メキシコの費用で）高い壁を設ける、イスラム教徒の入国を全て禁じるなどの公約を掲げた。

近年の動きで皮肉なのは、グローバル化によって世界の距離がますます縮まる時代にあって、

「外国」人が国内問題の焦点となるさまを私たちが目のあたりにしていることである。[*1] 過去二〇年にわたり、筆者は外来の動植物をめぐるレトリック、およびそれが人間の移住に関する政策と共鳴し合う様子を追ってきた。筆者が論じてきたところでは、人間の移民を削減せよとの激しい呼びかけは、必然的に、外来の動植物が侵略種とならぬよう国境を封鎖せよとの熱を帯びた訴えを伴う。[*2] 外部の人間と動植物に対する見方が結び付くのは新しい現象ではなく、歴史家たちは国家の「純性」を求める要請が、視野に入る人間や生物相の概念にまで押し広げられた歴史上の瞬間の数々を拾い上げてきた。[*3] 様々な面で、自然と文化の世界——あるいはダナ・ハラウェイのいう自然文化——の共構築は、今や科学・技術研究の領域としてよく確立されている。[*4]

本章はメディア作戦が外部者への恐怖をいかに動員するかを探る。どのような記号、記号表現、常套表現が外部者への恐怖を表わすのか。筆者がとりわけ留目したのは、これらの作戦で用いられる視覚表現が外部者の脅威や危険を伝える点である。視覚表現はどのような時に効果を持ち、どのような時に持たないのか。それはなぜ効果的なのか。どう機能するのか。特に視覚表現は環境保護活動に特殊な問題を投げかける。環境保全と環境保護の歴史を振り返ると、それらの運動がかねてより、自然を讃え愛し守る人びとを育てようとしていたことが分かる。動植物の生命を貴重で大切なもの、人が養い守るべき命たちと位置づける試みが、その作戦の核心をなす。青々とした森林、きらめく大海、鮮やかな花々、厚く茂った林冠などの、息を飲む視覚像が、「エコ」をめざす運動にはしばしば随伴する。自然界を讃え守るよう、環境活動家が数十年をかけて人びとを導いてきた後で、いかにすれば人びとに、今度は自然の一部を憎むよう諭すことができるのか。在来種と外来種を区別し、一部の環境活動家が「美貌の悪玉」とみる生きものを同定しかつ憎悪することを、どう人びとに教え込むのか。近年の二つの出来事が本章の柱をなす。どちらも視覚媒体と視覚的偶像を用い、移住と移民に関する論争を政治化して宣伝するのに役立てたが、両者は全く異なる形で、全く異なる政治的目的のためにそれをした。二つの事例から明らかになるのは、移民賛否の運動が本質からして「自然文化」的な視点を持つ実態であり、それはひいては、人間界と他の動植物の世界とが不可分に結び付いていることの表われである。両運動はまた、視覚媒体がいかに懸け離れた形で利用されうるかを示す実例でもあり、環境思想における視覚表現の特異な課題を浮き彫りにする。

国境騒動

最初の事件は二〇一四年の夏、政治メディアやニュースメディアで嵐のように騒がれた熱狂沙汰で、「同伴者のいない未成年ら」が国境を越えてメキシコからアメリカへ渡ってきているとの報道が、新聞の一面やテレビの画面を埋め尽くした。いわく、単身でエルサルバドル、グアテマラ、ホンジュラスを発った何万もの若い「移住民の子供たち」が「メキシコから国境を越えて入国し、アメリカの国境警備隊に、自分たちはレイプやギャングの暴力から逃げてきたのだと伝えている」[*5]。

国境を越える子供や大人たち、越境のために連なるバスの列といった画像が現われた。そして反対のものも私たちは目にした。南部国境州のいくつかをまたいで、「追放しろ！　追放しろ」と合唱する反移民集団が、児童を運ぶバスに対峙し、入国を拒みつつ、時には衝突を起こした。[*6]テキサス州の共和党員ルイー・ゴーマートはこれを「侵略」と断じ、憲法第一条第九節のもと、「議会は侵略の発生時に軍を要請する権限を持つ」と論じた。[*7]

渡り来る者への恐怖は人間に限った話ではない。人ならぬ移住者である望ましくない病原菌、昆虫、植物、動物も射程に入る。[*8]反移民抗議が盛んになると、新たなタイプの報道が現われた――「メキシコからの病原菌侵略」である。報道に際し明らかだったのは、微生物が目に見えないという点だった。病原菌をどう視覚化するのか。キャンペーンはまず、問題となる人間に焦点を当て、それから致死性の病原菌が渡ってくると語りだした。研究者らによれば、キャンペーンを確実に成功させる一つの手は、歴史の中でも威力を発揮してきた常套表現の動員で、この事例では、過剰に増え、貧困に苦しみ、病気を抱えた、黒色と褐色の身体という視覚像がそれに当たる。[*9]特に政治家と活動家が注目した病原菌は、それ自体が「外来」とされるものだった。「不法移民が致死性の病気である豚インフルエンザやデング熱、エボラ出血熱、結核を媒介しているとの報道は、ことに懸念を催す」とジョージア州の共和党員フィル・ジングリーは疾病管理予防センターに書き送った。[†1]「国境を渡ってくる児童らの多くは水疱瘡《みずぼうそう》や麻疹《はしか》のような基本的な病気の予防接種も受けていない。これは予防接種をしていないアメリカ人、特に幼い児童や高齢者を感染の危険にさらす」。

狂騒はなお続く。ある記事は「国境警備隊、移民媒介病の陽性を確認」と報じた。テキサス州ダラスの11チャンネル〔KTVT〕は、五万二〇〇〇人に一人の子供が豚インフルエンザないしH1N1の試験で陽性を示すと伝えた。議員のヘンリー・クエラーは、問題が発生しうるのは「こうした国々のいくらかが優れた医療システムを持たない」せいだと語った。[*10] 人間であれ人外であれ、侵略者に対する対応は往々にして暴力的となる——外国人の入国を妨げる暴力的な膠着状態も生じれば、子供たちを暴力の渦中へ送り返すこともあり、警備が置かれた軍事境界線というお馴染みのレトリックも用いられる。

南部国境をめぐる騒ぎが続く一方、それとは異なる反移民のレトリックが、アメリカ全土に関わる別の領域で隆盛を極めていた——侵略種、あるいは単に外来の動植物を絶やし滅ぼそうとする無数の取り組みである。ここでも、侵略種ないし外来種への対処は暴力を中心としたものになる。いつもながら熱心な環境活動家たちが週末を割き、シログワイ、ツヤハダゴマダラカミキリ、ニンニクガラシ、エゾミソハギ、等々と戦っていた。猛烈な警告が右翼からも左翼からも、環境保護論者からもそうでない者からも発せられた。紙面媒体の記事では、侵略種の動植物をめぐるレトリックと人間の移民をめぐるそれが著しい重なりをみせ、不潔、病気、衛生、個体数過剰、資源枯渇、美観、貧困、旺盛な繁殖力といった植民地主義的・人種差別的な語りが蔓延する。[*11]

---

†1　感染症対策に当たる合衆国保健福祉省の総合研究所。

オオカバマダラの渡り人

反移民・反移住者感情に染まった第一の事例と対照をなす形で、集中的に宣伝されたもう一つの事件も紙面を飾った。アメリカ南部国境をまたぐ暴力沙汰から一年後、未登録移民[†2]の学生たちは「オオカバマダラ」を象徴に掲げ、現代世界で生命として生き残るためには移住と自由移動が必要であることを訴えた。ナディン・ブロックは自身のブログで、そうした象徴利用の根底にある自然文化的想像の哲学を論じた。

例えば、移住者の視覚的表象として広く使われるオオカバマダラの図像を考えてほしい。美しい姿と、奇跡とも思える長距離の渡りで愛されるこの蝶は、生き延びて機会を見つけるために長い旅を強いられる人びとにとって希望を体現する。オオカバマダラの移動パターンはメキシコからアメリカを経由してカナダにまでおよび、その旅は数世代を要する。一羽として全旅程を渡る蝶はいない。いかにして新しい世代が元の地へ戻ることを知るのかは、いまだに科学の謎である。そしてこの神秘は移民の支援活動をする芸術家たちに、世代を超えた文化遺産の堅持が長い奮闘の力の源泉となりうることを教えてくれる。移動と変容は実のところ、私たちを美しくする。[*12]

同性愛者の芸術家フリオ・サルガドは、オオカバマダラがメキシコで同性愛者をあざけるのによく使われることから、その翅が生えた自画像を描き、この蝶を同性愛の表象ともした。「蝶の悪いイメージを変えたいと思いました。……自分が同性愛者であること、移民であること、……肥った体つきであることを、誇らしく思えるように」と彼は語る。[*13] サルガドによるオオカバマダラの象徴利用は、この世界が豊饒な自然文化的想像の所産に満ちていることを私たちに気づかせる。

オオカバマダラは大きな知名度を得た全国運動の中で象徴的かつ組織的に使われた。未登録移民の学生らは自身の素性を示すべく、手づくりの蝶の翅を付けて学校へ通うことで、訴えの象徴とした――移動は美しい。かれらの勇敢な市民的不服従は全国に報じられた。街頭の活動家たちは自身の背をオオカバマダラの翅の模様で飾った。バス、ポスター、プラカードにはオオカバマダラの図像が描かれた。

オオカバマダラを象徴に用い、それを移住と結び付ける試みは、より受容的な移民政策を促す運動の中で生き残った。これとは異なるが関連した取り組みとして、最大の迫害を受ける人びと〔拘禁される人びとやその家族など〕の自立を支援する運動では、タンポポが充実と自立の象徴となった。[*14] 未登録移民週間（一〇月八日から一一日）は未登録移民の学生らが面する困難への意識を高めるた

†2 「不法移民（illegal alien）」という言葉は、この語で指し示される人びとの社会的背景を無視した侮蔑語とされるので、差別主義者でない人びとは「未登録移民（undocumented immigrant）」という呼称を使う。

めに設けられたが、その期間中もオオカバマダラの姿態と美しい翅模様が様々なものを飾った。学生組織FREE（教育を通して物資と自立を求める会）は、移住は人権であるとの信念から、北米の国々を「恐れることなく旅する」オオカバマダラを組織の象徴に選んだ。[*15]

自然の視覚化——百聞は一見に如かず?

この対照的な二つの事例——一つは移民反対、一つは移民賛成——の中で、活動家たちは自身らの立場と主張を示すためにどう視覚表現を用いたか。筆者のみるところ、視覚媒体は動植物や環境の視覚的描写に関して特殊な問題を生む。「百聞は一見に如かず」という諺は多くの場面で通用するが、外来種・異国種・侵略種からなる生物相の視覚像は例外となる。写真の登場は複雑な視覚描写の世界を生んだ。スーザン・ソンタグは有名な論集『写真論』の中で、現代は「事物よりも画像を、原物よりも複製を、現実よりも表現を、存在よりも外観を好む」時代として特徴づけられると語る。[*16] この目まぐるしい自然写真の世界には雑誌の『ナショナル・ジオグラフィック』や人気テレビ番組『ネイチャー』が連なり、多くの読者視聴者が他ではまず見ることのないであろう美麗な地球景観に生気を吹き込む。が、視覚芸術の評論家が論じるように、写真の言語は複雑さにおいて文章や会話の言語に劣らない。写真史家ヘルムート・ゲルンスハイムは著書『独創的写真術』の中で、中立的な写真、カメラ、ないし写真家の概念を次のように語るが、私たちの時代はそこから遠く隔たっている。

写真は世界のどこでも理解される唯一の「言語」であり、全ての国家や文化を越え、人類という家族を一つにする。人びとが自由な土地では、写真は政治的影響を離れて人生と事件をありのままに伝え、他者の希望と絶望を分かち合う手立てとなり、政治と社会の状況を照らし出す。私たちは人類の人道性と非人道性の目撃者となる。[*17]

今日の評論家たちはむしろ、写真は他の芸術形態と同じように「読まれる」ものだと指摘する──風景写真は特定の「型枠」に嵌められ、特定の歴史的・文化的・政治的脈絡の中で「読まれる」。写真は時代、場所、文化、ないし歴史を超える普遍的言語ではない。逆に写真はそれら全てを包含する。故意に格別にそうなのであって、人びとの自然観・環境観における自然と自然らしさの文化的な描写や理解は、長らく写真による決定的影響を受けてきた。「視覚的真実と美学的快感を継ぎ目なく融合させる」働きによって、写真は人間と「自然界」の関係や「自然界」における人間関係の価値を伝える強力な道具となった。[*18]写真家デボラ・ブライトは自然写真市場の成長とともに大衆の環境意識が高まってきた推移を追い、自然写真にみられる表現法や図像学の支配的傾向、さらに「変化する外圧への対応」を見て取る（外圧を加えるものは「圧縮された二世紀の期間で成長と成熟と衰退を経てきた全国的産業帝国」とされる）。[*19]

自然写真の主題は大きく変遷してきたが、その一因は無論、自然概念そのものの変遷にある。ウィリアム・クロノンは、自然らしさが謎と不安と危険、さらには「不毛」「寂寞」「荒涼」たる「暗黒大陸」[*20]を意味した時代以降の概念の移り変わりを見事にまとめる。一八世紀までに、原生自然は「地表のすぐ下に超自然が眠る」場とされ、崇高の理念で言い表わされるようになる。崇高な美と霊性の場である自然は、単なる人を詩人へと変えた。その想像力を掻き立てる人知を超えた荘厳な景観は、神の面影、神の至上の喜びを垣間見る手がかりだった。クロノンによると、一九世紀の終わりには、自然はしばしばエデンの園になぞらえられた。工業化が起こり、継続的な植民地化、拡張、開発が始まると、自然はたちまち犠牲者、危機に瀕した存在へと後退した。スーザン・ソンタグは雄弁に語る。

写真家は今や、困難な状況にあって殺すには余りに希少となった本物の獣たちを狙う。この環境サファリという真剣な喜劇の中、鉄砲はカメラへと変じたが、それは自然がかつて常にそうであったものではなくなったからである——すなわち、過去の人間は自然からわが身を守らなければならなかった。今日では自然が——制され、危機に陥った、死を免れないそれが——人間から守られなければならない。私たちは、恐れる時には銃を撃つ。郷愁を覚える時には写真を撮る。[*21]

この現代的役割を担う自然写真は、自然を果てしなく美麗な、この上なく脆弱な、底知れず繊細なものとして示し、捉えた。「自然」写真は常に「文化」と人間の介入から切り離されたものとして形を与えられるが、そこにはあからさまに、他ならぬ人間の写真技術、写真家の手腕、さらには手つかずの撮影地へ写真家を運ぶ高燃費の汚染源たる自動車や飛行機が介在する。さらにサイモン・フォウルとマーサ・マッキンタイヤーは、西太平洋地方における生物多様性の自然写真とエコツアーを分析する中でこう論じる。

自然写真、特に環境保護運動で用いられるそれは、このように断片的で空想的に歪められた太平洋地方の像を生むが、これは現地の人びとの体験や文化よりも、西ヨーロッパと北アメリカ（北ないし西側）の工業諸国の文化に多くを負っている。……エコツアーを宣伝するこれらの写真も同様に、西側が消費する場としての南西太平洋像を定着させ、現地住民の厳しい生活の現実を大部分において掻き消すと同時に、その人びとの自然理解や自然環境との関係を神秘化する。[*22]

侵略種対策がはらむ極めて特異な問題は、このような環境写真のあり方を背景に考える必要がある。自然は果てしなく美しく、環境保護運動と自然写真は伝統的に、自然を生命に満ちた色とりどりの豊かな瑞々しい場と捉え、視覚表現は消えゆく生物多様性の問題に対する危機感を醸すべく、煙を吐く工場の煙突や荒れた不毛の大地や汚染でぬかるむ河川を前面に出すが、それでは外来種ないし異国種はどうなのか。生物学の知識がない人びとの（調査によればアメリカ人の多くがそうである）にとって、青い森をなす緑樹、彩り豊かな鳥や動植物が、たまたま異国種、外来種であることが何の意味を持つのか。環境史と自然写真の背景を踏まえた上で、いかにすれば侵略種の動植物を本質的な「悪」とすることができるのか。

「グローバル」の産物たる移民と外国人は、「地域」の問題の一元図とみなされる。この転嫁と風潮は外来・異国産の動植物を取り巻く国家主義的レトリックにもありありと見て取れる。そのようなイメージへの切り返しとなるのが「オオカバマダラ」を使う移民団体で、かれらは長い歴史を持つ美しい自然を喚起することで、図像を見る人びとに、自然と同じく人間も美しくなれるのだと訴える。これに対し、移民への恐怖は群れなす有色人種の身体（見えざる病原菌の媒体）という画像を、それ自体はほとんど認知もされず恐怖も催さない病原菌の映像に代えて用いる。

多種の帰属と非帰属

二つの事例は、人外の種が人間の移民政策に関わるさまを明らかにする。第一の例では外来の病原菌が外国人の危険性と混ぜ合わされ、第二の例では国境を越える蝶が人間も含む全ての生命にとっての越境の必要性を訴えるのに使われた。前者では病原菌が罵られ、後者ではオオカバマダラが深く愛される。前者では病原菌が目に見えず、可視的に示すことができないので、恐怖のレトリックは馴染みのある人間のよそ者の画像を介し、見えざるよそ者（病原菌）の恐怖を喚起する。

後者では移民活動家がオオカバマダラを擁護する環境保護運動の視覚的な力を用い、人間移住者のため国境に穴を開けよと訴えた。しかし全てのレトリックは外来種、特に侵略種に対抗する継続的な運動を元とする。

研究と政策の次元で、侵略生物学は大きな分野である。合衆国農務省、州政府、全米科学財団の委員会、それに環境保護団体は、いずれも侵略種のプログラムを持つ。外来種を「問題」、在来種を「犠牲」と公言する言説を彩るのは、侵略生物学に関係する恐怖である。[*23] そこで、管理政策には「宣戦布告」や外来種との「対決」といった軍国主義的な言語が現われる。人間の移民政策と並行して、このレトリックは国境の「封鎖」、外来種を締め出す政策の必要性を唱える。地域の園芸店は在来種の販売を促し、地域の環境保護団体は市民に外来種の撲滅と在来種の植樹を呼びかける。生物学者のL・B・スロボドキンが指摘するように、「善玉の種とは在来種のことで、誠に奇怪ながら、成功しているとは言いがたい種ほど、より善い存在と目される」。[*24]

過去一〇年におよぶ反移民のレトリックを追ってきた者にとって、先の事例は典型的な出来事だった。その様態は古典的といってもよい――運動は次第に自然文化的となり、有色人種の画像とレトリックは、自然と文化、人間とその同伴者たる生物を解《ほど》けない形で結び付ける。できあがるのは外来の「自然文化」的集合体である。史家ナンシー・トームズが記録するように、外部者嫌悪が猛威を振るう時代には必ず「病原菌嫌悪」が併発する。[*25]

本章の主題である二つの事例では、いわゆる「事実」が裏の真相を伝える。第一の例で、政治家やメディアの専門家は国境の穴についておどろおどろしく語った。が、医師らは共和党員のジングリーが、彼自身、元は医師だったにもかかわらず、子供たちがエボラのような、その出身国では存在すらしない病気を広めうるとの懸念を他と一緒になって広めたことに驚きを表明した。報道では無論伝えられなかったが、一万八五〇〇人を超える国境警備隊員のうち、陽性を確認したのは僅か四、五人なのであるから、国境を渡ってきた人びとは「アメリカ人の中では異例の健康さ」ということになる！　H1N1も今やアメリカとカナダで大流行しているインフルエンザである。

外来の動植物にも同様のことがいえる。生態学的な条件、変遷を引き起こした環境劣化を放置したまま、ただ動植物を駆逐するだけでは状況の改善にほとんど役立たず、人びとを覆う外部者嫌悪の集団ヒステリーが煽られるに終始する。筆者は生物学者ジム・ベヴァー、皮膚科学者ペギー・シュルツとの共同実験で、南カリフォルニアに生育する一四種の在来種および帰化種の植物を対象に、それぞれが現地の土、外部の土、滅菌した土の土壌共同体とどのように関わるかを確かめた。[*26] 結果、植物の生育率は相互依存的な菌根共生のネットワークに左右されることが分かった。植物は——在来種でも外来種でも——条件に関係なく一様に生活するのではなく、その時の条件に大きく影響される。在来種も帰化種も、みな同じようには振る舞わない。そこでは深層的な条件が適応や変異の複雑さに応じ、生物の発達史だけでなく実験手法とも相関関係をなす。菌根菌の存在とは独立に育つ植物は新しい環境に移されても生き延びやすいが、総合的には樹枝状菌根のネットワークに適応できる植物の方が繁栄できる。

こうした実験から分かるのは、植物が周囲の植物相や動物相と正負様々の関係を築くことである。筆者らが実験を行った南カリフォルニアでは、動植物生息地の大半が、数百年前に始まる放牧の歴史に影響されてきた。生態学者の中には、「在来種」がこの土地を占めてから長い年月が経つので、現在は在来種と異国種の混在により新たな生態学的均衡が生まれている、とする意見もある。そもそも、在来種とは何か。土地に五〇年いれば在来種なのか。一〇〇年か。五〇〇年か。一〇〇〇年か。アメリカの移民史がごく短いことを考えると、先住民やアフリカ系アメリカ人や一部のラテンアメリカ人を差し置いて、白色系アメリカ人の大半が疑問もなく「土着民《ネイティブ》」の地位に収まるのは何とも象徴的である。すなわち土壌試験が示唆するように、生命科学を形づくる文化・政治形態を明らかにするだけでは足りない——私たちは土地の深層をなす自然文化の歴史を理解しなくてはならない。

深層史

そのような深層史を考えると、人間と動植物をまたぐ反移住のレトリックには様々な相乗効果と並行関係が見出せる。実際、筆者とカレン・カルドーゾはこれらを「集合体」と捉えるのがよいと提案した——例えばアジアの植物、動物、人間に対する扱いには深い類似性があり、それを「アジア・アメリカの自然文化的集合体」と捉えることが可能である。[*27] しかしながら、そのような並行関係を追っていくと、人間の歴史と動植物のそれを分かつ、ある側面が目に留まる——そしてそれはレトリックと視覚表現を用いた反移民運動に関係する。すなわちその運動では、人口過剰、移民排斥、人種と植民地主義の歴史にまつわる常套表現が、私たちの「読み方」を左右する。人間の場合、視覚に訴える運動は国境に群がる「褐色の人波」、貧困にあえぎ病気にまみれた大きな人だかりの画像を用いる。二〇一四年の強制送還キャンペーンでは、国境に集まった中米の子供たちの画像がのべつまくなしに現われた。説明はほとんど不要と思われた。人種差別と外部者嫌悪の長い歴史が、それらの画像の有効性と持続性を過去一世紀にわたり保ってきた。

これに対し、環境保護運動と自然写真の歴史は、全く異なる動植物の歴史を形づくってきたといえる。現代の自然写真を振り返れば、それが示し捉える自然は、果てしなく美麗で、この上なく脆弱で、底知れず繊細なものだと知れる。それこそがオオカバマダラ運動の力であり、この運動は深く根を下ろした自然美の概念を内に取り込む。しかし侵略種の運動になると、その危険性を強調したい環境活動家は人びとに対し、自然で美麗にみえる種を警戒するよう呼びかけなければならない。それにはどうするか。

悪玉の創出——異国種と侵略種をそしり、病的存在とする方法

侵略種対策の運動が視覚媒体で主張を広めようと思えば、問題に行き当たる。一部の種（図らずも醜さや危なさを体現する種）を除き、侵略種の大半は実際のところ至極普通の生きものに見え、時には息を飲むほど美しい。侵略種対策の運動は、現在の自然観を形づくった環境保護運動の

長い歴史と戦う必要がある。従来、美しい画像は無類の自然美を喧伝するために使われた。神話の「エデン」、幻想的な純なる自然への郷愁に訴えかけつつ、それらの視覚表現は長いあいだ、人びとに特異な自然の「読み方」を刷り込んできた。その歴史的遺産は現代の視覚表現に独特な課題を突き付ける。そこで、近年の視覚的キャンペーンでは、視覚の補足もしくは非視覚的な要素——音楽、レトリックの盛り付け、恐怖の語りなど——が重要な位置を占める。以下では紙面媒体を用いた運動に的を絞るが、レトリックの言葉の力は視覚的キャンペーンにおいても中核的な働きを示す。

侵略種に焦点を当てる環境保護運動は四つの目標を持つ。

・**問題への注意喚起**——この目標に向けては、左翼のキャンペーンも右翼のそれも、性差別的・人種差別的・植民地主義的な枠組みの古い常套表現をふんだんに用いて、昔ながらの恐怖に訴え、問題に注意を惹き付ける。

・**啓蒙運動**——問題に目を向けさせるのに加え、人びとにはなぜそれが重要なのか、なぜ危惧すべきなのかを教える必要がある。大抵の場合は「純なる自然」が援用され、中でも、理想化された「在来の自然」という土着主義的な概念に働きかける手法がよく使われる。それが外来種に破壊されるのは、俗に言うこの世の終わりとなる。

・**生物学教育**——人びとには基本的な生物学を教える必要もある。侵略種はおのずとよそ者や悪玉に見えるわけではないので、人びとには「悪玉」を見分けるすべがない。そこで運動は——

大抵は地域規模で――注意すべき地元の侵略種について人びとに啓蒙する。

・**市民の鼓舞・勧誘・動員**――最後に、運動は人びとを動員すべく様々な手法を使う。外来種駆除の週末旅行、在来種の植物を育てる団体の結成、メディアでの周知キャンペーンなどである。中には環境活動家が庭に植えてよい植物を指定することに成功した町もある。

というわけで、これは大変な課題である。考えてみよう。紫の花々が香りを振りまく美しい野原、無害にみえる魚の子供たち、きらめく二枚貝の群れ、瑞々しい着生植物に覆われた木々の鬱蒼とした林冠――紙面媒体やインターネットを埋める多くの画像は、そのようなものとして読まれるに違いない。それをどう悪に仕立てるか。

・**言葉の力**――すぐに分かる手法は、無論、画像に付された言葉や説明である。「悪の美女」「静かな殺し屋」「ひそかな破壊者」「悪玉植物」「悪の双子」「魅惑的で無害にみえるかもしれないが、実は……」「美しくも恐ろしい植物が在来種を脅かす」など。説明はそれとなく、画像に映るものを本質的な悪と規定する。本章の第一の事例では、同種の移民の描写は人びとにとって馴染みがないので、「怪しい」越境者らを示すのは容易だった。難しいのは話題に上ったウイルスや細菌を示すことである。そこでニュース番組は言葉を伝える――恐ろしい細菌やウイルス、その感染によるとされる病気の名などがそれで、当該地域に存在しないものにまで言及する！

・**親近感の利用**――多くのキャンペーンは他の馴染みあるキャンペーンを利用する。「指名手配」、ドクロと骨、「賞金首（WANTED）」――生死は問わず」などの文に、厄介者となった種の写真を添える。あるいは失踪者探しの手法を用いて「見かけませんか？」と問いかけ、同じく厄介者の種の写真を載せる（牛乳パックにそうした写真が載った例はまだ見かけないが、近いうち現われるだろう）。こうした図像学に抗して描かれたのがオオカバマダラだった。生息地破壊で数を減らした絶滅危惧種のオオカバマダラは、環境保護の図像で広く使われるが、移民活動家たちはそれを利用することで、移民らが陥る同様の苦境を訴えた。オオカバマダラと同じく、薬物と暴力に駆られた近隣住民から逃げる移民たちに、活動家たちは光を当てた。

・**孤立した画像と背景の欠如**――侵略種対策のキャンペーンでは、人間の開発行為や生態学政策を差し置き、外来種に罪を着せるレトリックが蔓延している。害をもたらす種の画像はほぼ常に、その種の「純粋な本性」を捉えたものとみられ、その背景にあるもの――新マンションや新しい地元のショッピングセンターを建てるための皆伐、森の上を走る道路、電柱や電線の存在など――は示されない。問題は「人間」ではなく外来の「植物」にあり、その病根は在来種の生育を促すために除去しなければならないとされる。こうして、純粋な視覚像と善や悪といった言葉の力が、キャンペーン成功の鍵となる。

・**場違いの自然**――時には背景に光が当てられる。二〇〇四年のライギョ騒動は、某人物が妹のために買ったアジア産ライギョを地元の池に放ったのが原因だった。あるいは異国産ペットの所有者がペットを逃がす、船舶が外来種を持ち込む、といった例もある。また無論、多くの国で行われる税関検査は「国境警備」問題にほかならない——生物学的な国境だけでなく、政治的・歴史的国境のそれでもある。ここに挙げた背景は、異国種、外来種に——国境の外に広がるグローバル化した世界に——人びとの目を惹き付ける。自然はしかるべき場に留まらない！

結論

「くまのプーさん」に現われるロバのイーヨーはある時こんなことを口にした。「雑草も花なんだ、その素顔を知ったら」。深層的背景は、雑草と花々、在来と外来、自然と不自然のような分類が、政治色の濃厚な社会的に構築されたカテゴリーであるという事実を想い起こさせる。現在が反移民的な外部者嫌悪の時代であることは紛れもない。市場のグローバル化、商品のグローバルな生産と消費、地域の統制が欠けているという事実と実感が、国家主義的な言説を強める。9・11、テロの亡霊、不安定な世界が感情とレトリックを煽った。「グローバル」の産物たる移民と外国人は、「地域《ローカル》」の問題の一元凶としていつまでも濡れ衣を着せられる。外部者嫌悪のレトリックは人間移住者に対する反移民のレトリックと動植物の生物学的侵略をめぐるレトリックのあいだを往き来して力を増幅する。

土着主義や外部者嫌悪に関する人びとの理解と表現には、暴力の構造が深く埋め込まれているとみえる。私たちが人間、植物、動物、細菌、ウイルスに向き合うあり方も例外ではない。私たちは言葉と画像の象徴を使って暴力を伝達する――「善良な移民」の労働者や経済的・生態学的に有用な動植物を欲する時には穏やかに振る舞い、その有用性が尽きてなお生きる者や「認められた」場に収まらない者には作戦行動を仕掛ける。そこでは深層史が私たちの暴力作戦を形づくる。スーザン・ソンタグが指摘するように、視覚像は特定の仕方で規定され、その規定は生物学的侵略のレトリックと呼応する。それは一つには、環境保護運動の歴史が図像の力を奪ったせいでもある。瑞々しい緑の森林や林冠、草原や原野は、望ましいもの、そして儚いものとみられる。対して、伐採地は生命のない不毛な地形として示される。この豊富な生命と不毛な地形が対照される中で、人間の影響、人間の歴史は全く顧みられない。こうした歴史によって言葉は力を備え、図像に意味を与える。

自然文化の世界を捉えるには、環境保護運動と自然概念の中で図像と世界観が演じてきた複雑な役回りを理解する必要がある。図像と世界観の歴史を解きほぐせば、自然の世界と文化の世界の密接な関わりが見えてくる。移民現象やそれに対する自然文化政策の非登録化は、そのような作業を通してのみ可能となる。†3

†3　著者スブラマニアムによれば、科学や政治は種を捉えて特定文脈の中に位置づける作業（命名と分類）を通して「登録」を進める。「在来種／侵略種」「市民／非市民」といった区分をつくり出すこの制度的枠組みから種を解放するには、登録という論理の克服、「非登録化」が必要になる。

第六章　よそ者を迎えて——繁殖の脅威論と侵略種

ケルシー・カミングス、ケビン・カミングス

ジョージア州の沿岸に、人気の観光地となっている砂洲島が連なる。カンバーランドはその中でも、国立海浜公園に指定されている点で独特である。ラリー・ディルセイバーはその魅力的な歴史を『国立海浜公園カンバーランド島——保全紛争の歴史』に記録する。[*1] カンバーランド公ウィリアム・オーガスタスにちなみ、ジェームズ・オグルソープによって命名されたこの島は、国立公園として、またかの有名なカーネギー一族が暮らした土地として、豊かな歴史を持つ。[*2] 島の一部は南北戦争以前、複数の大規模な綿花プランテーションの開発に使われたものの、戦争の余波によって資産所有者らは地所が維持できなくなり、自由になった奴隷は本土へ帰った。島の大部分は二家の著名な一族、カーネギー家とキャンドラー家が買い取った。カーネギー家の所有権はトマス・カーネギーの妻でアンドリュー・カーネギーの義妹に当たるルーシー・カーネギーの信託によって保持された。ルーシー・カーネギーが九人の子に信託財産を遺贈したために、子らが没するまでは財産が

売却できなくなり、一九六二年になってようやくそれが可能となった。カンバーランド島の土地を購入したもう一方の有名な一族はキャンドラー家で、こちらはコカ・コーラ社を成長させたことで一大財産をなした。[*3] 一九四〇年代から五〇年代にかけて、カーネギー家は信託終了後の島の処分を検討し、様々な選択肢を考えたが、中にはここをアメリカ航空宇宙局（NASA）のロケット発射場にする案もあった。が、NASAはカンバーランド島を気に入ったものの、空軍は航空基地のそばに位置するフロリダ州ケープ・カナベラルを発射場とするよう強い圧力をかけた。カーネギー家は他の案も検討した末、国立公園局を招いてカンバーランドを公園とすることに決めた。この判断の結果、保護された原生自然の空間が島に設けられることとなる。[*4]

一九七二年のカンバーランド島国立海浜公園設立は、大体においてカーネギー家とその末裔の私有する聖地だった島が、保護される原生自然へと変わったことを告げた。島を邪魔が入らない手つかずの状態に保ちたいと考える保全論者や原生自然の擁護者、美しい砂浜や岸沿いの森に人を呼び寄せたい開発者、そして財産権を保持し、島の原生自然空間の保存に取り組んできたとされるカーネギー家の相続人や他の地主らのあいだで論争が起こった。争点は保護対象の種、例えば砂浜に卵を産むアカウミガメのことをはじめ、野生化した馬や豚を含む異国種・侵略種への対応、人びとの交通を活性化するための道路建設の可否などである。[*5]

島には長い年月をかけて多くの非在来種が持ち込まれた。馬はカンバーランド島の生まれではないが、数百年ものあいだ砂浜や森を歩き回っている。住民らの信じるところでは、最初の馬は一六世紀、スペインの探検家や宣教師らが持ち込んだとされるが、証拠によればスペイン人らが移入した馬の遺伝的系統はもはや存在せず、現在の群れはイングランドの入植者らが置いていった馬と、島に暮らす一族らが放った馬からなる。[*6] 野生化馬は、かつて飼育されていた動物という点では、島に暮らす唯一の種ではない。豚と牛も入植者らによって持ち込まれた。牛は一九七四年に駆除され、豚は今日まで島に暮らす。野生化豚の集団は、広範囲にわたる罠の設置や猟犬の利用による大々的な個体数調整の取り組みによって、数年のうちに増減した。[*7] 野生化豚の削減・根絶努力が続けられるのは、何よりもアカウミガメの営巣地が脅かされるからだとされる。海浜を研究するジェニファー・ビョルクは、一九九五年から二〇〇一年の期間に、野生化豚によって七八〇〇個のウミガメの卵が食べられたと試算する。[*8] 野生化馬も塩性湿地を損ない砂丘を踏みつけることで、島の生態系に独自の脅威を突き付ける。特に、馬は砂丘を保つスパルティナ属の緑草やウミムギを大量に摂取する。[*9] この二種の侵略種、馬と豚の扱いにみられる際立った違いは、人間による動物の生殖行動の管理に植民地主義の論理が用いられるさまを考える契機となる。馬は人びとに馴染みのある非凡な種なので、島嶼《とうしょ》生態系への影響に関する論争の中でかれらを語るのに使われる言説は、他の侵略種を論じる際に決まって用いられるレトリックとは異なる働きをする。望ましくない非在来種が不安を生むのは、見境なく性交をして、地域の生物ネットワークに脅威を突き付け、数が増え過ぎ、病気を広めると信じられているからである。他方、非凡な種は周辺の生息地に同様の脅威を突き付けても、最悪の残忍行為からは守られる。

カンバーランド島の馬と豚の扱いをみれば、非凡な特徴がいかに非在来種の扱いを左右するか、また、侵略種に用いられるレトリックが往々にしていかに女性嫌悪的な要素（繁殖力、見境のない性交、増え過ぎ、等々）を潜ませるかが明らかになる。非凡さのない侵略者の撲滅は注目すべき点で非凡な者の処遇と対照をなすが、後者は見知らぬ土地で生きることを強いられる中、飢餓や疾病、慣れない困難に直面しうる。侵略の言説をクィアの視点から読み解く作業は、侵略者を撲滅する権利の主張に疑問を投げかけると同時に、その逆をなす生政治をも暴露することに繋がる。人間はその生政治において主権者の権威を主張し、動物たちを生きさせるべく、強制的な繁殖や捕獲、種に甚大な苦しみをもたらしうる生息地への封じ込めにおよぶ。非凡な種とその他の非在来動物を並べてみると、非在来動物の語りの二面性がみえてくる。非凡な種の扱いと、魅力に欠け人間にとっての有用性もない種の扱いは対照をなすが、殺す権力と生きさせる権力はその双方にはっきりと見て取れる。

植民地主義の女性嫌悪的レトリック

侵略の問題と、それをめぐる競合的な言説は、生態学と環境保護の文脈で中核をなす。その言説は国境を越える人間の移民現象にも並行し、それに影響される。国家主義、白人至上主義、帝国主義、および他の交差的な政治枠組みにもとづく特定の動きの中で、侵略の概念がレトリックとして使われる様子は、「侵略」種の言説と「侵略的」人間移民の言説が密接に関係する実態を物語る。事実、侵略者を一貫した特定の仕方で問題視する大衆的・科学的・政策的レトリックを見比べれば、言語における非人間化の側面はよくよく明らかになる。性を反映する対話は、政治的不安の焦点として侵略者の生殖に着目する。そしてこの侵略者の生殖を政治的不安の焦点とする見地は、生殖を統制しかつ雌化された主体と主体性に性的暴力の体系を行使する機能を果たす。バヌ・スブラマニアムの「外来種上陸！　生物学的侵略のレトリックに関する所見」は啓発的な論文であり、筆者らは理論と方法論の面でこれを参考とする。スブラマニアムは侵略者の言説が、移民と外部者嫌悪の増大した時期に白色系アメリカ人やヨーロッパ人の「土着民」が描いた未来像や、その先入観に重なる様子を確かめる。[*10] それによってスブラマニアムは、侵略のレトリックが性と性的特徴を反映した既存の想像体系を利用する様態と理由に関し、重要な洞察を示す。

　言語と性的政治学の関係を調べるに当たり、本章が論じる主体／主体性を明確化する必要がある。スブラマニアムが指摘するように、「移民をめぐる古い象徴《メタファー》の一つに、性的特徴の際立つ雌というものがある。外国人女性は往々にして高出生力――狂った生殖――と結び付けられる。その見方は、今日の侵略者による経済資源の消費が、奔放な過剰生殖と個体数過剰によって、将来的に増大の一途を辿るだろうとほのめかす」[*11]。「雌（female〔産みの性〕）」という言葉を名詞で用いる語法には、スブラマニアムが批判するたぐいの言説に具わる、疑似科学的な、対象を非人間化する性質が表われている。スブラマニアムがいうように、「性的特徴の際立つ雌」という常套表現は、差別主義的・国家主義的な形で種を超えて使用・適用される。一般的なフェミニズムの議論による分析では、「雌」という言葉で人間女性を指す用法は、彼女ら／私たちの生殖能力をそのアイデンティティの中核にある特徴とみなす（その過程で身体と人格の性が重なる女性を自然と位置づけ、身体と人格の性が異なる女性を不自然と位置づける）のみならず、彼女ら／私たちを文字通り非人間化する。[*12] スブラマニアムの扱う文脈で「雌」という言葉が暗に女性嫌悪の含みを持つ点に筆者らが注目するのは、それが人間女性を非人間化するのと同じ要領で、侵略種の固有のアイデンティティから背景と意味を分離するからである。「雌豚」「雌桜」といった表現と違い（ただし、ほぼ全ての種と同様、実際の植物の性は二元的な雌雄の概念に帰せないが）、「性的特徴の際立つ雌」というレトリックは、話頭に上った動植物の特異な種の個性を無視する。のみならず、このレトリックは望ましい在来種から文字通り侵略種を引き離す。

「雌」の名詞用法に加え、「性的特徴の際立つ雌」という常套表現は侵略のレトリックを象徴する言葉で、侵略種と在来種、双方の生殖能力をめぐる不安に焦点を集める。スブラマニアムは、異種混交と雑種性の語りによって侵略種の危険性に関する想像が広められる実態を追うが、そこでは雄的なよそ者と捉えられた侵略種が、在来種の雌に脅威をもたらすとされる。[*13] 雌雄、生殖、および性と人種の差異を反映する権力が交差することで、侵略種と、規模は劣るが在来種の生殖能力を統制する動きが生まれる。侵略種の言説における問題／解決の二分法は、思想的に望ましい状態に生殖を統制する機能を果たす政策が必要であること（と同時に統制が不可能であること）を強調する。

望ましい生殖とは在来種に固有の「純粋」なものであり、侵略種の一見したところの混沌・無統制・際立つ性的特徴は、不安を生む重要問題とみなされる。特に、性的特徴の際立つ雌の侵略者は、在来種の生殖活動を妨げ脅かす存在と目される。

次節で詳しく論じるように、侵略種の生殖機能と脅威の概念はしばしば矛盾する。すなわち、一方で侵略種は、望ましく純粋とされる在来種の繁殖を妨害・阻害・減殺する。他方で侵略種の繁殖自体（「性的特徴の際立つ」本性とみえるもの）は、かれらをその増殖能力に照らして、侵略者のみならず征服者と位置づける。「この統制が利かない繁殖と生殖能力というレトリックもまた、人間の移民に対しよく用いられる。外来の植物は再三にわたり、統制が利かず、多産で、好戦的で、侵略的で、生息範囲を広げる存在と描かれる」[*14]。この枠組みでは、将来群集の統制が生物学的権力（および暗黙の政治的権力）の行使における中核をなし、在来種の覇権は、繁殖の速度と頻度が勝る侵略種の能力に脅かされる。雌の身体と主体性に、権力と繋がった生殖絡みの不安が寄せられる結果、彼女ら／私たちは生物学的・身体的な生殖統制のもとに置かれる。

性を特定した生殖統制が侵略種に用いられた例を、生物学者のルーベン・ケラーは記す。それによれば、コイはほぼ一〇〇パーセントの受精率を誇り、一季に数度の産卵を行って年間一五〇万個の卵を産む。個体数調整の取り組みは毒殺や営利の間引きが中心となる[*15]。ケラーは続けて、他の方法、例えば遺伝子改変技術のいわゆる「雌消し法」によって、将来の子孫を雄だけにすることも検討されていると述べる[*16]。「雌消し法」で侵略種の生殖・個体数調整を図るという発想はまさに、望ましくない雌の身体が侵略種を特徴づける大きな脅威とみられていることの明確な例証といえる。事実、侵略種は脅威であって、その問題とされる動態に対する一つの解決案は、何よりもまず、性を反映する身体の根絶ということになる。性と生殖能力が同一視されることと、より大きなレトリックの奇想が侵略種の雌集団を取り巻いていることが原因で、雌の身体は侵略種問題の言説において不安の中核を占める。身体の生殖は期待と危機のあいだを往き来する。

見る者の目

非在来種の問題に関する政策決定は、移入種の動物による生態系への害、在来種や生息地への影響に関する科学研究に大きく左右される。しかし非在来種の科学を結論の出た問題と考えるのは誤りであり、科学的方法が新しい種の影響を評価する客観的な尺度を生んだと考えるのも正しくない。科学者は美観にもとづいて動物を評価しがちである点で、一般大衆と変わらないように窺える。判断が美観に影響される理由は多数ある。フレミングとベイトマンはオーストラリアで実施された研究の種類を調べ、研究者らが見た目のよい動物を研究対象に選ぶ強い偏向を持っていることを突き止めた。[*17] 美しさと非凡さは非在来種に対する一般人の認識も左右する。結果、馬の扱いは豚やニシキヘビのそれとは大きく異なってくる。また、非凡さと並んで市場的な要因も非在来種の扱いに大きく関わる。一部の非在来種は経済的価値を有し、周囲の人間に損害をもたらす非在来種とは大ききく異なる処遇を受ける。ミミズや蜜蜂は有用で貴重とみられ、アジアのコイやカワホトトギスガイは経済的な損害をもたらすとみられる。非在来種との戦いは、人間の利益追求を阻む侵略者との戦争、もしくは醜い動物との紛争と定義する方が適切といえる。市場の圧力、あるいは自然空間に「美しい」動物が住んでほしいと願う人びとの偏好が主となり、環境への懸念が従となる例はあまりに多い。

ジェイミー・ロリマーは人外の動物が持つ非凡さについて有用な分析を行い、生態学的、美学的、および肉体的な非凡さという三つの区分を設けた。[*18] 生態学的な非凡さは、私たちの描く人間像や動物像との類似性に関わる。それは特定の種に対する私たちの視覚的・感覚的評価のフィルターを通る。ロリマーは鳥と蝶を例に挙げ、私たちはかれらを容易に見分け、その身近さゆえに人と共通の特徴を評価することができると述べる。[*19] 人間の肉体的条件が比較の基盤となり、ゆえに私たちは人間と共通の属性や行動を具える種に高い価値を認める。鳥と蝶は視覚的に捉えるのが容易な上、鳥は耳に心地よい歌もさえずる。第二は美学的な非凡さで、これは特定の動物たちの素晴らしい容貌、および醜く恐ろしい容貌を持つ種の対極を指す。ロリマーによれば、ある動物たちは外見が立派もしくは可愛らしいのに対し、他は私たちの身体と見た目が著しく異なるせいで一目見たかぎりでは得体が知れない。[*20] 最盛期を迎えた美しいライオンが非公認の狩猟で殺されれば全国的な非難を呼ぶ。それに対し、ゴキブリやヘビはいくら殺しても気が済まない。第三の非凡さは肉体的なもので、これは長い時間をかけた交流を通して浸透する。身近な関わりが長く続くと、ある種を目にすることが快い経験になる。[*21]例えば筆者の一人ケビンは、人間の管理する空間で数回ウミガメを見た（子供の頃に動物園で、またウミガメ救援所で、グランドケイマン島のウミガメ繁殖場で）。が、野生のウミガメを初めて見た時、筆者はそのゆったり泳ぎ海草を食《は》む姿に魅了された。一時、ウミガメになったらどんな気分かが分かったような気さえした。三種の非凡さは、望ましいとされる非在来種と脅威と目される種を理解する助けになる。

科学的な定説では、非在来種は移住先の生息地を損ない乱す侵略者といわれる。しかし人間の福祉に資する非凡な種や動物は、往々にして特別扱いを受け、そのせいで場合によると苦しい環境に置かれる。カンバーランド島は美しい土地で、海辺の森にオークの木々が立ち並び、海に面した砂丘が広がり、開けた草原が人間の支配と農業の跡を留める。ここを訪れた時、筆者らは馬を見た。この動物たちを野生で観察できる旅行アトラクションに人びとが惹かれる理由はよく分かる。しかし残念ながら、筆者らの見た馬の多くは痩せ衰えており、それは食べられる草が足りないせいと、馬が歩き回り餌を探せるだけの広さが島にないせいだった。ミシェル・フーコーは『社会は防衛しなければならない――コレージュ・ド・フランス講義1975-1976年度』の中で、生権力を「生きさせるか死ぬに任せる」権力と語ったことで知られる。侵略種は暴力的で残忍な手法を用いた抹殺の対象となるが、その裏には疑問に付されることも稀な主権者の殺す権限がある。[*22]が、生権力を理解するにはそれを転倒・反転させた「生きさせる」権力についても考えなければならない。カンバーランド島の馬たちは島に囚われ、永遠の飢餓に悩まされる。

野生化馬をめぐる近年の論争では感情や気持ちが主導権を握る。公園局の生態学者ジェニファー・ビョルクは『USAトゥディ』紙のインタビューの中で、主たるジレンマが何であるかを指摘してこう語った。「人びとは海辺を走る馬を見て、その姿を強さと独立の象徴としますが、同じ条件のもとで生きる他の種の関わりの中で、一動物だけに肩入れするのは単なるエゴではないでしょうか」[*23]。馬の群れを別の地へ移す上での最大の障壁は人びとの感情である。レスリー・ハップは記す。「しかし単純で大変な悩みは、人びとがポニーをとことん溺愛していることにある。言い伝えでは、この馬たちは一六世紀に沈みゆく帆船を逃れて島に辿り着いた、逞しいスペインの血統の末裔だという——捨てられた農業動物だという公園局の興ざめな説明は見なかったことにしよう」[*24]。

特定の種を取り除くと、しばしば逆効果の環境影響が生じ、新しい種の導入は予期しない結果をもたらしうる。カンバーランド島を訪れた筆者らは、ガラガラヘビに気を付けるよう公園のレンジャーに注意された。野生化豚は卵を食べることでヘビの数を抑えていた。豚を駆除するとヘビは激増した。一方で野生化馬も、浜沿いの営巣地を踏みつけることで絶滅に瀕したアカウミガメの脅威となる。手つかずの原生自然を監督したいという人間の願望は、関与する全ての可能性を考慮に入れることができない。映画『ジュラシック・パーク』は人間の傲《おご》りがしっぺ返しを喰らうさまを描いた好例である。映画の登場人物イアン・マルコムは、恐竜は予測通りに振る舞わず、その繁殖は人間の操作にはしたがわないだろうと予想する。私たち人間は、自然に均衡と調和をもたらすにはどうすればよいかを分かっているかのように行動する。この思い込みが甚だ皮肉なのは、最大の害をもたらす動物、移住によって最大の破壊を引き起こす動物は、紛れもなく人間だからである。一部の動物に認められる非凡さと経済的利点は、カンバーランド島の管理計画で大きな意味を持つが、ことこの事例についてみると、結果は野生化馬と野生化豚の双方にとって酷な仕打ちとなっている。

生殖未来主義

前節では手短に生政治を紹介し、権力が非在来種に対する授権と束縛の双方を担うさまを示した。多くの非在来種は狩り殺される。少数は生を強いられる。非在来種の生の管理は、ある特定の未来を築き保つ継続的な取り組みの一環をなす。その未来に対する脅威への不安は過去、問題をはらむ意思決定へと繋がってきた上、特殊な未来を重んじる中で人間はしばしば自分たちの最悪の行いの罪を他の種に着せ、政策によって意図せざる結果を招く。未来を意のままにしたいという願望、特に未来を出産の問いに絡めて考えたがる傾向は、ごく近年の研究で中心的な主題となっている。クィア理論家のリー・エーデルマンは著書『未来の欠如——クィア理論と死の動因』の中で、自然と自然化を、国家によって、また国家に代わって、日常的に用いられる政治化されたレトリックの道具と捉える。エーデルマンのより大きな議論の焦点となるのは生殖未来主義という概念で、この枠組みのもとでは人間の未来性が、子供の姿に依拠し、それを偶像とするものとして描かれる。[*25] 未来と出産が結び付けられると、特殊な異性愛に価値が置かれる。生殖未来主義はクィアの個性と主体性を、黙示録的な未来の欠如に帰結するものと捉える。この社会的な語りに対し必要な応答は、クィア理論によってそれを受け入れることだとエーデルマンは論じる。ここで簡単に用語を説明しておくと、エーデルマンのいう「クィア」は、彼が則る理論的立場を示す（知的枠組みとしての広義の「クィア」を指す）と同時に、より限定した範囲で、LGBTの主体性を従来とは逆の積極的な意味で表わす語でもある。『未来の欠如』に注目する筆者らは、以下、エーデルマンとその語彙選択に即して「クィア」の語を用いる。

エーデルマンの著作は、生殖未来主義が思い描くクィアの未来性の欠如を受け入れ、性に色付けされた権力構造を強める社会的・文化的レトリックを批判することに主眼を置く。

未来性の展望たる政治的展望が、いずれも人びとの行動を導く目標（ただしそれは終わりのないものであるが）を示す優れた象徴として、このように子供を掲げる傾向は、あらゆるクィア的抵抗政治の構想にのしかかるだろう。というのも、クィアの性が表明しうる唯一のクィアは、この底部に横たわる政治性の構造への断固たる反対から生じるからである――すなわちクィアは、社会主体の確立に向け個性と未来性を結合し、象徴的終息を果たすという支配幻想に抗する。*26

この議論を通しエーデルマンは、生殖の論理が破綻した時に起こるであろう崩壊を受け入れる必要があると示唆する。彼の構図では、クィアの主体性はもはや生殖未来主義に寄りかかる左翼の姿勢やその言説とは手を結ばず、代わりに、クィアの「生来の素質、すなわち生来の脅威」が未来性の喪失を招くという右翼の破滅的な語りを自家薬籠中に収め、その意味を正す。[*27] クィア主体が未来性に突き付ける脅威は、かれら／私たちを抑圧する言語・政治・社会の構造をかれら／私たち自身が破壊するための手段となる。

自然もまた生殖未来主義を強めるレトリックの装置である。生命と生殖の政治的自然化を通し、このレトリックは自然概念を望ましい社会行動の手本として用いる。エーデルマンはプラトンの『法律』に現われるアテネの客人について記す。

ここでは、自然は性の価値観を調停する基盤というより、国家の目的に向け「自然さ」を利用する企てのレトリック効果となっている。すなわち、それは国家統制主義のイデオロギーに奉仕する形で生み出され、当のイデオロギーは出産肯定的な偏見を根付かせることで機能する。欲望する主体はこの偏見のもと、自身が未来の一翼を担っていると考えるが、その未来は究極的には常に、かれらではなく国家にとって肝心なものである。[*28]

ここでエーデルマンの議論は「死の動因」の擁護と結び付く。死は生よりも確かな一定不変の究極の定めであり、国家がそれに対し抗うところの自然秩序である。そこで、死の動因は生殖未来主義という慣習の対をなし、生を必然的に終局へと導く。ただし、死の動因はエーデルマンによれば、クィア理論が生殖未来主義に対抗する基軸となるものではない。むしろそれは、生殖未来主義の思想的隆盛を維持する社会構造を問い、揺るがすクィア理論の道具である。[*29]

死の動因と関連づけられたエーデルマンの自然概念は、「自然」や「自然さ」が生殖未来主義と死の動因のどちらを指すものとしても用いられる実態に光を当てる。生殖未来主義を指す場合、自然は生殖を命じる力として政治化される。死の動因を指す場合、自然は反政治的となって、生を肯定する生殖の命令を拒否する。エーデルマンの枠組みを侵略種の件に応用するとすれば、後者の死の動因を評価する必要がある。侵略種をめぐるレトリックは、どのような形でかれらを生殖の秩序、ひいては未来性に対する脅威と解釈するのか。死の動因にもとづく（クィア理論の）侵略種解釈は、どのような形で自然や自然さに関する大きな語りに影響するのか。最後に、このクィア理論による侵略種のレトリックは、どのような社会的・理論的機能を果たすのか。

死の動因という道具を通すと、現在の侵略種観がみえてくる。侵略種の害はしばしば金銭的損害と理解され、かれらによる負の環境影響はあからさまに経済的な次元で表出する。そのような捉え方の一例を示すのが、合衆国議会調査局の作成した「侵略種――政策解説」で、同文書は「経済的損害が年間一〇〇〇億ドルを超えるとの試算」を用い、これを侵略種問題への関心を高める主要な理由とする。[*30] しかし同時に、侵略種は生物学や生態学の文脈でしばしば生息環境や周囲の種に対する大きな脅威とも目される。この侵略種理解は、在来種の繁殖秩序に対する侵略種の破壊的な干渉に注目することが多い。クラウトとウィリアムズは述べる。「これらの種は生態学的変化を引き起こす主体であり、脆弱な固有種の減少や絶滅、群落の構造や構成の変化、生態系サービスの喪失、連続的経路の分断を招く[*31]」。かくして侵略種は死の動因を機能させ、望ましい在来種の繁殖システム、ひいては理想的な自然の未来性を暴力的に粉砕する存在と解される。

エーデルマンは死の動因を矛盾した位置に存在するもの、それ自体が侵略的でありながら、俗にいう自然の秩序に内在するものとみる。死の動因は社会的なものの否定を象徴する[*32]。死の動因は侵略種と同じく、ただそれが存在するという事実だけで「自然さ」の文脈に現われるが、生殖未来主義の枠組み（およびより広い「社会性の秩序」）においては、死の動因も侵略種も本来的に異質な存在とみられる。もっとも、このような工夫された生殖未来主義のレトリックは、エーデルマンにいわせれば偽りではない。死の動因が持つ否定の性質は積極的に存在を否認する[*33]。エーデルマンの議論はここで、侵略種と自然の二面的な関係をより広く読み解くことを可能とする手がかりを示す。侵略種が死の動因を機能させる存在だとすれば、生殖未来主義に敵対するその関係が、いわゆる自然にどう影響するかを問う必要がある。侵略種たち自身、外部者となる以前は自然な存在であり繁殖秩序の一翼を担っていた（事実と分類の両面において）。つまり侵略種が生殖未来主義に背を向けるのは、一面では自然そのものによる自然からの離反ともいえ、エーデルマンに即すなら、それは社会秩序を拒んで明確にクィア的な死の動因を受け入れる必要性を示唆していると理解できる。侵略種があからさまに破壊的な自然の力を象徴するように、クィアの主体もまた、死の動因を働かせる力の源泉となる形で位置づけられる。

すなわち、社会的・理論的にみれば、エーデルマンの著作を介したこの侵略種解釈は、クィア的な死の動因という思想上の道具を介し、侵略種による作用の物理的現実を見つめることに繋がる。望ましい自然の繁殖秩序に対する脅威というレトリック上の位置づけによって、侵略種は死の動因の主体となる。かれらの生存はその周辺環境における自然のシステムや予定された未来性に根本から背く。侵略種が死の動因を効果的に機能させることができるのは、かれら自身が本来自然である事実による。侵略種にとって生存は自然の営みであり、未来性を損なうことは無関係もしくは（生存がうまくいっているという意味で）むしろ喜ばしいのだとしたら、そのような存在であるかれらは、生殖未来主義の理論的破壊がどのような様相を呈するかを知るための手がかりとなる。非凡な非在来種もまた生殖未来主義について考える上で重要な位置を占める。異性愛はレトリックにおいて出産や生殖能力と結び付けられ、同様の考えに沿って、非凡な種は強さ、美しさ、人間社会にとっての有用性のために繁殖を促される。豚やニシキヘビやハクレンは自然の秩序に対する脅威と目される一方、馬や蜜蜂はレトリック上、エーデルマンがいうところの有望な未来を象徴する偶像としての子供に似た位置を占める。

蛮行に抗して

侵略種をめぐる語りは、自然を損ない壊す侵略者としてかれらを捉える説が主流を占めるものの、科学ジャーナリストのフレッド・ピアスは、そこに再考の余地があると指摘する。同様の見解は他にもみられ、ピアスの著書『新しい野生――侵略種が自然の救済者となる理由』〔邦題は『外来種は本当に悪者か?』〕は、新世代の生態学者らによる数多くの議論を引き、土着性は適合性と関係しないとの説や、現行の非在来種対策には科学的根拠がないとの批判があることを示す。[*34] この新しい発言は非在来動物の擁護における重要な動きといえる。科学界で非在来種の影響をめぐる新たな論争が起こっている中、私たちの言語使用やレトリックを見直す必要性は大きく高まっている。増え過ぎによって脅威となる敵の烙印をおされた種と、人間の仲間とみなされた種や荘厳華麗な姿のおかげで救われる種とのあいだには、レトリック上の断絶がある。現行の非在来種に関する議論を、クィアのレトリックという新たな視点から読み解く作業は、蛮行に抗し、共存の倫理に与《くみ》する在来動物と非在来動物の擁護論を形づくる助けとなるだろう。非在来種との関係を考え直すに当たり、私たちはこの動物たちへの蛮行を見えなくさせる語りとレトリックの技巧を打ち砕く必要がある。

カンバーランド島は新たなレトリックの創造がどのように奏功するかを確かめるのに好適な場所といえる。カンバーランド島の馬に対する人びとの反応は感情的で情緒に左右されている。見落とされているきらいがあるのは、この馬たちが過酷な島の牢獄に囚われている事実である。どのように馬の数を管理すれば観光客に最高の体験をさせることができるかという議論は絶えない。馬の扱いは野生化豚の虐殺に比べればよいとはいえ、孤島の生息地には問題があり、馬たちは餌不足の危機から永遠に逃れられない。新たなレトリックの創造は両種の非在来動物に関わる象徴秩序からの決別を意味する。人間の手で持ち込まれ、外部の侵略者という汚名を着せられた動物たちは、苦痛と愛情を感じ帰属意識を持つ存在として新たに概念化されなければならない。人間はそういった理解に秀で、ペットや動物伴侶に惜しみない愛情を注ぐ場面にそれがみられる。非在来種に対する蛮行を蛮行と見据えるよう人びとに促すのは堅実な歩み出しになる。それとともに、非凡さや道具的価値にもとづいて特定の種に高い地位を与える論理を検証する必要もある。

非在来種に対する措置をめぐる議論は例外なく、未来をめぐる議論である。子供の偶像をリー・エーデルマンが拒否するのと同じく、非在来種の言説をクィアの視点から読み解く作業は、手つかずの自然空間という幻想の拒否を求める。非在来種の排除と非凡な種の擁護は、自然の純粋さと清浄さを有害な汚染から守る手段といわれる。が、純粋さや清浄さにまつわる常套表現は深刻な問題を抱える。単に純粋さを維持する戦略が逆効果になる、もしくは過去の優生学に関わる最悪の思想と響き合うというだけでなく、それらの論理が文脈を超えて混ざり合う様態にも問題がある。女性嫌悪、植民地主義、反移民の外部者嫌悪が、反復によって支えられる。

では、死の動因を受け入れるとは何を意味するのか。情緒と感情は、あいにく非凡な種と他の非在来種の双方に酷な政策を形づくる役割を果たしてきた。しかし情緒と感情を前向きに活かす道も考えられ、それは慢性的に撲滅されている動物たちの擁護から始まる。私たちはかれらを苛む蛮行を咎め、その死を悼み、残る非在来種の存在に価値を見出さなければならない。私たちの思想と言語は、人間中心的な偏見を理解した上で定式化される必要がある。ある動物たちは人間にとっての道具的価値ゆえに高評価される。他は私たちの住処にたいする外部の脅威として不安がられる。決定的に欠けているのは、気づかいと思いやりを対話の一端として認める言説である。目下、人びとの想像体系は、私たちは子孫のために美しい世界をつくらなくてはならないという考えに導かれるが、醜い者、見捨てられた者の骸の上に、美しい世界は成り立ちえない。零落した者、迫害された者、外部の者を愛することが、迫りくる暴力的な未来を前に希望を芽生えさせる一歩となる。

第七章　楽園と戦争——アルド・レオポルドと復元生態学におけるレトリックの起源

ケイシー・R・シュミット

侵略種。非在来種。非土着種。外来種。異国種。帰化種。有害生物。これらの用語は各々、微妙に異なる意味と視点を持ち、微妙に異なる関心から用いられる。しかし同時に、これらの単語は各分野の中で、また分野を越えて——時には一会話の中で——、事実上の同義語として一まとめにされ、互いの言い換え表現となる。「侵略生態学」の語彙が同分野における第一の倫理的ジレンマに数えられることは周知の事実であり、近年ではこの互換性がありながらも各々偏りと言外の含みを持つ語彙群の不明確さを排して問題を修正しようとする努力が多数の著述家によってなされている。[*1] ある集団を「侵略的」と形容するか「非土着」と形容するかは、同じ現象に異なる理解を投影し、その理解は文化的・社会政治的な人間の「侵略」や「土着民」と広く関係する。これは物理・生命科学の中で文学理論が果たす役割の具体例であり、さらにいえば、ケネス・バークがいう「用語の覆い（terministic screen）」[*2]、すなわち議論や記述に使われる語が、あらゆる環境中の要素に必ず投げかける解釈上の枠組みの典型例でもある。色付きのゼリーがそこを通過する光にフィルターをかけるように、人が用いる語彙や構文や言語が持つ文化的・個人的な含みは、それで記述される対象の解釈にフィルターをかける。ゆえに、現代科学が分野を越えた一貫性を築くべく、語彙の統一化を図るかたわら、ある種が元々生息していなかった環境に入ることで生じる事態を、より政治色の少ない客観的な表現で言い表わそうとする努力が続けられてきた。

これは高邁な目標で、環境科学者、生態学者、立法者、レンジャー、一般市民に、「侵略種」を「敵の侵略」や「プライバシーの侵害」、さらには「宇宙侵略者」と一緒くたにするような蛮勇を問うよう促す。しかし時にその取り組みの中で、用語の覆いに関するバークのもう一つの要点が見過ごされる――すなわち、私たちは偏りの少ない客観的な言語で一般的理解を覆し問い直すことを試みるが、そもそも何らかの覆いは嫌でも常在するという点である。バークがいうように、意思疎通の中では覆いの存在を避けられない。何かについて語るとは、共有された言語という道具を介してそれにフィルターをかけるということであり、したがって、「侵略種」「非在来種」「外来有害生物」といった用語の長短を比べることはできるにせよ、何らかの意図せざる含みや不完全な含みが常に究極的な理解に影響することは認知される必要がある。

本章では、今日のいわゆる「復元生態学」に関する最初期の公式声明が語った「非在来」種についての描写を振り返り、同分野がその発足当初から、用語と暗示を介して善かれ悪しかれ文化的な背景を負った概念と結び付き、それが生態学の取り組みとあり方に「覆い」をかけていることを示したい。著名な自然観察者のアルド・レオポルドは、ウィスコンシン大学マディソン校に設けられた復元景観植物園の価値と目的を語った一九三四年の演説で、土着の景観とそこへヨーロッパ系アメリカ人がもたらした甚大な影響について論じたが、そこで用いられたレトリックは、「復元」生態学を神話的な（どころか神聖な）二分法の枠組みに、すなわち楽園と荒廃、牧歌的調和と工業的戦争の両極間に置いた。[*3] レオポルドの演説は、マディソン校の植物園に勤めた植物学者のウィリアム・ジョーダン三世が復元生態学運動の端緒とみるもので、その言葉を仔細にテクスト分析すれば、そもそもこの発端の時点からして「復元」や「侵略種」といった概念には覆いがかかっており、その源泉は（一）ユダヤ－キリスト教の神話と聖書のエデンの物語、および（二）機械化した工業的な近代の戦争への言及にあることが明らかになる。[*4] この両主題は欧米圏の言説に繰り返し現われる支配的な譬え《メタファー》であり、聴き手にも入りやすく、ゆえに僅かな暗示だけでも意識にのぼる。レオポルドのレトリックにこれらの主題が現われることは、楽園と戦争が生態系復元や侵略生態学の理解に内在する文化的な覆いとなる事態を物語っている。

筆者は、「楽園」と「戦争」の主題が実のところ、欧米圏で公に「復元」や「非在来」種について語る時には常に付きまとうものだと論じたい。またそれとともに、レオポルドの議論を用い、認識にのぼるこの不可避の連想が（不完全な道具としてであれ）現に実地の努力を推進する様相を示したい。一九三四年の演説において、創世記の第一章から第四章に描かれた楽園と紛争を繰り返し暗示したレオポルドは、語り継がれる分かりやすい文化的神話を利用して、現代の復元生態学に繋がる思想に基礎を与えたといえる。[*5] 楽園と戦争という定番の強力な二分法は、既にアメリカ文化に遍在し、侵略種や非在来種が招いた生態系の不均衡を捉える枠組みとなるが、当の不均衡は元を正せば人類自身の過ち——聖書に描かれた楽園喪失や第一次世界大戦に繋がった選択にも似通う行動——に起因する。したがって楽園と戦争の二分法は生態系復元を専ら人間の責務とし、修繕によって「エデンの園へ帰る」ことを目標に置く。

レオポルドに関する史書や伝記は彼を伝統的な宗教と現代的な社会政策の批判者と評する傾向にあるが、[*6] 一九三四年の演説を分析すると、その言葉づかいと議論が互いを補って彼の主張を支えていることが分かる。全ての言説には覆いがかかっているというバークの指摘を念頭にレトリック分析を応用することで、本章は生態学の議論が不満のない語彙を模索しながらも、暗示や連想を捨て去らず、むしろそれを頼りとする実態を明らかにする。この論考集の趣旨に鑑み、本章は非在来種をめぐる言説のレトリック上の常套表現と語彙に注目しつつ、同言説の初期発展に関する歴史的洞察を提供したい。

以下ではまず、レオポルドのエッセイに関し簡単に歴史的背景を説明し、続いて詳細なテクスト分析を用いつつその演説版と文書版を検証することで、レトリックによる楽園と戦争の暗示を確かめる。分析の後、筆者はいささかの結論として、基底をなす聖書的な楽園と二〇世紀の工業化した戦争の緊張関係が、なおも非在来種の捉え方を左右すること、そしてその対立的な枠組みが、時に不正確な含みを持ちうるにせよ、同時に将来の行動と注意を導く有用なレトリックの道具となりうることを指摘したい。

レオポルド、生態系復元、ウィスコンシン大学の植物園

現代の復元生態学を生んだ地はウィスコンシン州の州都に広がる五平方キロメートルの区画で、ウィスコンシン大学マディソン校の広いキャンパスから僅かの距離にある。ウィングラ湖の岸に、復元された草原、森林、湿地が広がり、ブルドーザーや高層建築から保護され、生態学研究のために維持され、日々ここを訪れる老若の観光客のために保存されている。ウィスコンシン大学植物園は国際的に知られた野外研究所で、「復元された生態共同体の世界一多様なコレクション」を宣伝文句とする。[*7] 復元生態学は世界の生態系から非在来種を駆除し、集中的な活動によって環境を前近代の状態に復元する取り組みを擁護する。が、ウィスコンシン大学植物園に勤続中の一九八〇年代に「復元生態学」という語をつくったウィリアム・ジョーダン三世によれば、世界の取り組みはある一日の一つの演説にさかのぼれるという。

一九三四年六月一七日、購入されて間もない植物園の敷地の一角に、公式の落成式に向け演説者たちが集まった。そこにいたのが著名な自然観察者のアルド・レオポルドで、彼は一〇年以上にわたりマディソン校に勤め、植物園の創設に時間と資金を投じてきた。ジョーダンは述べる。「落成式では多くの演説がなされたが……アルド・レオポルドのそれは特別な意味を持ち続けている」。[*8]

情熱的な筆致でジョーダンが綴るには、レオポルドの演説は「歴史的名演説どころのものではない。それは新たな試み、すなわち新しい趣向の植物園に留まらず、自然に対する新しい考え方と接し方の発展へ向けた、預言であり宣言である」[*9]。

ジョーダンとレオポルドは、ウィスコンシン大学の植物園に勤め、そこで研究し、その発展に貢献した二人の影響力ある生態学者に過ぎない。が、同植物園はその小ささに比して、生態学に関する世界の思考と言論に目を見張る影響をおよぼしてきた。史家のフランクリン・コートは九〇年におよぶ植物園の歴史を追う中で、時代を画す植物園の構想を、機能する生態系復元という形で現実のものにした人物らに焦点を当てる[*10]。その発展と影響に伴った重要な要素は、植物園における言説、および植物園をめぐる言説だった。コートは先行するナンシー・サクセと同じく[*11]、土地買収と経営陣の異動の歴史を綴るが、それとともに、演説やパンフレット、通信文、報道記事、関係者の回顧録などから広汎な文例を引く。それらは各々自然空間としての植物園の使命を定義しながらも、その角度はおおよそ異なり、また、各々同園の確固たる保護を求めながらも、秘めた目標はおおよそ異なり、対立さえした。加えて、コートは植物園の創設に関わった活気あふれる、情熱的な、時には頑固な重要人物らを描き出す。全国に知られた名士のアルド・レオポルド、フレデリック・ロー・オムステッド、ジョン・ノーレン、ウォルト・ディズニーのほか、地方で名を馳せた「バッド」・ジャクソン、マイケル・オルブリッチ、テッド・スペリー、ジョン・カーティスも現われる。コートの著作が明かすのは、対談、審議、それに不和が現在の植物園を形づくった経緯であり、時に衝突する者同士の関わりが、利益の一致した際にはむしろ生態学的事業を推し進める様子である。

コートはさらに、公共の公園をつくる初期の取り組みが、最終的には学術的な生物科学探究の場を設けた展開を追う。植物園の意味と究極的な役割を明確化しようと努めたレオポルドは、ここを生態系復元と研究の場として確保する動きに与し、庭園や公共博物館として門戸を開こうとする動きに対抗した。この争いが頂点に達したのは、是非を問われながらレオポルドが五〇日間の植物園監督を務め、「植物園とは何か」と題した画期的な演説を行った際のことで、それから、彼の後任に就いたG・ウィリアム・ロンジネッカーが、同園を野外研究所兼公共娯楽空間と定めて折衷が成り立った。

レオポルドは植物園委員会の最初期の会員に当たり、[12] 一九四八年に他界するまで同園に関わり続けた。マディソンには一九二四年に訪れ、森林局林産研究所に勤めるが、一九二八年に辞職して民間の猟獣調査コンサルタントとなり、[13] 一九三〇年代にはウィスコンシン大学農業経済学部の猟獣管理学教授に就任する。植物園に寄せる関心は、コートによれば、野外研究所としてそこを用い、ヨーロッパ系アメリカ人の入植・農業・その他の活動以前に存在したウィスコンシン州の生態系について調べ学ぶことに一貫して向けられていた。レオポルドは植物園でより広い仕事を受け持つよう絶えず要望され推奨されていたふしがあり、本人は研究に力を入れたいと言って断っていたものの、一九三三年には「猟獣間引き」教育（野生猟獣の支援と猟殺を組み合わせて集団規模を調整する手法）を促す動きの一環で、監督への就任に合意する。が、植物園の開発と目的に向ける関心の違いは、同年九月、レオポルドが「研究監督」に再任命され園芸家のロンジネッカーが事務局長となった折、分裂へと至る。[*14] レオポルドは植物園に一般人を入れることには慎重な態度をとり、国立公園局地方監督官のポール・ブラウンに宛てて昂奮した口調の手紙を書き送ったが、例えばその一通ではこう述べている。「もしも植物園がただの公園になるのなら、私の興味は消え失せるでしょう。普通の公園であればどこの市議会でも運営できます。大学にそれを模倣する使命はありません[*15]」。

しかし植物園とその将来に関するレオポルドの立場が最も明確に表明されているのは、同園の公式な落成式が行われた一九三四年六月一七日の演説、そして全国読者へ向け雑誌『公園と余暇活動』に載ったその改訂版である。[*16] ジョーダンは初め一九七七年に演説原稿を読み、「以来それについて考え続け」てきたと語る。[*17] レオポルドの死後に刊行された『砂土地方の暦』は、現代の環境研究文献の事実上の聖典となったが、ジョーダンによれば、「植物園とは何か」の演説はひどくないがしろにされてはいても同じ程度に重要な資料だという。

同演説は植物園自体やウィスコンシン大学にとってのみならず、あらゆる技術社会にとって大きな意味を持つ。しかるにその認知は驚くほど遅々として進まない。今日でさえ、筆者のみるところでは、その重要性は科学者全体からも、多くの環境保護論者からも、一般市民からも十全には評価されていない。証拠が欲しければ、過去三五年間に書かれたレオポルドの関連資料に当たるだけでよい。そのいずれをみても、ウィスコンシン大学植物園の創設やその背景にあった思想は、レオポルドが預言し開拓した現代の保全運動に斬新で広汎な貢献をなしたものとはされていないのである。[18]

こうした点から、一九三四年の演説とエッセイは分析と注目に値する。

周知のように、レオポルドは以後、「現代の環境保護運動を生んだ最初の重要な開祖[19]」と目される。環境研究の諸分野を越えた著名人となり、科学と情緒をまたぐレトリックと文章によって学界と一般市民の双方を魅了し、事実と観察をもとに生物物理環境の価値を評価しながらも、平均的な読者に理解できる記述を保った。[20]修辞学者のバーバラ・ウィラードがいうように、レオポルドは一連のエッセイと講演の中で、生態学の思想と言説における新しい切り口を示し、景観それ自体を認識論的テクストと捉えて、後世に影響をおよぼす「土地倫理」を提唱した。その枠組みでは、人間は大きな生物共同体の一部をなすに過ぎず、その共同体に対し倫理的責務を負う。[21]レオポルドのレトリック面での影響を考えると、一九三四年の演説はさらに重要性を増す。というのもこれは、当時以来、彼の著作に関する議論を左右しがちだったエッセイ集『砂土地方の暦』、さらに第二次世界大戦にも先立つ、レオポルドの初期の主張を理解する鍵となるからである。

レオポルドと宗教

作家および環境保護論者としてのレオポルドは、伝統的なユダヤ＝キリスト教の思考と用語、および客観主義に徹した科学のそれをともに排し、古い価値体系に代わる新しい体系を打ち立てたとして、その影響を評価されることが多い。例えばウィラードは、レオポルドの「土地倫理」が保存と保全の中道を示し、人間を保護者でも消費者でもなく生物共同体の一部と位置づけたと述べる。[*22] オーピーとエリオットは、レオポルドの文章で用いられるレトリックの道具が、暗示と同じく、土地管理科学の目標とエマソン、ソローの高遠な理想を混ぜ合わせるさまを説き明かす。[*23] 新しい世界理解の方法と世界における個人の役割を語ったレオポルドの著作は、それ自体が読者らの道徳的・倫理的世界観に一種の宗教めいた基盤を与えるものとなった。例えば保全論者のギャビン・ヴァン・ホーンはこう記す。

> レオポルドは科学者であり、「事実と価値」の関係や、それが「生き方」におよぼす意味について、長く熟考を重ねた。……レオポルドいわく、保全型の土地倫理を促す上での一つの問題は、「哲学も宗教もいまだそのようなものを知らない」ことにある。……つまり社会の「価値観」は世界の「事実」に追い付いていない。文化と自然の景観を優れた視点で読み解くレオポルドは、

強制的な法律や経済的な動機づけでは不充分だと論じた——より拘束力のある根本的な何か、ことによると「宗教」という語で言い表わしうる何かが必要だと。[*24]

レオポルド本人は信仰を持っていなかったものの、その全体論的自然観は後の霊的な環境保護運動に影響し、その一つであるディープ・エコロジーは、生きた環境を内的平衡のとれた全体と捉え、人間を消費者ないし世話役として特別視する考え方をしりぞける環境思想の一系統をなす。レオポルドの文章と演説は、そこに含まれる認識論と倫理の要素によって宗教的な性格を帯びている。そしてレオポルド自身が一種の宗教的ないし預言者的人物となった——他の並みいる環境保護論者らが、聖書の預言者エレミヤ[†1]風の嘆きのレトリックを用いたのとそう変わらない。いわゆるエレミヤ風の嘆きは、共同体が聖なる責務を離れてしまったことを憂え、聴衆へ向けて、再び共同体の福利のために献身するよう促す。[*25] オーピーとエリオットはエレミヤ風の嘆きについて、「アメリカ人の描く環境像……を操作する点でこの上ないレトリックの道具」と評し、さらには環境保護のテクストがいずれも何らかの形でエレミヤ風の嘆きになっていると論じる。[*26] バーバラ・ウィラードとローレンス・ビューエルが各々論じるには、レオポルドの文章はエレミヤ風の嘆きを含み、そこで彼は

†1　紀元前七世紀のヘブライの預言者。アッシリアの陥落、エジプトとバビロンによるエルサレムの征服を予知した。旧約聖書の哀歌は彼の嘆きにちなむ。

自身を環境保護の行動と変革を見越す預言者と位置づける。[*27] こうした点で、レオポルドを宗教の視点から捉え直す作業が意義を持つ。

保全生物学者のカート・マイネほか、多数の者が記すところでは、レオポルドは成人になって以降、伝統的な教会には僅か二度――自身の結婚式と娘ニーナの結婚式の折――しか訪れていないが、ニーナ・レオポルドいわく、彼は一方で「宇宙を導く超自然的な至高の力が存在する」と信じていた。その力は彼にとって「人格神ではなく」、「むしろ自然法則に近いもの」だったという。さらにニーナ・レオポルドは父に関し、「私が知る中で誰よりも宗教的な人」だったとまで語っている。[*28]

レオポルドと宗教の関係をめぐる問題意識から、ヴァン・ホーンやテイラーをはじめとする研究者らは、レオポルドの著作と復元生態学全体にみられる霊的かつ伝統を離れた宗教的な側面に学的関心を寄せ、近年その傾向はいよいよ強まっている。[*29] 例えばテイラーは、レオポルドが多くの読者や環境活動家にとって「聖人に似たヒーロー」となったこと、「宗教的ないし少なくとも宗教に類似した性格によって、レオポルドの倫理観と論調は環境保護の小集団と運動に独自の仕方で組み込まれた」ことを指摘する。[*30] ヴァン・ホーンは『宗教・自然・文化研究ジャーナル』の二〇一一年特別号で、「レオポルドの著作は今後も持ち堪え、学界と大衆の注目を集め続けるだろうが、それは彼がさりげなく形而上学の領域を横断し、科学と人文学の興味深い対話を創造したからである」と論じる。[*31]

しかし同誌の論集は、レオポルドの著作にみられる新宗教の反響について有力な議論と分析を行う一方、頻繁に顔を出す古典的な宗教の要素を蚊帳《かや》の外に置き、見落としている。例えばヴァン・ホーンはこう述べる。

なるほどレオポルドが宗教的な逸話を話に織り込む例はあり、特に聖書の預言者を引き合いに出して、人と土地のあるべき道徳的関係を強調する箇所は多い。しかしながら、地質時代——進化の過程の展開——に向ける理解と、土地への強い愛着を結び付け、土地の利用（と濫用）が道徳的責任を伴うゆえんについて彼に着想をもたらしたのは、その総合的な洞察、宗教的自然主義とでもいうべきものである。[*32]

レオポルドの価値観、美学、「精神性」が持つ広い科学的な側面に注目する中、これらの論文があまりに容易に看過するのが、世を覆う長い文化的伝統を暗示し援用するレオポルドの手法であり、そこには旧約・新約の聖書を匂わせる暗示もある。別の例を挙げれば、キリングスワースとパーマーはレトリックとアメリカの環境政策に関する独創的な著作の中で、レオポルドが「発展させたレトリックは、環境保護の言説としては、訴求力の幅広さにおいて他の追随を許さない」と記すが、その広域におよぶ訴求力が例えばエゼキエルやイザヤの暗示に由来する点には目を向けず、むしろレオポルドが伝統的なユダヤ-キリスト教に歯向かったことを強調する。[*33] 絶賛される「土地倫理」のエッセイにおいて旧約聖書の預言者らが利用された点に軽く触れた後、著者らはレオポルドの作品についてこう説明する。

旧約の倫理が新約の倫理に道を譲り、それが民主主義に道を譲って、ついには民主主義が土地倫理に道を譲ったように、ユダヤ教はキリスト教に地位を奪われ、キリスト教は国家の独自性を表わす記号という面で民主的啓蒙なる市民の「宗教」に取って代わられたが、それは今や「より大きなもの」に道を明け渡さなくてはならない——おそらくは生命の調節、ないしあらゆる形態の生命に対する一種の畏敬に。……レオポルドの議論は倫理を超えて神学そのものに近づき、その環境論は後釜の宗教となる。[*34]

これもまた、レオポルドの文章が大きな影響力を振るってきた理由と要因を知るのに欠かせない重要な点ではあるが、それだからといって、レオポルドが既存の宗教の概念や伝統から得た訴求力を無視してよいことにはならない。例えばキリングスワースとパーマーはウィスコンシンに縁のあるもう一人の自然観察者ジョン・ミューアを取り上げた節で、改良型環境保護論[†2]の唱道者は「時おりミューアの築いた伝統に沿ってレトリックに重きを置き」、宗教を「譬えに」使うことで読者を引き込み、分かりやすい形で自身らの考えを伝えると指摘する。[*35] またディープ・エコロジストは「臆することなく自身らの思想が持つ宗教的含意を語り、レトリックを最大活用して読者の宗教的感性に働きかける」という。[*36] が、宗教的暗示を比喩や訴求に用いるこのような手法はレオポルドの著作にもはっきりみられ、分析的視点からより大きく注目される必要がある。

レオポルドと宗教の関係を取り上げ、かつレオポルドがユダヤ‐キリスト教の枠組みをしりぞけたという主張を広めた重要な著述家の一人に、J・ベアード・キャリコットがいる。レオポルドに関するキャリコットの論文のいくらかは、レオポルドが「聖書的世界観は保全と両立しない」と考え、「保全をその世界観に摺り寄せるよりも、むしろそれをより一貫した包括的な別の世界観に置き換えることを目指した」との見方を示す。[*37]『砂土地方の暦』におけるレオポルドの「大構想」は、キャリコットいわく、「『同業者ら』をユダヤ‐キリスト教的消費文明の世界観という暗闇から引きずり出し、進化生態学／土地倫理の世界観という白日のもとへ導くこと」にあったという。[*38]

しかしキャリコットは同時に、レオポルドの著作にみられるユダヤ‐キリスト教の要素は分析の余地があるとも認めている。つまるところレオポルドも一介の文士であり、その作品で語られた思想は、集合的な時代精神が数十年の年月をかけて育てたものにほかならない。[*39]レオポルドが人気を博しそのレトリックが功を奏した要因は、社会の大きな価値観と理解を簡潔な名文で言い表わす彼の能力にあった。してみると、レオポルド自身の宗教的背景はさして問題にならない。広汎な伝統・遺産・理解・世界観を利用するエッセイや演説は成功の見込みが高く、レオポルドの著作は暗

---

†2　資本主義の枠組みに則り、企業や政府と提携して環境問題の技術的解決を図る立場。持続可能な開発や温室効果ガスの排出権取引などは改良型環境保護論の考え方にもとづく。

示を通して広い文化的主題を存分に駆使したものとみることができる。

ダニエル・ビューラーは、こうしたエレミヤ風の嘆きとレトリックによる宗教的・文化的主題の暗示が、生態学の目的にどう貢献するかを論じる。とりわけ彼が注目するのは、セオドア・ルーズベルトが一九〇八年の知事会議で行った演説の中で、アメリカの開拓前線に関係する明白な天命[†3]というユダヤ－キリスト教的概念とエレミヤ風の嘆きを併用し、全国的な保全政策を先導・促進した手法である。ビューラーによれば、人間が自然を支配するという伝統的な宗教概念は一見したところ思いやりある保全と相いれないように思われるものの、ルーズベルトのレトリックは世に広まっていた明白な天命という主題を用い、自身の新たな保全政策を既存の世界観の内に包み込んだ。「ルーズベルトによるエレミヤ風の嘆きは、人間が自然に対する支配権を有するという文化的神話に則り、保全がただ自然を保つのに効果があるばかりでなく、むしろその生産性を高めるという点を巧みに訴えた」[*40]。ビューラーはさらに、「人びとを団結行動へ向かわせる」努力はいずれも「国民生活を形づくる既存の社会構造に合致する」必要があると述べ、ケネス・バークを引用しつつ、「つまるところ国民生活の運動力に左右される変革は、何であれ、ある歴史的見解の改訂と受け取られる」と論じる。[*41]レオポルドについては、エッセイや演説における反宗教的ないし反霊的な性格が注目されてきたが、筆者は彼もまた、ビューラーが述べる形で広く旧来の宗教的主題を暗示する手法を用いていると指摘したい。

なお、公正を期すために付け加えると、キャリコットは環境活動家が訴求力を得るために旧約の宗教を引き合いに出すのは許されると語っている。例えば彼は、地方地方の信仰や慣習によって非公式に受け継がれる学術的でも欧米的でもない「伝統の生態学知識」（TEK）の有用性について論じる。

科学の論述はしばしば抽象的かつ難解で専門語に埋め尽くされ、一般人はおろか往々にして他分野の科学者でさえ近寄りがたいものとなる。宗教や神話の論述はこれと対照に、いたって鮮明かつ具体的、隠喩的で、レトリックに力がある。レオポルドのような解説者は、宗教や神話の論述をうまく用い、一般の人びとが理解し納得できる形で科学的世界観を言い表わす。この点で、TEKを文化的に保護する人びとは科学者と手を携え、進化生態学の世界観を効果的に伝えることができる。またそれゆえ、TEKを内包する宗教や神話の語り口は科学の基盤を補強することができる。[*42]

キャリコットはキリングスワースとパーマー同様、レオポルドが新しい科学的な精神性と世界観を前面に出しながらも、同時に聖書の暗示や譬えを用いていると結論する。[*43]「土地倫理」の分析においても、キャリコットはレオポルドが新しい生態学の思想を伝えるべく、ホメロスの『オデュッ

†3　アメリカ合衆国は北米全土を支配する明白な天命を負っているとの説。一九世紀中後期の思想。

セイア』から人びとに伝わりやすい馴染みのある神話的主題を抜き出していることを指摘する。[*44] 巧みな作家、話者、活動家はこうした道具を意のままに用いることができ、レオポルドもまた例外ではない。

別の論文でキャリコットは、環境教育に携わる者へ向け、「科学に先立つ庶民的な世界観、例えばユダヤ－キリスト－イスラム教の伝統に則るそれを通して、前向きな環境保護の態度と価値観を示す試み」を「世界観の補正」と組み合わせるよう、表立って促している。[*45] レオポルドが多くの著作で行ったことはまさにそれだったように窺われる。彼はテイラーがいうごとく、「現実主義者の人間として、社会的・政治的障壁をわきまえ、利用できる制度体系の中で立ち回り、時に穏健な保全の成果を達成すべく妥協を受け入れかつ勧めさえする一方で、より深く急進的な精神と倫理の革命を熱心に求め、継続的な社会進化の過程からまさにそうした成果が生まれることを願った」。[*46]

一九三四年の植物園での演説を詳しく分析すると、レオポルドがこの二つの目標をいかに達成したかが見えてくる。またその分析によって、広汎な暗示の利用に伴う三つの主たる結果が明らかになるが、これについては本章の結論部で扱う。すなわち、楽園と混沌、調和と戦争のような、神話的、宗教的で、広く使える社会的な主題を暗示する環境活動家は、（一）道徳的な訴求のために実質を単純化する（ゆえにその一部を犠牲とする）一方、（二）キャリコットが述べるように、既存の世界観に訴えかけて主張への支持を集め、（三）圧倒的に人外の存在に関わる課題を、特に人間へ向けた行動要請へと転じることができる。

「植物園とは何か」の分析

一九三四年の「植物園とは何か」と題した演説は複数の形式で出回っている。第一は植物園の構内で少数の人びとへ向けた口頭発表の形式で、記録は記者や参加者、レオポルド本人らの手による。最初の印刷版全文は、植物園の主要後援者ジョゼフ・「バッド」・ジャクソン大佐に個人宛で送られたものの、刊行はその五〇年後、園の創立半世紀記念を祝ってのことだった。[*47] 演説を行った数ヵ月後、レオポルドは「印刷できる形の別バージョンを書き上げるまでにはもう少し時間がかかりそうです」とジャクソンに書き送っている。[*48] この大きな修正が加わった改訂版は雑誌『公園と余暇活動』に収録され、広く出回り版を重ねた。この手直しでは、分量が縮約されたほか、マディソン郡の環境にみられる固有の特徴に触れた多くの限定的な記述が割愛された。

しかし各種の演説稿を結び付けるのは「植物園とは何か」という問いである。全改訂を通しこの問いに貫かれたレオポルドの演説稿は、復元された景観と研究領域がこの先数十年でどのようなものになるか、なりうるかを告げる一種の使命宣言となった。ウィスコンシン大学植物園は、この手の企てとしてはアメリカ初のものであり、レオポルドはこれ以降、復元生態学の歴史における「聖人的」地位を占めることとなるので、同演説稿はこの分野を規定する文書になったといってよい。

筆者は両バージョンの演説稿について詳細なテクスト分析を行い、両者の相補的・独立的機能を確かめるが、『公園と余暇活動』の収録版はレオポルドが準備と修正により多くの時間をかけた上、読者の大半もこれを読んで参照してきたので、重きはそちらに置くこととする。最も鮮明な両演説稿の違いは主題と限定性にある。『公園と余暇活動』版は分量こそ短いものの、内容は大きな旋回を経ており、口頭版との比較は注目に値する。園内の敷地を舞台とし、ジャクソン大佐のために記録された当初の演説では、ウィスコンシン大学植物園の使命を定めることに主眼が置かれた。それは定義と不確かさに関する演説だったといえる。「植物園とは何か」というレトリック的な問いから話は始まり、続いてその問いに簡単な言葉で答えていく。「植物園とは——」とレオポルドは語る。

一般には、真剣な市民が実物を見ながらシロトウヒとクロトウヒの違いを学び、ホソバグミやギョリュウ、アリゾナイトスギと直《じか》に出会う場をいいます。つまりは木々のコレクションです。時に植物園は園芸品種の野外図書館、すなわち、人びとがあらゆる種類のリンゴやリラやバラを比較できる場ともなります。進んだ施設では木々のコレクションを分類群ではなく自然の群集としてまとめます。

しかしこの端的明瞭な宣言の後、レオポルドはウィスコンシン大学植物園がそれとは違うものになると述べて説明する。「本園にはこれら全ての機能を備わらせたく思いますが、それは決して、私どもがここでの実現をめざす眼目を言い表わしたものではありません。本園はこれまでとは違う、新しい施設になります。おそらく。私どもはここを植物園と称するべきですらないでしょう」。ここから先、演説にはレトリック的な問いかけ、あるいは知識の隔たりに関する率直な指摘が現われ、再三にわたって不確かさが強調される。その言葉と語句は用語の覆いとして機能しつつ、不確かさの感覚を伝達する。「おそらく」という語によって、レオポルドは森林官であり科学者である自身の権威を保留し、みずからが考える定義の価値については聴講者に「判断を委ねる必要があるでしょう」と述べる。続いて彼は聴衆に向かい、目隠しをした状態でこの植物園が広がる土地に一世紀前に居合わせたと想像するよう促す。すると「それが同じ土地であることに気づかないどころか、自分がウィスコンシンにいることにすら気づかないでしょう」と彼は述べる。以下、レオポルドは同地の非在来種（キジ、ウズラ、野生シチメンチョウなど）およびかつてそこに住んでいたが今はいなくなった動物たち（ライチョウ、ヤマウズラ、シカ、ヘラジカなど）を網羅的に列挙して、景観を「復元」する必要性を強く訴える。一八四〇年代には異なる植生が広がっていたという話を切り口に、彼はこう続ける。「しかしそもそも、それはどのような草木や花だったのか。私たちには分かりません。なぜそれらは平原の状態に留まり、鬱蒼とした森林に育たなかったのか。おそらくは火事のせいでしょうが、定かではありません。オークはどんなものだったか。主として黄褐色だったでしょうが、定かではありません」。ただ一つ「分かっている」のは、この時点で敷地を広く覆っていた青草が「白人とともに持ち込まれたことです――当時育っていた自生の草は、今日では希少もしくは消滅してしまった可能性すらあります」。レオポルドいわく、植物園の沼は「広汎な歴史の図書館で、一万年前の氷河期にさかのぼる本園の土地の物語を伝えます」が、その「蔵書の多くはいまだ翻訳されていません」。彼はコイが湖に持ち込まれたことで環境が変わったと述べながらも、「しかしこれも分かりません」と付け加えて話に区切りをつける。演説の表題自体も含めた一連の素朴な問いかけは、不確かさを表わす「もしかすると」「ことによると」「おそらく」のような言葉と合わさり、「なぜウィスコンシンの元の姿を研究するのか」と題した節で山場を迎える。そしてここでレオポルドは最後の問いを発する。たとえ「土地の様相が大きく変わってしまったのだとしても、それが何なのか。今でも良い景色が望めるのなら、何を悩むのか。一八四〇年のウィスコンシンが一九三〇年のそれに変わった具体的な過程を、何のために知ろうとするのか。アメリカ人は後ろではなく前を見据える人種だというのに、なぜかような生態系の墓場を掘り起こすのか」。

これらの不確かさを挙げることで同演説は研究を要請するが、それは植物園という空間に対するレオポルドの見方と一致した。不確かさの感覚は知りたいという感覚であり、それが問いの答えと優れた認識に繋がる大学の研究を促し、さらに多くの研究を求める。そこでレオポルドは「なぜウィスコンシンの元の姿を研究するのか」という最後の問いにこう答える。「なぜなら、人は土壌やその植物相・動物相に、意図して必要な変化を加えるとともに、意図せざる不必要な変化をも加えてしまい、それが文明を支える将来の土壌の力を損なおうとしている、という事実がみえてきたからです」。この演説は本人いわく「一つの告白でありまして、科学はまだ充分な知識を得ていない、もしくは充分に傾聴されていないので、進歩とされるものに伴うこの破滅の過程を先読みして防ぐことができないのです」。

このような次第で、当初の演説は大学・専門家・研究者・科学者へ向けた呼びかけではあっても、一般大衆向けという面は薄かった。ウィリアム・ジョーダン三世が復元生態学の誕生における大きな契機とみたのはこの演説であり、現にレオポルド自身、冒頭と末尾で、植物園とは「とどのつまり」みなが共有する不確かさを払拭するための「再建された」標本景観だと述べている。問いや語句や主題は、不確かさを研究者の集結地点として用い、演説は研究の活発化を求める呼びかけをもって締め括りとする。

この元演説は、他の生態系関連の著作物にみられる大まかな二分法や宗教に絡む暗示を含まず、ゆえにヴァン・ホーンやテイラーやキャリコットらの議論で引用される多くのテクストの代表格をなす。しかし先述したように、レオポルドはこれを全国の広い読者層へ向けて書き直した際、多数の注目すべき編集や加筆を行った。数少ない地方の生物学者らを相手にする演説では、楽園と戦争の暗示は姿を現わさないが、全国向けの、つまり科学者と一般大衆の双方へ向けた文書では、この単純な覆いが大きな役回りを演じる。

『公園と余暇活動』版の演説稿は、まず、表題と冒頭が一新されている。疑問形の表題が含んでいた不確かさは消し去られ、素朴な二つの名詞を並べた「植物園と大学」が公式な書名となった。

この新しい題は、最初の演説にあった不確かさと問いかけの要素を避け、甲乙の二分へ向かう構造を打ち立てる。植物園と大学は二つ一組でありながら対置させられている。これにより、新しい演説稿は実のところ、エデンと堕落した世界、調和と戦争、過去と現在、人間と自然のような、文化的な色合いを帯びた二元論と二分法に寄りかかったものとなる。そこでは工業と人間の傲りが、協調的で平和な環境に具わる調和を乱してきたことに焦点が置かれる。この見方は最初の演説にも微かに表われていたが、『公園と余暇活動』版は生態系復元とウィスコンシン大学植物園に関し、別の覆いを透かした別の観点を導入する。

のみならず、この覆いは伝統的な宗教概念に関するレオポルドの態度を論じた既存の所見に反し、その冒頭から聖書にもとづく比較を行う。改訂版の演説稿でレオポルドはこう切り出す。

二〇世紀からそれ以上の年月にわたり、文明化した思想の全ては一つの基本的前提に立脚してきました――人間が地球を搾取し隷従させる使命を負う、という考えです。「産めよ殖やせよ」という聖書の命令は、この哲学的な帝国主義の態度を表わす数多い教説の一つでしかありません。

この壮大な語り口は、問いかけと定義で始まった元の演説とは大きく異なるのに加え、公然と比喩的な枠組みを用いて理解の助けとする。そこで利用されているのは、欧米圏の伝統文化における二つの基本的な二分法、楽園と堕落した世界、古代の平和と現代の戦争である。「二〇世紀からそれ以上の年月」という語句は読者の注意を旧約聖書の時代へ向かわせ、「産めよ殖やせよ」という「聖書の」文句への言及は、ウィスコンシン大学植物園を、ユダヤ‐キリスト教の伝統で最も有名な庭園であり果樹園であるエデンの園と直に比較してみるよう読者に促す。レオポルドは大学植物園の公式な歴史の初めに当たり、あからさまに聖書の冒頭、時間とその内における万物の始まりを語った創世記のくだりを引いて、自身の演説の切り出しとするのである。「産めよ殖やせよ」という命令は創世記の第一章二二節および二八節を出所とする。神は初め、人間に――さらにいえば全ての生きものに――「産めよ、殖えよ」と命じた。創世記の第一章二八節で神は「人」に向かって言う。「産めよ、殖えよ、地に満ち、地を従わせよ。海なる魚、空なる鳥、地を這う一切の生ある物を支配せよ」[*49]。レオポルドは隠し立てなく読者を誘導し、植物園の管理・復元努力を聖書モデル――すなわち神が「人」にあらゆる種子・木々・果実・獣類の管轄を任せたという図式[*50]――と関連づけるよう仕向けるが、同時にこの暗示を通して批評も促す。土地の世話に関する聖書の叙述を、搾取、隷従化、および帝国主義の教説と結び付けることで、彼は植物園を第二の代表的な欧米文化モデルに代わるものとみるよう読者を導く――数々の戦争と、一九一〇年代、二〇年代、三〇年代における暴力的革命の源泉となった、帝国主義と抑圧のモデルに代わるそれである。

レオポルドは古い世界観を捨て去り、それを新しい生態系科学に置き換えるよう読者に促しているといえるか。それは確かにその通りであり、本人も改訂版の第三文ではっきりそう述べている。が、彼は同時に、既存の有力な世界観にある最も基本的な二元論の土台を、新しい考え方の確立と叙述に役立てる。

聖書の創世期と近代戦の脅威について考えるよう読者を誘導した後、改訂版の残り八〇〇字はこの覆いを通して話の要点に大きな意味を持たせるが、それは読者の文化的枠組みの中にある既存の価値観と恐怖に働きかけるもので、セオドア・ルーズベルトによる一九〇八年の保全演説にみられたエレミヤ風の嘆きや暗示とそう変わらない。

創世記、調和、戦争を暗示することでレオポルドは読者を導き、植物園の実験をエデンの園のモデルで考えさせる——すなわち、それは人間が土地の繁栄を監督する責務を負う場であると同時に、悪しき判断が破滅を招きうる場である。創世記の第二章から四章の中で、アダムとイブは動植物に溢れるのどかな園を「整え保つ」ための支配権を与えられる。[*51] その後、二人は傲りと悪しき判断によってその土地と地位を失う。二人が楽園から追放されたのに続いて、子らは暴力に染まり、カインは聖書の歴史に記された最初の殺人に当たる、兄アベルの殺害におよぶ。この兄弟殺しはヨーロッパを引き裂いた戦争を思わせ、レオポルドの改訂版演説稿の文言を通して暗示される。

冒頭を別にすれば、演説稿が表立って聖書に言及する箇所は、ほかに僅か一つ——エゼキエル書と新約聖書の福音書に則り人類を「人の息子ら」と形容する箇所——しかないが、二カ所であからさまに聖書を引けば、欧米圏の読者にとっては他の部分も容易にエデンの園のくだりと結び付けられる。例えば、レオポルドは人間が実は森林や原野の「兄弟」であり、その兄弟が血みどろの争いをしていると述べるが、これはカインとアベルの物語に重なる。レオポルドは争いに代えて人間と大地の協力を唱えるが、これは「人の堕落」に先立つ創世記第二章の記述を暗示し、環境の復元を求める訴えは、神が初めに人間と人外の生命に与えた楽園に回帰する試みを暗示する。短い改訂版の中で繰り返し言及される土と大地は、冒頭箇所の暗示と相まって創世記の叙述を連想させる。創世記によれば、人は「地の塵から……つくられ」た点で木々と等しく、再び塵へと帰る。「なんとなればそなたはそこから取られたからである。そなたは塵であるゆえに塵へと帰す」。レオポルドは元演説で触れた動植物の詳細を大部分にわたり削ったものの、土や泥、浸食や泥炭の重要性については改訂版でも触れている。「植物、動物、人間、土壌は相互依存する部分の共同体にして一つの有機体」であり、人間は「自身の左腕や二頭筋の細胞一つ一つと同じように、独立したまとまりではない」という主張は、人間と人外の生命を同一の身体の部分という関係に置く考えで、男の肋骨から女がつくられたという創世記のくだりを髣髴させる。自生の木々の植物園という発想は、創世記に現われる有名な木、生命の木と善悪智の木を想い起こさせる。「機械の発明に余念がない」科学者らの傲りは、無花果《いちじく》の葉で服をつくるアダムとイブの傲りを連想させ、さらに創世記でもレオポルドの演説でも、この傲りは園の環境にあった原初の平衡と調和を損なうものとされる。こうした関連や類似は明示こそされないにせよ、冒頭の暗示がそれを意識させ、文化規範がその看取を可能とする。改訂版の演説稿はこの関連づけを利用して、当初の演説とは微妙に異なった結論を示す。「まず手掛けるべきは、最初にあったものの標本を再建することです。それはつまるところ、植物園にほかなりません」。「最初にあったもの」の再建は、この覆いのもとでは、エデンの再建となる。

言葉の連想による同種の暗示は、近代戦の主題に関しても行われる。のどかで平和なエデンの概念を示した後、レオポルドはその初期の調和を、読者らが二〇世紀初頭に経験し批難したところの機械化した戦争と対比するよう促す。例えば既存の土地管理政策を「帝国主義」と形容したのに続けて、彼は「人類の世界征服を速める途方もない機関」に言及するが、それは軍事兵器としてであれ何であれ「諸刃の剣」となり、「協力」にも「破壊」にも使える代わりに「その規模はほとんど地質学的な次元」に達すると論じる。演説稿は生態学を議論し理解するための譬えとして機械化した世界大戦を引き合いに出す。諸刃の剣はアダムとイブの子孫がエデンに戻るのを防ぐ「回転する炎の剣」を思わせる。*56 さらにレオポルドは、現行の政策が人間と動物と植物の協力・親交を妨げる「鉄の踵《かかと》の精神性」に立脚していると繰り返す。この「鉄の踵」は寡頭政治、僭主政治、暗黒郷《ディストピア》、さらに第一次世界大戦で使われた鋲《びょう》付きの半長靴を暗示する。レオポルドはまた、おそらく非在来種のレトリック史上最初期に生態系の危機と外部の侵略軍を対比させた人物でもある。いわく、「もしも外部の侵略者がかような略奪を企てようものなら、国家は一丸となって、人も金も尽きるまで抵抗するでしょう。しかし略奪を仕掛けるのが私たち自身であるあいだは、私たちはその屈辱を『粗野な個人主義』のせいにして忘れ去ろうと努めるのです」。そしてこれら全ての議論をもとに、植物園での生態系復元は「将来の地球の居住適性」を決定する「国家的重要性」を持った課題とされ、それに伴う問いも「国際連盟へ加わるか否かに劣らないほど重要」であると主張される。

やはり言葉の選択一つ一つが第一次大戦の暗示を通し、生態学の問題に覆いをかけている。

結果的に、当初は不確かさと研究の定義に重きを置いていた演説が、改訂版では欧米社会で最も馴染みがあり文化的に力のある対立要素、楽園と戦争に関する話となった。それはもはや含蓄や曖昧な指摘からなる演説ではない。それは生と死、天と地、平和と破壊の問いである。二項の区別は、レオポルドがほのめかすところでは、私たちの次の決断、人間の行動に関わる。その行動は当初と同じく、研究ということになる――そして演説稿はやはり研究の呼びかけと一連の問いかけで大詰めを迎える――が、改訂版ではそれがさらに壮大で象徴的な重要性を帯びる。

もちろん、創世記に現われる肝心な要素の全てがここに見出せるわけではない。レオポルドの演説稿には、イブや男女の関係に対応するものをはっきり見て取ることはできない。イブを騙して楽園の調和的平衡を乱すよう仕向けた、自然の使者らしき蛇に当たるものも見つからない。それどころか、エデンをつくり人類の運命を握る聖書の神の言及や対応物もない。同じく、植物園での生態系復元と第一次大戦の出来事が一対一に広く対応しているのでもない。が、どちらの主題についても、演説稿は読者の多くが分かる支配的な記号・価値・不安を暗示し、それとの関連づけを促す。

最終的に、この聖書的楽園と工業的戦争の暗示は双方とも、レオポルドが演説稿の随所で触れる同じ中心概念を伝える役を果たす――人間の科学者は人間中心主義の傲りと人間例外主義を抑え、自身らが大きな共同体秩序の成員であることを認める必要がある、という考えである。「生態学はいかなる動物も、人間さえも、環境から独立した存在とはみなせないことを教えてくれます」とレオポルドは語る。創世記の覆いと戦争のそれはともにこの思想を支える。創世記では神の整えた秩序が人類の逸脱によって壊される。第一次大戦では国家間の平和的共同体が、各国の譲歩や協力の不成功によって混乱と流血に陥った。二つの譬えは作家レオポルドの抽斗《ひきだし》にあり、彼はそれを使って考えを伝え、描いた。

そうすることでレオポルドは、自身の議論を楽園と戦争の譬えに含まれる二元論と繋げる。エデンの説話と戦争の構図は、二分法と分割の概念、甲か乙かの筋書きに則る。戦争にはわれらとかれら、味方と敵、生と死がある。創世記には神が設けた一連の二分法、天と地、実と虚、光と闇、昼と夜、海と陸がある。[*57]

比喩が喚起する二分法的な世界観は、植物園の何たるかを語る結論にまで持ち越される。演説の中には、ほかに例えば、侵略者の人間と修理者の人間、自然共同体の一員たる人間と、変化・調和・混沌・劣化・環境との協力の主体として特に力を振るう人間、といった二分法も現われる。植物園はレオポルドにとって、人間の行為者が二つの中核的象徴のどちらかを選べる場所、楽園の空間へ向かうか戦争の空間へ向かうかを選べる場所だった。

帰結と結論

この分析は広い意味を持つ。作家レオポルドの個人的影響力が大きいのもさることながら、これによって環境保護の議論と侵略・復元生態学のレトリックの核心が明らかになるからである。すなわち、復元生態学の議論はその発端から、エデンの園と近代戦の対比を誘う語彙、および用語の覆いを用いる傾向にあった。それどころか、環境史家ドナルド・オースターが指摘するように、現代の環境思想は例外なく、懸念解釈の切り口や視点の選び方も含め、ユダヤ－キリスト教の枠組みとその「現代における世俗の末裔たち――科学、産業資本主義、それに技術」との応酬に「多くを負う」[*58]。用語法と格闘する現代の著述家たちは、しばしばこうした譬えを避けようと努め、復元した生息地を地上の楽園のごとく過度に理想化する、あるいは非在来種を軍事的な意味でいう「侵略者」に見立てて貶めるのは、避けるべき態度だと論じる。ダニエル・ビューラーなどの著述家は、ルーズベルトによる保全演説のごとく、既存の文化枠組みに頼ると、革新的な思考法が妨げられるばかりか、そもそもの環境危機を生んだ状況を再生産することにもなりかねないと警告する[*59]。が、レオポルドの演説は別の可能性を示す。彼は特殊な場面で内輪の同僚へ向けて語る際には、具体的な環境の特色や技術的な問題に焦点を当てて将来の研究と探究を促す一方、広い層に語りかける際には、楽園と戦争という（問題含みではあれ）定番の語りが常に作用することを認める。レオポルドはキャリコットらの論じるとおり、古い世界観を独自の新しい生態学と土地倫理に置き換えることを企図したと考えられるが、その語り口は聖書の主題やより広汎な社会の不安を見据え、それを取り込んでさえいる。

八〇年におよぶ生態系復元のレトリック史において、楽園と戦争の主題は常に付きまとっていた。

ユダヤ－キリスト教の伝統はあまりに広く浸透しているので、人跡未踏の自然状態を復元しようという取り組みを欧米人に向かって語れば、著者や話者の意図を超えたところで、エデンの園と「楽園に回帰する」努力が結び付けられることもある。それに似て、「侵略種」や特定地域の「保護」を論じる際に、軍事防衛や戦争の枠組みが介在するか否かは、常に環境保護論者が決められることではない。楽園と戦争はいずれも強い影響力を振るう文化的な語りであり、口にされる個々の言葉に関係なく非在来種や生態系復元の議論に忍び込もうとする。今日、この両概念は欧米人の経験と世界観に型枠を嵌めており、環境活動家はその枠を取り入れることも拒むこともできるが、レオポルドの著作が示唆するところでは、型枠の完全な拒否は不可能と思われる一方、その採用と適用は主張の伝播に役立ちうる。

現在に至るまで、ウィスコンシン大学植物園の使命は「植物園の土地を保全・復元し、復元生態学を前進させ、土地倫理を涵養《かんよう》すること」と定められている。[*60]「保全」や「復元」といった言葉は、読む者に常にエデンの物語と軍事防衛を連想させる。植物園の展望は、生態系復元と「生態学的に持続可能な人と土地の関係」の雛形《ひながた》をつくることと謳われている。ここでも、植物園の役員・研究者・有志協力者らはレオポルドにならい、人と土地は一つの系の部分であるとただちに指摘するであろうが、読む者によっては右の文言から、（意識的かどうかは別として）人と土地が対立関係にあると考えたくなる。レオポルドの演説稿から分かるように、一般的な聴衆の世界観にあるこうした傾向を摑むことは、当の聴き手らに前提の再考と長い時間をかけた世界観の再構築を促す一つの方法になる。

生態系復元の政策に宗教的な二分法を持ち込めば様々な反動が生じるのは確かであるが、[*61]それは必ずしも負の影響ばかりでなく、また必ずしも新たな非宗教的世界観の確立を妨げるものではない。暗黙の譬えや関連づけは初めから復元生態学／非在来種の言説に埋め込まれており、将来の環境保護論者は楽園と戦争の二分法やエデンと争闘の枠組みを使って、即決すべき行動を訴えることができる。復元される生態系に関するレオポルド自身の展望も、こうした二分法に立脚するところが大きく、楽園と戦争のような二極の緊張関係を、復元努力の緊急性を訴える根拠とする。

つまり、古い二分法の世界観を完全に排するよりもむしろ認めることで、レオポルドや彼に続く将来の書き手たちは、少なくとも三つの重要なレトリックの働きを駆使できる。

一、こうした暗示や譬えは状況を単純化して基本的な道徳の訴求力を強めることができる。それは時に科学的事実の過度な単純化を招きうるものの、第二の有用なレトリックの働きの基盤となる。
二、単純化した状況に関し一般の受容と理解を得た後、この暗示と譬えは社会全体の言説を支える広く浸透した世界観に働きかけ、復元努力への賛同を募ることができる。これはキャリコットが将来の生態系復元教育の取り組みで専門的説明を行うことと併せて推奨していた手法にほかならない。

三、一般の受容・理解・賛同が得られた後、著者ないし話者は当初の譬えによって新しい思想を示し、その古い譬えを用いつつ変革を促すことができる。

聖書の楽園と近代戦についていえば、この覆いは人間の統制を超えた広く大きな世界にも、また人間の行動と選択が全ての変化の鍵となる領域にも等しく存在する。楽園と戦争の主題を認め取り入れることで、レオポルドや他の者らは強く訴えることができる――人間はたとえより大きなものの部分であっても、その行動は変化を起こしうるのだと。エデンの園に生まれた最初の人間が、禁じられた果実を口に運ぶまいと決めることもできたように。また、徴集兵らがさらに大きな世界大戦の企てに身を投じることもできたように。この強力な覆いは常に働いている。そのような道具をレトリックとして役立てられるのなら、使わない手はないだろう。

第八章　根無し草の根を育てる

――ピーター・ケアリーの『異星の快楽』にみられる侵略種と不気味な生態系

マイカ・ヒルトン

一見したところ、ピーター・ケアリーの一九七九年のSF小説『異星の快楽』は、侵略種の危険性とかれらがオーストラリアの生態系にもたらした荒廃を端的に描いた寓話と読まれる。物語では、地球外の種である鳥がペットを装いつつ、文字通り人間文明を破壊する種《たね》を植え、そこから育つ木々が景観を根こそぎに損なって鳥たちの出身地さながらの姿へと変えてしまう。終幕では主人公の夫妻がペットの「快楽鳥《けらくちょう》」を殺すが、既に破壊は済み、黙示録後の景観を飾る破裂した水道管やガス管のあいだをさまよう二人が目線を上げると、異星の木々に快楽鳥が群がり、その姿は「完膚なき華麗な勝利を収めたばかりの軍勢を思わせた」[*1]。

しかし本作はこの簡単な要約が表わすほど端的明瞭なものでは全くない。むしろ以下で論じるように、ケアリーは侵略種が手つかずの領域を汚す存在だという通念を巧みに込み入らせる。侵略種をめぐる自然保存論の言説で従来から使われてきた基本的な常套表現――すなわち、純性と堕落に関するキリスト教の主題や、自然と産業資本主義が真っ向から対立するという思想——を用いながらも、作者はそれらの言説が依拠する多くの主要な参照軸をかき混ぜる。この語りの混淆は、侵略種という敵から在来種の生息地を用心して守らなければならない、と考える保存論の根底にある肝心な分類上の区分を掘り崩すものと考えられる。

保存論、開発、汚染物たる侵略種

まずは「保存論」(preservationism) という言葉の意味と、それを他の環境保護論の哲学、なかんずく似た響きを持ちながら大きく異なる哲学をなす「保全論」(conservationism) から区別すべき理由を明らかにしておきたい。事実、保存論者が保全論者に (また保全論者が保存論者に) 激怒してきた歴史は長く、それは両者が心から環境を気にかける点では同じでありながら、優先事項を全く異にするからである。保全論者は世界の天然資源の責任ある管理を最優先するので、時に開発事業 (例えばダム建設) を容認するが、それに憤《いきどお》るのが保存論者で、こちらは重要な場所 (美しい河川の流域など) を変化させず、開発の入らない状態に保つことを最優先する。保存論の優先事項は「復元生態学」の主眼とも区別されるもので、後者は人間の開発で傷つけられた生態系への介入を試みるのに対し、シエラクラブのような保存団体は主として未開発の「損なわれていない」環境をそのままの形に留めることへ力を投入する。

シエラクラブを立ち上げ、アメリカにおける国立公園システム発足の立役者ともなったジョン・ミューアは、多数の自然文学を著わした作家でもあり、彼の言葉は保存論の世界観をまとめ上げ広める役を果たした。自然に対するこの思考様式は、キリスト教道徳の伝統が生んだというだけでなく、産業資本主義の歴史における特殊な時代の産物でもあった。例えば自然を題材とするミューアの作品を紐解くと、自然に溶け込んだ人間が時間の感覚をなくすという記述が随所に現われる。回顧録『はじめてのシエラの夏』の有名な一節で彼はこう語る。

日の光の振り注ぐ中、空気や木々、川や岩に胸躍らせる——大自然の一部となれば、老いも若さもなく、気の浮き沈みも去って永遠へと至る。今や私はほとんど何らの身体条件すらも感知せず、大地天空以上に食も気息も欲しない。全き健やかな転身の何と清々しいこと、それを眺望する見晴らし台だった古き囚われの日々の記憶ももはや遠い。この生の新鮮さの中、私たちはずっとこうあったのではないかと思われる。*2

自然は時のない空間で、人を「古き囚われの日々」から解き放つというこの記述は、示唆に富むのに加え、これから論じるように、産業資本主義がアメリカ人の時間感覚を急速に変化させつつあったこの時代の産物に他ならない。ミューアのような保存論者が筆を執ったのは、時機や効率が重視され、時間の画一化が進んで、日の高さや月の満ち欠けを基準とする各地の様々な時間軸が忘れ去られていった時代に当たる。してみると、「時のない」原初の森が持つ魅力の一部は、産業資本主義が効率優先の傾向を強め、「時は金なり」の原則を軸に稼働しつつ、厳密な計測にもとづく時間軸で世を席巻する中、そこからの避難所を提供すると思われる点にあった。

この、時のない空間――すなわち産業資本主義が要求する画一化された「適時性」の外にあると思われる空間――への渇望は、ミューアの重要な遺産に数えられる「自然保存区」[†1]創設の核心にある。自然保存区は「開発（development）」から守られるべき空間である。開発という語には経済的かつ時間的な意味が含まれ、開発地となった場所は狂奔する世界貿易の歩速にしたがわされ、保存論の言説で尊ばれる「無時間性」という性質を失う。自然保存区は無時間なだけでなく手つかずのままに、見たところグローバル資本主義の不浄な事業に汚されていない状態に保つべき場所とされる。

が、皮肉なのは、「時のない空間」をつくろうとすると生態系に劇的な変化をおよぼすことであり、現にヨセミテ国立公園などでは、その土地に暮らしていた人びとがアメリカ陸軍によって強制的に立ち退かされたが、こうした措置は（狩猟採集民らを食物連鎖から除外するので）確実に生態系の平衡を乱したと考えるよりない。サイモン・P・ジェームズはさらなる皮肉を指摘する。「実をいうと、ミューアらの目にエデンの光景と映ったヨセミテ渓谷の瑞々しい草原は、先住民アワニチ人が藪《やぶ》を焼き払って放牧地をつくった跡なのである」[*3]。ジェームズが分析するように、ミューアの作品はところどころで先住民を「穢《けが》らわしい」と評し、かれらが手つかずの自然の中で場違いな存在であることをほのめかしている。ただし筆者が付け加えるとすれば、ミューアはある重要な条件を截然たる基準としつつ、時にインディアンを穢らわしい後退者として悪く描き、時にかれらを環境と調和する生き方の見本たる清く健全な者として良く描く。興味深いことに、ミューアは「先住民」ではなく「インディアン」という語を用いるが、かれらを「先住民」とみなし、地域固有の野生動物に分類できるかぎりは、インディアンを「清い」者とみるようである。例えば次のくだりに注目されたい。「インディアンが何世紀のあいだこれらの森を巡り歩いていたかは誰にも分からないが、おそらくは極めて長く、コロンブスがこの地の海岸へ至るよりも遥か昔にまでさかのぼるはずで、にもかかわらず深い痕跡が刻まれなかったのは不思議に思える。インディアンらはやさしく歩き、鳥や栗鼠《りす》に比べてもほとんど景観を傷つけず、粗朶《そだ》や樹皮でつくった小屋は森鼠《もりねずみ》の巣に比べても長くは残らない」[*4]。というわけで、ミューアはこの部族らが比較的「時のない」存在で、景観に歴史の跡を深く刻まなかったとして賞讃する。対して、ミューアが最も酷な評価を下し「穢らわしい」とみたのは、「開発」地域の住人に似たインディアンで、獣肉と引き換えにミューアの一隊が携える糧食《りょうしょく》を求める先住民の猟師、あるいはウイスキーやタバコをねだる先住民の男らがそれに該当した。その穢れた顔は「長年風雨にさらされていたかのごとく擦り切れやつれ果てた容

---

†1　原語の nature preserve は通例「自然保護区」と訳されるが、ここでは本稿の趣旨に鑑み、直訳の「自然保存区」を用いる。後の「野生生物避難区」（wildlife refuge）という訳語も同様の配慮による。

貌だった」とミューアは記し、この者たちは「劣化した」人類の好例だと言い切る。[5]

したがって一面ではジェームズのいうとおりで、ミューアが（その薫陶を受けた保存論者の環境活動家たちと同様）「清らかな原生自然」と「穢らわしい人間」の区別を持ち出す理由を詳しく知ろうと思えば、メアリー・ダグラスの有名な定義をもとに、穢れを「場違いの物体」とみる必要がある。[6] すなわち、自然に向き合う保存論の考え方は、防疫線を設けることで、「場違い」と映る物体——ゆえに健全な影響ではなく一種の汚染に分類される事象——の一切を（有機か無機か、生きているかいないかに関係なく）除き去る姿勢にもとづく。しかし筆者はさらに、ミューアが特に穢れと関連づけたがる性質は歴史性と経済活動であるという点を付け加えたい。彼の出会う先住民は、それと知れる僅かな活動の痕跡を見せなければ「清らか」とされ、開発された世界との取引に関わろうとすれば「穢らわしい」後退者とみられる。多くの批評家が指摘するように、ミューアは原生自然を、いまだ書かれざる神の書物と捉え、自然界との適切な和合を果たした者はこれを完全に解読しうると考えた。開発の爪痕はつまるところ、この景観に散った汚《よご》れであり、動きの印と物語（すなわち軌跡）を刻んで神の書物を損ない、その読み解きを阻みかねない。のみならず、この文明と商業の刻印は、速く過ぎゆく現代世界から切り離された、時間の外なる原生自然という（誤った）観念の保存を妨げる点で、古代遺跡を覆う今日の落書きと同じく、「穢らわしい」と映る。

言い換えると、ミューアがインディアンを賞讃するのは、かれらを「在来種」と解釈した時であり、景観に散った「穢らわしい」害虫とみるのは、伝統的に「侵略種」と結び付く特徴が確認された時で、それは往々にして近代性やグローバル化の徴候と映る。自然文学は「時のない」場所の特色を並べるだけで事足れりとするものが大半を占めるが、侵略種に関する著作物はそれと違って物語を要する傾向にあり、しばしば国際貿易に関する話を含んで、侵略種を産業汚染の表われと位置づける。例えば「アフリカ化ミツバチの亜種が誤って放たれたのは一九五七年、ブラジルで熱帯気候に強い交配種をつくり、多量の蜂蜜を得ようと試みていた最中のことだった。一年に北方へ二〇〇から三〇〇マイル（三二〇から四八〇キロメートル）ずつ移動して、蜂は一九八〇年代にメキシコへ、一九九〇年にはテキサス州へ達した」[*7]。あるいは次のような叙述もある。「最初のヌートリア〔齧歯目の一種〕は一八九九年、南米からアメリカ合衆国へ故意に持ち込まれたもので、毛皮生産のベンチャーを立ち上げることが目的だった」[*8]。もう一つ――「ミドリガニは船に乗って東岸へ、また輸入される釣り餌の包装材に紛れて西岸へ入ったと推測される」[*9]。これらの例が示すように、「侵略種」を分類する旧来の論理は由来に関する物語を欲するとみえ、元の生息地では「無害」だった種が「悪玉となって」脅威に生まれ変わった正確な瞬間を突き止めようとする。そしてこの国際的悪玉の由来話では大抵、グローバル資本主義が根底の堕落要因と示される。つまり、グローバル資本主義の干渉がなければ、これらの種はおとなしく一所に留まり、出生地の生態系と永遠に単調な調和関係を結んでいただろうと、それは暗にほのめかす。

　この言説では、自然は物語から隔離されるべき対象であり、物語は行為と動作を求める以上、物体の移動と「穢れ」の産出を含み、転落の徴候、堕落とみられる。侵略種は物語の瑕《きず》を担い、私たちは基本的にその物語が良い顛末を迎えるとは考えない――侵略種の物語はほぼ必ず生態系の荒廃を強調し、黙示録的な未来の行く末を展望する。侵略種はこの保存論のレトリックでは国際貿易によって堕落した悪魔的存在と描かれ、ゆえに抑え込んで聖地におけるその蔓延と汚染を防がねばならないとされる。自然保存区が資本主義的グローバル化やそれに付随する歴史的過程の外にある転落前の場所と想像されるなら、侵略種は楽園に潜むビルマニシキヘビであり、自然保存区の清浄な無時間性を転落させる存在である。実際、フロリダ州のエバーグレーズ国立公園に急速に広がったビルマニシキヘビに関する報道は、ここで取り上げる言説の典型例となる。野生生物生態学者らの公式な報告書は、国立公園南部にビルマニシキヘビが現われたことと、同地の在来哺乳類が消えたことに直接の因果関係があるという断定を避けている――どころか、ある生態学者はむしろ同湿地帯における排水こそが在来種の減少を引き起こしたと論じる――が、メディアの報道は大半が、研究結果を単純な事前事後の物語に短縮する。いわく、ニシキヘビが持ち込まれる以前は野生動物が栄えていたが、今では「アライグマの九九パーセント、オポッサムの九八パーセント、アカオオヤマネコの約八八パーセントが消えてしまった」[*10]。こうした物語に欠けているのは、在来種の数が長い時間でどう推移してきたかを示す大きな歴史的文脈であり、在来種はニシキヘビが閉じられた空間を侵すまで静止状態にあった（後代のために「保存された自然」であった）かのごとく描かれる。

以上のことから、「自然保存区」と「野生生物避難区」は、実質的に前者が後者に指定される例もあるが、自然界やそれへの接し方について大きく異なる概念を指す。厳密に定義された「自然保存区」は、永遠の平衡状態にある「時のない」空間という位置づけ上、それに矛盾する種の移動を許さないはずである。他方、野生生物避難区は定義上、避難民、すなわち元の生息地を追われた動物たちを対象とする。うろつき回る避難民はしばしば脅威や侵略者、場の境界を越えて押し寄せる穢らわしい集団と目されるので、指定された避難区の構築は重要な概念上の役割を果たす。野生生物避難区はその典型で、一時的な避難民キャンプというより未来永劫の新居として概念化され、そこに再定住させられた動物たちは、もはや都市や郊外や準郊外の開発地を渡り歩く狡猾な脅威や厄介な放浪者ではなく、無辜《むこ》の犠牲者とみなされる。しかし興味深いことに、専門的にいう「野生生物」は非常に広い意味を持ち、マダニから茨《いばら》まで、あらゆる生物を含みうるにもかかわらず、野生生物避難区は一般に特定の避難民を匿《かくま》う場と想定される——動物、それもいわゆる「非凡な大型動物」である。対して、居所を追われた植物のための野生生物避難区というものは想像しがたく、現に野生生物避難区の中でさえ、土地の自生種でない植物は時に侵略種とみなされ、管理人として働く保全担当者の手で絶やされてしまう。そもそも植物は伝統的に、場を構成する「地盤」の一部とみなされ、その支えによって当の場所が安定した住まいと認められるものになる。したがって居所を追われた動物たちの住まいたる「避難区」を想像する際、人びとはそこに生育する植物を、その場に根付いたもの、安定した地盤になるものと考えがちで、植物が独自の追放と移住の過程にあるとは考えない。

これまでに述べてきたように、植物も動物も本来の生息地から迷い出る傾向を持つが、私たちは通常、居所を追われた動物と植物に対し異なる評価尺度で迫る。両者とも時に資本主義の開発や国際貿易のせいで堕落した侵略種として悪玉扱いされる点では同じであるが、避難区の概念によって一部の動物は名誉を取り戻し、開発が景観にもたらした荒廃ではなく、罪なき開発の犠牲者と認識される。植物にこれはない。次節で論じる通り、ケアリーの物語はこの二重規範の問題を突き、非在来種の動物と植物が連携して生息地を広げる実態から、しばしば別の分類に仕分けられる種と種の接点を浮き彫りにする。

『異星の快楽』と聖母 - 淫婦の複合体

ケアリーが侵略種をめぐる一般的な言説に別れを告げるのは、物語の舞台設定においてであり、その世界は一点の隙もなく自由市場資本主義の拡大に呑まれているとみえ、「純粋」な空間なるものを保つ従来の国境は、恒星間資本主義の圧力に浸食されて久しい。宇宙空間さえも崇高な「最後のフロンティア」というより遠い準郊外の印象を与え、物語の中心人物であるリリーの眺める前で、恒星間を往復する貨物船が宇宙港に上陸する様子を叙しながら、語り手は皮肉な調子で、その船には「何ら異星の脅威も天恵も」載っておらず、「鉄塊や玉軸受《たまじくうけ》、それに雑然とした宇宙の裏庭での節制を運よく乗り切った辛そうな働き手らを除けば、見るべきものとてない」と書き綴る。[*11] この「雑然とした裏庭」は企業体の所有物で、物語に描かれる侵略種は宇宙港を運営する会社の所有下にある惑星ケネコット21を出生地とする。これらの企業体は過去に規制機関と争っていたようで、後者はかつて宇宙の管轄権を握り、全く異なる考え方で運営を行っていたらしい。「この偏執的な慎重さで宇宙に乗り出した角刈りのプロテスタントらが、検疫に関する宇宙会社のいい加減さを目にしようものなら、恐怖で金切り声を上げたことだろう。しかしNASAが萎《しお》れ果てても、恐ろしい破局が地球を襲いはしなかった」[*12]。NASAはここでは惑星の自然生息地を慎重に保存する仕事と結び付けられているが――さらに「萎れ」た植物になぞらえられるが――、さほど好意的には描かれない。むしろ語り手はこの規制機関のヒステリー、妄想症、偏執的で強迫的な行動を強調する。純性を求める保存論者の願望は同じく魅力のないものと描かれ、リリーとその夫モートはかつてエデンのような地所で働く庭師だったことが明かされるが、リリーの回想ではそこは「失われた楽園のようで、夫婦は厳しい独裁者の神によって、訳も分からずその地を追い出されたのだった」[*13]。リリーとモートが「訳も分からず」理不尽にも庭園を追われた、という点は重要であり、ここでケアリーが一般的なユダヤ‐キリスト教の語りから離れていることが分かる。リリーは異星の快楽鳥という「禁じられた果実」に誘惑されるが、誘惑に陥るのは夫婦が既に楽園を追われた後のことである。

定まった住居を持つ代わりに、リリーとモートは移動生活を送り、物語の大半はかれらの車中もしくは夜を過ごす道端のモーテルを舞台に展開する。したがってリリーが快楽鳥を購入する誘惑に駆られる場面は、聖書の人類堕落を模しているのは明らかでありながら、エデンの園でなしに、恒星間の取引と雇用を担う一大センターの駐車場で訪れる——それは「堕落した」景観の縮図であり、「かれらは楽園を舗装して駐車場を設けた」というジョニ・ミッチェルの歌詞（『ビッグ・イエロー・タクシー』の一節）を思わせる。ただしこの駐車場が設けられた土地は従来の「楽園」像とはうまく重ならない。物語の舞台はケアリーの生地オーストラリアであるが、この土地は従来、北アメリカの「手つかず」の原生自然とは大きく異なる形で描かれてきた。大衆レベルでは（またカンタス航空の定番のテーマソングでは）「やっぱりオーストラリアは私の故郷」といえるにもせよ、この大陸は長きにわたり、荒れ果てて手なずけにくいこと類を見ない場所と目されてきた歴史を持つ。「新世界」よりもさらに新しく瑞々しい場所とみるよりも、オーストラリアを発見し植民地化したヨーロッパ人らはそこをむしろ対極、地球の果てとみた。となればオーストラリアがしばしば黙示録後の荒野を代理するのも——その内地は黙示録後の世界を描く『マッドマックス』や『奪還者』といった映画の撮影地として特に好まれる——、またそこがかつて人間のゴミとみなされた囚人らの廃棄場とされたのも不思議はない。

これは何も、実際のオーストラリアに存在する豊かな生態系や、その環境を保存する積極的努力を軽んじて言うことではない。ただ注目したいのは、この国が従来どのように捉えられてきたかであり、ケアリーはそうした常套表現を用いて、オーストラリアを昔から変わらず「荒野」だった場所、人間の一家が根を下ろせるような健全な環境のない場所、ゆえに侵略種の穢らわしい破壊的な略奪によって「荒らされる」ことのありえない場所と描く。したがって、快楽鳥とかれらの広めた削岩樹《さくがんじゅ》はこの景観を根底から変えてしまうが、それは大異変でありこそすれ、NASAの職員や他の検疫支持者らが気に病むような「恐ろしい破局」ではないともいえる。ケアリーの結びは、侵略種が生態系を汚染し荒廃させるという典型的な黙示録風の語りを転倒させ、むしろかつての「荒野」が青々とした森林に変わり果てる様子を示す。森はたちまちのうちに育って高速道路やガス管その他、人間文明が依存するインフラを根こそぎに損ない、その中を進んでいったモートとリリーは文字通り「道の果て」、地方を回ろうにもそれ以上は車が進めないと思われる地点に行き着く。とすると皮肉ながら、生態系の破局は従来、集団を居所から追いやる出来事とされてきたのに対し、ケアリーの物語は既に居所を追われた二人の人物が、いまや定住を余儀なくされそうになって終幕を迎えるのである。

リリーの手助けで世界に解き放たれた「堕落」が、皮肉にも景観を荒野から遠のかせたのだとすれば、リリーが鳥を買う誘惑に駆られる場面も同じく逆説的にみえる。リリーを堕落してしまう無垢な人物とみるのは妥当とはいいがたい。彼女は鳥と出会う当初から、既に打算的で抜け目のない策士であると知れる。人類堕落の再現場面に当たり、楽園の不吉な蛇を演じるのは、駐車場に現われた不良の宇宙港職員であり、彼がリリーに話しかけ、台車のゴミ入れに隠した快楽鳥を見て触って購入するよう誘いかける。リリーは初め警戒心を抱き、この男が「狂って」いて、盗みを働くのではないかと思った。[*14] 結果的にリリーが鳥を元手に得る予想外の儲けを考えれば、この男の最も狂っている点は、その鳥を僅か五ドルで譲ろうとするところである。リリーは鳥を触って即座に「その価値が何千ドルにもなると踏んだ」ので、[*15] 実際のところ、彼はリリーから「盗む」のではなく、自分のものをリリーに盗ませたのだといえる。自身の「合理的」な経済利益に反し鳥を盗ませるという、一見狂ったような振る舞いをみせる人物に、鳥のはらむ危険性が結び付けられている点は注目される。つまりこの冒頭場面で、鳥は毒入りの贈り物――台車のゴミ入れに隠されたトロイの木馬――であると同時に、大きな価値を持ちうる商品でもあるものと示される。この二面性が場にそぐうのは、鳥が自由市場資本主義という支配的体制の中で役割を担いうると同時に、その体制を破壊する文字通りの種を宿すからである。それは鳥が食べて排泄するケネコット削岩樹の種で、鳥が糞をすればどこであろうと削岩樹はすぐに根を伸ばす。

『異星の快楽』の逆説的存在は鳥だけではない。冒頭の段落で現われるリリーは、「おかしな顔」を特徴とし、その顔は「クロスワード・パズル」に譬えられる。[*16] すなわち、変化に富むリリーの顔は従来的な美貌とは形容しがたいが、それは彼女が定まったレッテルに収まらないことをも意味する。リリーの顔が人格を反映しているのだとすれば、その人格は一見矛盾するとみえる要素の併存を許す。矛盾の働きが垣間見えるのは鳥を購う場面で、彼女はその際、抜け目ない交渉人でありながら同時に騙されやすいカモでもある。さらに快楽鳥は彼女が力を得ると同時に堕ちてゆく要因となる。リリーは群衆に快楽鳥を触らせ金を頂戴することで一家の稼ぎ頭になるが、人寄せのために彼女は変装して道化を演じる。道化の衣装と化粧に包まれたリリーはいささかグロテスクな姿になる（特にそうした装いが本当に必要なのか疑うモートの目にはそう映る）が、皮肉にもそれは、美しい快楽鳥が同じく注意を惹き付けるのに用いる色とりどりの羽を思わせる。

しかしリリーにおける最たる矛盾は、彼女がいわゆる聖母／淫婦の二分法の両面を体現するとみられる点にある。リリーが最初に登場する時、物語は彼女の母性的な側面を強調する。彼女はモートの子を身ごもっているばかりか、モートの養育をその夫婦関係における主たる役割としているように窺われる。モートは男児らしい「無邪気さ」、「すべすべした肌」、「夢見る子供のような顔」を特徴としており、リリーは彼が落ち込んだ時の慰め役となる。[*17] が、母としてのリリーと、「淫婦」としての——すなわち性的な女、誘惑する女、金のために快楽を差し出す女としての——リリーの境界は、物語の中で執拗に壊される。例えば冒頭近くの場面で、性交後のリリーは「ベッドに寝そべり、乳房と膨らんだお腹のあいだに気持ちよく収まった鳥を愛撫する」。[*18] この光景はリリーが妊婦であることを想い起こさせると同時に、彼女が古典的な「愛情育児」の姿勢で鳥をあやす様子から、両者を母子的な関係に置く。しかし一方で、裸体の彼女はつい先ごろモートとの性交があったことを告げ、心地よい鳥の「愛撫」は自慰を思わせる。

聖母——奇跡によって性交という汚れ仕事を経ることなく子を儲ける処女の母——の像は、これもまた保存論における自然概念の土台をなす。その言説は自然を「母なる地球」、時のない健やかな養育の源泉とみるが、それは他方で、永遠に若く瑞々しい自然の「処女林」や「処女地」を保存する考えに囚われる。かくして、守備される自然保存区の境界線は貞操帯の比喩となり、搾取的な開発者その他が土地を「凌辱」し、汚染し、（現実的もしくは象徴的に）その処女性を奪う可能性を排する。熱心が過ぎる検閲のごとく、この言説は「穢らわしい側面」を切り取ってしまう——つまりは、自然の生態系が健全な家庭の母でも男を知らない貞節な処女でもなく、事におよぼうとする身体の姿をとる時を、である。自然を処女の母なる地球とみるこの言説に欠けているのは、予想がつかない生態系の動態、それが絶えずせわしく穢れゆき、場違いの物体を生み出すさまを見る目である。例えば保存論運動の象徴となって久しい原始の処女林を考えてみても、その木々は過去にいいいい根を下ろしたことで貴重がられ、保存論者は木々が末永く根付いいいいたままでいることを願うが、これらは消極的な表現で、当の木々が現在も刻一刻と積極的に根を伸ばしいいいている基本事実に目を向けていない。ミューア風の保存論は生態系のはらむ僅かな動きは認めるが、それらの動きはいずれも調和的で、規則正しい流動と開花からなる予測可能な定跡にしたがう。根を伸ばす過程はそれに対し、より不調和で攻撃的な動きを伴い、物体は押しのけられ、事物生物は激しくぶつかり合う。

『異星の快楽』は生態系を支える活動がはらむ種々の穢らわしい営為や物体の放逐に光を当てる。排泄によって削岩樹の種を広げる快楽鳥は、「ぐつのよい綺麗な道」に糞をする癖があり、木がアスファルトを破って根を伸ばすことで道は根こそぎにされる。[*19] 一見、この設定は単なる物語上の不気味なSF要素の一つに過ぎない——動物の排便という無作法な行動は精巧な異星種乗っ取りのプロットの一環と判明する。しかしフロイトが論じるように、不気味なものは抑圧されたものの回帰、私たちが故意に目を背け無意識下に抑え込んだ知識が、地を這い出る甦《よみがえ》った屍体のごとく、表層に戻ってくる作用を含む。本作では、異星の木であるケネコット削岩樹の拡散は不気味であるが、それは架空的な速度で進行する一方、地球の樹種と比べて何ら異質ではない過程を伴う。例えばこの木がアスファルトを穿《うが》って根を伸ばせるのは「地球植物の種が粘液を分泌するのに対し、ケネコット削岩樹は地衣類よろしく強酸を分泌」するからだと説明される。[*20] 一面からすると、木の種が「強酸を分泌」するというのは、削岩樹を映画『エイリアン』の怪物のような架空生物と並べるSF的な奇想に属する。が、ここでは一方で地衣類との対比が明確に行われ、こうした攻撃的な成長過程が私たちの想像するほど植物界にとって異質ではないことが示される。さらに、この侵略種の樹木を計画的な焼き払いで駆除する試みは大変なしっぺ返しを喰らう。「火は……種の発芽を早めるだけだった」[*21]。この場面で、削岩樹はオーストラリアの自生種であるユーカリの木に重なる。ユーカリは非常に燃えやすい木で、生態学者のデビッド・バウマンが「火事の危険を飛躍的に高める進化上の変わり種」と形容する通り、自然淘汰を通して燃えやすい性質に進化し、「種《たね》を包む木質の殻が火によって破られると、種は焼かれたばかりの土を好んで芽を伸ばす。山腹を焼き払おうものならユーカリが我が世の春を迎えるだろう」[*22]。オーストラリアで自然環境の不可欠な要素とみられるユーカリは、したがって多くの国々(アメリカも含む)では危険な侵略種と目される。そして削岩樹とユーカリの不気味な類似性は、在来種と外来種、安心と不気味《ウンハイムリッヒ》の境をなお曖昧にする。

語り手は削岩樹の恐ろしさを際立たせるべく、読者だけが分かる形で地中における根の拡張を叙し、全推移を簡潔な一文に凝縮する。「根の先端は浸透を介して広がり、徐々に徐々に岩盤を砕きながら、逞しく入り組んだ根系を、必要とあらば地下四分の一マイル〔約四〇〇メートル〕の深さにまで伸ばしていった」[*23]。こうした生態学的過程を表に出すことで、『異星の快楽』は、永遠に根を下ろした木々という静的な保存論の概念を引き裂く。その概念は、根を伸ばすという攻撃的な動きを視界から、ひいては意識から遠ざけることで成り立つのに加え、木々を調和的な静止状態にあるものと捉え、動きの緩慢と動きの不在という重要な区別を消し去ってしまう。現実界の木々はケネコット削岩樹のように、人の目で即座に分かるほどの高速度で根を伸ばすことはないにせよ、その緩慢な動きはやはり大々的な物体の放逐を伴う。

生殖未来主義と社会的ドーキンシズム

『異星の快楽』の不気味さは、私たちが自然を保存したがる理由、その標準的な根拠を揺さぶる点にもある。すなわち、自然を保存するのは、私たちの子ら（さらにその子ら、そしてさらにその子ら、と、以下永遠に続く）に自然を相続させるためである。この言説はリー・エーデルマンが批判したことで有名な「生殖未来主義」[*24]であり、その考え方は物語の冒頭、モートがこの侵略種（快楽鳥）はリリーの身ごもる子に何らかの害を与えるかもしれないと不安がる場面に現われる。保護者的な調子でモートはリリーに、「異星種と戯れている」[*25]と妊娠に障るぞ、と注意する。ある意味、これは先を見越した警告と読める。物語の終盤、モートとリリーが「道の果て」に至って、今や侵略種の「ものになった」と思える異星の景観を前にした時には、人類そのものが（リリーとモートの家系も含め）「道の果て」に至った様相を呈する。さらに不吉なことに、リリーが身ごもった子については、物語中盤から言及がなくなり、リリーが鳥で金を稼ぎ出したところで事実上消え去ったに等しく、鳥は彼女の思考と愛情から子を追いやったとみえる。この点で、快楽鳥は昔から「不自然な」子の象徴とされてきたカッコウの雛《ひな》と不気味に似通う。

カッコウは自然文学の作家たちから貶《けな》されてきた歴史を持つが、理由の一端はおそらく、この鳥が「自然」の本能によって、作家らの賛美する「自然」の秩序の聖性を侵し、その世界観を（図らずも）揺さぶることで苛立ちを覚えさせるからだろう。カッコウは他の鳥の巣に卵を産むことで悪名高い。その雛は他の卵よりも早く孵《かえ》り、本能的に体を揺すって残りの卵（本来の家主たち）を巣の外へ押し出す。カッコウはイングランドをはじめ多くのヨーロッパ諸国の在来種でありながら、その特異な繁殖行動のために、多数の自然文学者から、在来種でないかのように、自然の生態系にしかるべき位置を持たない侵略種のように描かれてきた。例えばある自然コラム作家は、カッコウと立派な働き者の家庭人たる養親を鋭く対比させて問う。「しかし、おとなのカッコウはなぜ秋になったらこう早々とヨーロッパを後にするのか。他の鳥たちのように、繁殖の苦労を経た後はくつろいだ方がよいのではないか。実は、かれらはもう休暇を過ごしたのである。カッコウのように親の責任を放棄すれば、夏の大半は自分のために使える」[*26]。自然文学者らがいかにカッコウの繁殖習性を病的とみてきたかは、その著作名を概観するだけで察せられる――「カッコウ――空のペテン師たち」『カッコウ、コウウチョウ、その他の詐欺師たち』『托卵鳥――巣の中の欺き』[*27]。また、カッコウという象徴は時に、生まれの土地や家族から孤立した者を指す記号にもなる。例えばノーベル賞を受賞した有名なオーストラリアの作家、パトリック・ホワイトは、息子として産みの親の期待に沿えず、家族の規範にも収まらなかった自分をカッコウと形容した。[*28] してみると、カッコウがこのような不評を買う一因は、在来種と外来種、自然と不自然、「健全」な営巣・育雛行動と「穢らわしい」不法居住や労力搾取の分類をかれらが壊しかねないところに求められる。

特に穏やかでいられないのは、苦労を惜しまない献身的な母親は、持って生まれた母性本能のもとに行動している、という情緒的な信仰をカッコウが揺さぶることだろう。その雛は本来の巣の持ち主に似た鳴き声を発し、母性的・父性的反応を惹起された仮親は、（普通、本当の雛よりも遥かに大きな）カッコウを養うために相当の労力を費やす。『異星の快楽』の快楽鳥もこの性格を同じくし、母性的反応を惹起して人間を夢中にさせる。例えばリリーは、支払いを要求するホテルの支配人に一時的に快楽鳥を手渡すが、彼女が鳥を取り返そうとすると、男の支配人は強く鳥を抱きしめ、「赤子を落ち着かせる母親のようにやさしく鳥に話しかける」。[*29] したがってリリーが母親らしく鳥をかばう態度も（これはモートと争う決定的要因になっていくが）、女性としての本能的側面というよりは、鳥自身に植え付けられた願望、寄生の一要素と位置づけられる。

快楽鳥が自分を溺愛するリリーと自分の存在に苛立つモートとのあいだに亀裂を生じさせる展開は、一般的なエディプス物語の筋書きにも酷似する。実際、鳥は見事二人の子の位置に収まるので、モートは自分からリリーの愛情を逸らす存在、自分を「甘やかす」のにリリーが費やしていた時間と注意を奪う存在の全てに嫉妬する男であるとの解釈が成り立つ。このエディプス的解釈をさらに支えるくだりとして、モートが運転中リリーの膝に乗せられその溺愛を浴びる小さな鳥に不満をぶつけ、「小《ち》っこい殺し屋」[*30]と称する描写がある。

　ただし、モートとの関係を損なうまでに増長するリリーの鳥に対する溺愛は、単なる母性的な執着というだけでなく、性的魅了としても読まれる。激しさを増す口論の中で、リリーはモートが鳥に苛立つのを咎めて「自分じゃ私を喜ばせられないから、それができるものは何だって気に入らないんでしょ」[*31]と罵るが、これはモートが鳥を性的な競争相手とみていることを暗示する。つまり、鳥がモートとリリーの家族単位を脅かすのは、一種のカッコウとして愛の巣に忍び込むのもさることながら、モートの妻を巧みに奪うからでもある。ここでも、物語はモートとリリーと快楽鳥の三角関係に光を当て、伝統的な聖母と淫婦の境を壊しているといってよい。リリーは鳥がもたらす穢らわしい快楽と利得のために妻としての務めを放棄しているのか。それとも人の交わりで身ごもるのでなしに天から授かった「子」を世話するという高尚で純粋な役目を負っているのか。

　こうした曖昧さは、『異星の快楽』を生態系に関する保守的な教訓話と解し、それが侵略種によって家族の聖性が脅かされる筋書きとなっている、とする読みを頓挫させる。むしろ本作は常道を外れ、外部世界の影響による汚染から隔離された安定的な「核家族」という伝統概念がいかに支えがたいフィクションであるかを暴いている作品と読める。モートとリリーはささやかな家族単位を守るためなら手段を選ばなくなり、他者から搾り取ることもためらわずに、屋台へ集まった貧乏な群衆から、ただ鳥を触るだけの快楽と引き換えに法外な金を頂戴する。この点で、二人は新自由主義の精神を体現するようにみえるが、それはマーガレット・サッチャーの悪名高い公式がこの上なく見事にまとめたものである――「社会などというものはありません。個々の男と女がいて、家族があるだけです。……人はまず自分自身に目を向けなければなりません」。リリーとモートは、家族単位の私利を優先し、自分たちを取り巻く人びとや世界に関心どころか好奇心すら向けない。全国ニュースによって快楽鳥と削岩樹の種が環境と人間社会に脅威をもたらす旨が報じられても、二人の反応は「暢気で……心配はおろか、これといった興味すら示さない」。[*32] 遅ればせな全国的検疫の一環で快楽鳥の所持が違法化された時、リリーが環境配慮の面で一つだけ行ったのは、鳥が高速道路にそのまま糞をするに任せるのをやめ、「鳥の糞を厚紙の箱に回収して世間への義務を果たした」ことだった。[*33]

個人的利益や家族の状況を超える何ものにも関心を抱かない態度は、先述したように、新自由主義思想の徴候といえる。が、この態度を自然視して正当化しようと試みる科学（および疑似科学）の著作は大量にあり、それらは人間や他の生物が自身とその家族を最優先するようプログラムされていると仮定する。この考え方を広めたのは、『異星の快楽』の三年前に（イギリスでのサッチャー政権誕生に先立って）出版された、進化生物学者リチャード・ドーキンスの著作『利己的な遺伝子』（一九七六）であり、同書によれば「私たちは生存機械――遺伝子の名で知られる利己的な分子を保存するよう盲目的にプログラムされた機械の乗り物である」とされる。[*34] ドーキンス――および特にその著作に啓発された、机上の理論を好む多くの進化生物学者や進化心理学者——からすると、人間行動（ならびに動物、植物、微生物、等々の行動）はほぼ全て、この根源的な動因の点から説明でき、その向かう先は各々の遺伝系統を保存しつつ、可能ならば自身の「遺伝的投資」に対する見返りを最大化することにある。

この考え方を筆者は「社会的ドーキンシズム」と名付けたいが、その主たる問題の一つは、これに先立つ「社会的ダーウィニズム」と同じく、長大な年月をかけ徐々に進行する過程を捉えた記述的説明だった理論が、短い期間での私たちの生き方を指図する規範的原則群と読み直される点である。さらに、社会的ドーキンシズムは（人種・階級・種の次元でなく）個人や家族の次元に「適者生存」を持ち込むので、実のところ社会的ダーウィニズムよりもさらに有害に働き、個人間の協調が廃れるのを許す一方、万人が（ごく近い血族を除いた者らと）遺伝子の存続を懸けた熾烈なゼロサム・ゲームの競争に明け暮れることを促す。言い換えると、社会的ドーキンシズムは種が生態系ニッチに適応していく漸進的な進化を記述した説に着目し、それを個人の冷酷さを認める動機付けのスローガン（「強い者が生き残る」「強い者は正しい」に類するもの）へと転じる。社会的ドーキンシズムの観点からすれば、リリーとモートは正しいことをしており、生存と子孫の扶養を目的に、競争的な世界で必要な行いに励んでいる（それがどれほど冷酷であろうと）。しかしもちろん、その精神性は人間文明の没落を招き、家族第一の考えは一種の狭量だったと判明する。二人が（手遅れになるまで）悟らない重要な点は、異なる種が手を携えて活動するありさまである。

リリーとモートの見方が狭く歪んでいることを考えると、終幕で描かれた侵略種の鳥という像についても問うた方がよいだろう。その軍国主義的なイメージは、生存を競争的な戦争ゲームとみる進化生物学の傾向と完全に重なる（なので例えば、進化生物学者はかつてより、カッコウとその仮親の関係を「進化上の軍拡競争」と称してきた）。物語はこう締め括る。「ガソリンの霧を透かしてリリーが見たもの、あるいは見たと思ったものは、［鳥の］所作に漂う奇妙な尊大さであり、それはあたかも完膚なき華麗な勝利を収めたばかりの軍勢を思わせた」（傍点は引用者）[*35]。リリーの前にぼんやり立ち現われた策士の侵略軍たる鳥の姿は、どこまでが、世界を冷酷な競争と打算的な私利の次元で捉える彼女自身のバイアスの投影だったろうか。

　鳥を悪者ないし惨事を告げる者と捉える読みを疑い、この曖昧な終幕をより肯定的な視点で解釈しても、本作はやはり、自由放任《レッセ・フェール》の姿勢が削岩樹の森の急拡大を許すさまを明確に諷刺している。自分は身の回りの世界に対するごく小さな「義務」しか負っていない——さらにそれと同じく、地球上の多くの種も、自分の世話をしつつ「適者生存」という動かしがたい掟にしたがうべきである——というリリーの考えは、「自己責任」という新自由主義の概念と見事に一致する。したがって筆者の読みでは、規制機関（NASA）と無規制の資本主義の表われ（ケネコット星の宇宙港）がともに好からぬ描かれ方をしているのに似て、本作では環境の過剰な規制へ向かう保存論の衝動も、規制を一掃したがる自由市場資本主義の衝動も、ともに諷刺されている。作者ケアリーは、侵略種を即座に脅威や汚染物とみて生態系から「浄化」すべきだと考える保存論の精神性に疑問を呈しているように窺われる一方、生態系を競争市場とみて、そこでは最も強い者のみが生き残るにふさわしいと考える純粋な自由放任の態度にも同じく批判的であると窺われる。

筆者は最後に、『異星の快楽』は保存論と自由放任の環境論に代わる中道の第三の道を示すようでありながら、環境政策に関する明瞭な提言を示す意図はないことを指摘しておきたい。むしろ本作は、私たちの伝統的な生態系解釈を主題化するとともに、新しい環境政策の考え方を否応なく生み出す意味づけの戦略、新しい解釈の方式を育てるよう読者に迫る点に、その大きな価値を宿す。

本章の冒頭近くで論じたように、保存論の言説は従来、手つかずの環境を、既に書かれたテクスト、自然界との完き交感を果たす奉仕者の繙読《はんどく》を待つ神託とする考えに立脚してきた。筆者の批判する社会的ドーキンシストらも自然をテクストと捉えるが、かれらは全く異なる種類のテクスト、自然界のあらゆる相互作用を構成する（「適者生存」の法則を頂点とした）不変の「自然法則」をモデルに用いる。ゲーム理論に影響されたこの言説は、自然自体が盤上ゲームのように機能し、「骰子《さい》の一振り」のような偶然作用を許す以外は厳密な規則群にしたがって構成されると考える。つまり、この言説は自然を（ミューアのように）あらかじめ書かれたテクストとはみないが、組成の公式や規則に準ずるがゆえに、大体にわたり先の読めるテクストとみる。

ケアリーはこうした自然理解のモデルから離れ、より混沌とした、声の混在する、改変されうるテクスト、線を設け他を追いやる多数の種の協調的・競争的営為を通し、刻々と書かれ書き直されるテクストとしての自然概念を指し示す。右のような閉じられたテクストは、人間が一歩退いて受け身の観察者となり、あらかじめ刻まれた印、あらかじめ決められた法の証人となることを許す点で安心を誘うが、ケアリーはそれと違い、不穏な開かれた結末に事物を置き去りにして、登場人物と読者がともに不安定かつ不確定な世界から意味を紡ぎ出そうと積極的に努めなければならない状況を現出させる。すなわち、モートとリリー（将来のアダムとイブ）は、一種の楽園と解釈しうる場所――アスファルトとガス管に覆われた荒野の只中にほぼ一夜にして立ち現われた蒼々たる森林――に取り残されるが、その楽園はかつてのエデンと違い、特に人間のために設計されたものではない。未解決の問い――リリーとモート、それに読者が積極的に究明すべき問い――は、この不気味な「新エデン」に足を踏み入れた外来種たる人間が、その環境に自身らの居所《いどころ》を設けることができるのか否か、である。

原注

序章

＊1　Martin Schlaepfer, Dov Sax, and Julian Olden, "The Potential Conservation Value of Non-Native Species," *Conservation Biology*, 25(2011): 428-37.

＊2　Mark Sagoff, "Do Non-Native Species Threaten The Natural Environment?" *Journal of Agricultural and Environmental Ethics* 18 (2005): 215-36.

＊3　Claire Jean Kim, *Dangerous Crossings: Race, Species, and Nature in a Multicultural Age* (New York: Cambridge University Press, 2015),141.

＊4　Kim, *Dangerous Crossings*, 143.

＊5　例えばJames Gorman, "A Diet for an Invaded Plannet: Invasive Species," *The New York Times*, December 31, 2010, http://www.nytimes.com/2011/01/02/weekinterview/02gorman.html; Elisabeth Rosenthal, "Answer for Invasive Species: Put It on a Plate and Eat It," *The New York Times*, July 9, 2011, http://www.nytimes.com/2011/07/10/science/earth/10fish.html; and Florence Fabricant "Eradicating Invasive Species One Sushi Roll at aTime," *The New York Times*, April 15, 2016, http://www.nytimes.com/2016/04/20/dining/invasive-specues-bun-lai-prey-restaurant.html を参照。

＊6　Rosenthal, "Answer for Invasive Species."

＊7　William James, *The Will to Believe, and Other Essays in Popular Philosophy, and Human Immortality* (New York: Dover Publications, 1960), 203.

＊8　Isabelle Stengers, *Thinking with Whitehead: A Free and Wild Creation of Concepts*. Translated by Micael Chase (Cambridge, MA: Harvard University Press, 2011), 334.

＊9　John Hartigan, *Aesop's Anthropology: A Multispecies Approach* (Minnepolis: University of Minnesota Press, 2015), 8

＊10　Edwin Black, "The Second Persona," *Quartely Journal of Speech*, 56 (1970): 109-19

＊11　Walter Mignolo, *The Darker Side of Western Modernity: Global Futures, Decolonial Options* (Durham, NC: Duke

University Press, 2011), 122-23.

＊12 Matthew Chew, and Scott Carroll, "The Invasive Ideology: Biologists and Conservationists Are Too Eager to Demonize Non- Native Species," *The Scientist*, September 7, 2011, http://www. the-scientist.com/?articles.view/articleNo/31143/title/Opinion–The-Invasive-Ideology/.

第一章

＊1　この冒頭部分は以降の議論に方向性を与えるための著者による省察である。

＊2　Kimball L. Garrett, "Population Status and Distribution of Naturalized Parrots in Southern California," *Western Birds* 28 (1997): 181-95.

＊3　Catherine A. Toft and Timothy F. Wright, *Parrots of the Wild: A Natural History of the World's Most Captivating Birds* (Berkeley: University of California Press, 2015), ch. 7.　野生化したオウムやより広汎な侵略性に関する種々の問題を扱った資料としては Matt Cameron, *Parrots: The Animal Answer Guide* (Baltimore, MD: Johns Hopkins University Press, 2012), ch. 9 が有用。筆者はこの議論を構成する用語群——野生、在来、外来、侵略、その他——に不満があることを明記しておきたい。本文ではいくつかの用語を使うが、ここで展開する議論によって、別の語彙をつくる必要性を示せればと願っている。

＊4　Kimball L. Garrett, Karen T. Mabb, Charles T. Collins and Lisa M Kares, "Food Items of Naturalized Parrots in Southern Califolnia," *Western Birds* 28 (1997): 196-201.

＊5　Daniel Simberloff, "Nature, Natives, Nativism, and Management: Worldviwes Underlying Controversives in Invasion Biology," *Environmental Ethics* 34 (2012): 5-25, esp. 7-8.

＊6　類似のくだりはあるが、特に Emmanuel Levinas, *Totality and Infinity: An Essay on Exteriority*, trans. Alphonso Lingis (Hague: Martinus Nijhoff, 1979), 65 を参照。

＊7　対照的に、この文脈での歴史的忠実性を重視する議論としては、William Throop, "Environmental Virtues and the Aims of Restoration," in *Ethical Adaptation to Climate Change: Human Virtues of the Future*, ed. Allen Thompson Allen and Jeremy BendikKeymer (Cambridge, MA: MIT Press, 2012), 47–62 を参照。

＊8　この問題をめぐるさらに詳しい議論としては Henry Buller, "Introducing Aliens, Reintroducing Natives:

A Conflict of Interest for Biosecurity?," in *Biosecurity: The SocioPolitics of Invasive Species and Infectious Diseases*, ed. Andrew Dobson, Kezia Barker, and Sarah L. Taylor (Abingdon: Routledge, 2013), 183–99, esp. 190–91 がある。

＊9　この点をより詳しく論じた資料としては Ronald Sandler, "Global Warming and Virtues of Ecological Restoration," in *Ethical Adaptation to Climate Change: Human Virtues of the Future*, ed. Allen Thompson Allen and Jeremy Bendik-Keymer (Cambridge, MA: MIT Press, 2012), 63–80 を参照。

＊10　Scott R. Loarie, Philip B. Duffy, Healy Hamilton, Gregory P. Asner, Christopher B. Field, and David D. Ackerly, "The Velocity of Climate Change," *Nature* 462 (2009): 1052–55 を参照。

＊11　Pilippe Descola, *Beyond Nature and Culture, trans*. Janet Lloyd (Chicago: University of Chicago Press, 2013).

＊12　Friedrich Nietzsche, *The Gay Science: With a Prelude in Rhymes and an Appendix of songs*, trans. Walter Kaufmann (New York: Vintage, 1974), §109.

＊13　Michel Serres, *Malfeasance: Appropriation Trough Pollution?*, trans. Anne-Marie Feenberg-Dibon (Stanford, CA: Stanford University Press, 2011).

＊14　例えば Donna Haraway, *When Species Meet* (Minneapolis: University of Minnesota Press, 2008), 27–30 を参照。

＊15　Gilles Deleuze, *Francis Bacon: The Logic of Sensation*, trans. Daniel W. Smith (Minneapolis: University of Minnesota Press, 2003), 25.

＊16　Gilles Deleuze and Félix Guattari, What Is Philosophy?, trans. Hugh Tomlinson and Graham Burchell (New York: Columbia University Press, 1994), 109.

＊17　ドゥルーズ＝ガタリの動物への生成変化において、執筆活動が果たす役割については、レオナード・ロウラーが明快な解説をしている。ロウラーが述べるように、ドゥルーズ＝ガタリの念頭にあるのは「支配的な表現形式から逃れようとあがく執筆活動」である（Lawlor, "Following the Rats," 181）。

＊18　Cameron, *Parrots*, 169-70.

＊19　Diogenes Laertius, *Lives of Eminent Philosopehers*, trans. R. D. Hicks, 2 vols. (Cambridge, MA: Harvard University Press, 1925), 2:6.41.

＊20　「ある日、彼は大声で人間たち［anthropoi］を呼び寄せたが、人びとが集まると手にした棒で殴りかかり言った。『呼んだのは人間だ、ごみ［katharmata］ではない』」（ibid., 6.32）。

＊21　「無意味な労働の代わりに自然が勧める［kata phusin］ものを選び取れば人間は幸せに暮らせようものを」（ibid.,

6.71)。

＊22 《動物模倣》という言葉で筆者がいわんとするのは、ディオゲネスの行いを単純な動物の真似事（もしくはドゥルーズ＝ガタリがいうところの種の総体を変える試み）と解釈することではない。動物模倣において重要なのは、別の関係と社会的存在の理法——人間以上のあらゆる生命を排する象徴的秩序を生の土台とみる生き方から一定の距離を置いた理法——を取り入れることができるか、という点である。

＊23 Aelian, *Historical Miscellany*, ed and trans. Nigel Guy Wilson (Canbridge, MA: Harvard University Press, 1997), 13.26. See also *Diogenes Laertus, Lives of Eminent Philosophers* 6.22.

＊24 哲学者ペーター・スローターダイクが指摘するように、ディオゲネスによる人間の根本的な動物性という概念は、アリストテレスのいう「政治的動物」の概念には到底収まらない。支配的文化モデルを超えた人間生活を模索するディオゲネスにとって「肝心なのは、人間存在の動物性、動物的側面、動物的基盤［*Animalischen, der Tierseite und Tierbasis*］である」(Peter Sloterdijk, *Critique of Cynical Reason*, trans. Michael Eldred [Minneapolis: University of Minnesota Press, 1987], 167)。

＊25 ディオゲネスは「根無し草のさすらい人［*apolis, aoikos*］、国家にとっては死人」と語られる。「出身を訊かれて彼は答えた。『私は世界の市民［*kosmopolites*］だ』と」(Diogenes Laertius, *Lives of Eminent Philosophers*, 6.38, 6.61)。

＊26 ディオゲネスや他の犬儒学派の世界市民思想が持つ人間以上の次元については William Desmond, *Cynics* (Berkeley: University of California Press, 2008), 199–207 が仔細な分析を行っている。

第Ⅰ章

＊1 Vasile Stanescu, "The Judas Pig," this volume. Also see Lori Gruen, *Ethics and Animals: An Introduction*. (Cambridge: Cambridge University Press, 2011), 185-87 を参照。

＊2 Tim Low, *Feral Future: The Untold Story of Australia's Exotic Invaders* (Chicago: University of Chicago Press, 2002), 295. Originally cited in Nigel Clark, "The Demon-Seed: Bioninvasion as the Unsettling of Environmental Cosmopolitanism," *Theory, Culture & society* 19 (2002): 101-25.

＊3 Matthew Chew and Scott Carroll, "The Invasive Ideology: Biologists and Conservationists Are Too Eager to Demonize

Non-Native Species," *The Scientist*, September 7, 2011, http://www.thescientist.com/?articles.view/articleNo/31143/title/Opinion--The-Invasive-Ideology/.

*4 Manuela De Landa, *A Thousand Years of Nonlinear History* (New York: Zone Books, 1997), 108.

*5 Martin Schlaepfer, Dov Sax, and Julian Olden, "The Potential Conservation Value of Non-Native Species," *Conservation Biology*, 25 (2011): 428-37,

*6 Stacy Alaimo, *Bodily Natures: science, Environment, and the Material Self* (Bloomington: Indiana University Press, 2010), 17-22.

*7 Gilles Deleuze and Felix Guattari, *What Is Philosophy?* (New York: Columbia University Press, 1994), 99.

*8 Michael Foucault, *Security, Territory, Population: Lectures at the Collége De France, 1977-78* (New York: Palagrave Macmillam,2007), 127-28.

*9 Michael Foucault, "Omnes et Singulatim: Towards a Criticism of 'Political Reason,'" *The Tanner Lectures on Human Values*, October 1979, 248, http://tannerlectures.utah.edu/_documents/a-to-z/f/foucault81.pdf.

*10 Anand Pandian, "Pastoral Power in the Postcolony: On the Biopolitics of the Criminal Animal in South India," *Cultural Anthropology* 23 (2008), 102.

*11 Ibid., 102.

*12 Grégoire Chamayou, *Manhunts: A Philosophical History* (Princeton: Princeton University Press, 2012), 14-15.

*13 Ibid., 20.

*14 J. Baird Callicott, "Animal Liberation: A Triangular Affair," *Environmental Ethics* 2 (1980), 320, enphasis in the original.

*15 William James, *Essays in Radical Empiricism* (Lincoln: University of Nebraska Press, 1996), 42, emphasis in the original.

*16 Eduardo Viveiros de castro, *Cannibal Metaphysics: For a Post-structural Anthropology* (Minnepolis: Univocal Publishing, 2014), 72, emphasis in the original.

*17 Ibid., 74, emphasis in the original.

*18 William James, *A Pluralistic Universe: Hibbert Lectures at Manchester College on the Present Situation in Philosophy* (Lincoln: University of Nebraska Press, 1996), 321.

*19 Jacque Rancière, *Disagreeement: Politics and Philosophy* (Minneapolis: University of Minnesota Press, 1999),42.

*20 Kennan Ferguson, William James: Politics in the Pluriverse (Lanham, MD: Rownman & Littlefield Publishers,2007), 47.

*21 William James, Pragmatism, a New Names for Some Old Ways of Thinking: The Meaning of Truth, a Sequel

to Pragmatism (Cambridge, MA: Harvard University Press, 1978), 81, emphasis added.

*22 Ibid., 82.

*23 James, Pluralistic Universe, 34.

*24 Ferguson, 10.

*25 Ibid., 46.

*26 Isabelle Stengers, *Cosmopolitics II* (Minneapolis: University of Minnesota Press, 2011), 399-401.

*27 Isabelle Stengers, "A 'Cosmo-Politics'—Risk, hope, Change: A Conversation with Isabelle Stangers," in *Hope: New Philosophies for Change*, edited by Mary Zournazi (Annandale: Pluto Press Australia, 2002), 271-72.

第三章

*1 Jessica Elgot, "Whta does UKIP have to do to be called racist?" *Huffington Post*, May 19, 2014, http://www.huffingtonpost.co.uk/2014/05/19/what-does-ukip-have-to-do_n_5350757.html.

*2 "UKIP calls for UK-only immigration queues," *BBC News*, September 26, 2014, http://www.bbc.com/news/uk-politics-29376259.

*3 "Bird Guide: Rock Pigeon," The Cornell Lab of Orinthology, accessed March 4, 2015, 4, 2015, http://www.allaboutbirds.org/guide/rock_pigeon/lifehistory.

*4 "Migration," Royal Society for the Protection of Birds, accessed March 8, 2015, http://www.rspb.org.uk/discoverandenjoynature/discoverandearn/bridguide/name/s/swallow/migration.aspx.

*5 "Living with Wildlife: Domestic Piegons," Washington Department of Fish & Wildlife, accessed March 4, 2015, http://wdfw.wa.gov/living/pigeons.html#lethal.

*6 Judith Butler and Athena Athanasiou, *Dispossession: The Performative in the Political* (Cambridge: Polity Press, 2013), 26.

*7 Patrick Wolfe, "Swttler Colonialism and the Elmination of the Native," *Journal of Genocide Research* 8, no.4 (2006): 387-409.

*8 Billy-Ray Belcourt, "Animal Bodies, Colonial Subjects: (Re) Locating Animality in Decolonial Thought," *Societies* 5, no.1 (2014): 5.

*9 Judith Butler, *Precarious Life: The Powers of Mourning and Violence* (New York: Verso 2004); Judith Butler, *Frames of War: When Is Life* Grievable (New York: Verso, 2009).

＊10　Butler, *Frames of War*, 14.　ここでいう生の主体は、トム・レーガンのそれではない。レーガンの著作――*The Case for Animal Rights* (Berkeley: University of California Press,1983)――は、人外の身体が自身の生の経験を持ち、それが私たちにとって倫理的な意味を持つという点を強調する。レーガンの場合、動物は自身にとって重要な生を持つがゆえに生の主体とされる。一方バトラーによれば、この経験できる生は中立的な現象でも主観的な現象でもない。バトラーは生を言説の産物、ないし価値ある主体の属性とみる。同じくメル・チェンは、著書 *Animacies: Biopolitics, racial mattering, and queer affect* (Durham, NC: Duke University Press, 2012) の中で、西洋の物質的・言説的経済にしたがう者が、情緒にもとづいて一部の身体に生気や有生性を認めつつ、数多くの非人間化された他者や種に印づけられた他者を死物や無生物として追いやると論じる。

＊11　Jonathan Clark, "Invasive Species Management as Ecological Biopower"(lecture, 13th Annual North American Conference for Critical Animal Studies, Rice University, April 13, 2014), accessed August 12, 2015, https://www.youtube.com/watch?v=tpuujM-bnl0.

＊12　Butler and Athanasiou, *Dispossesiion: The Preformative in the Political*.

＊13　Ibid., 2.

＊14　Ibid., 20.

＊15　Ibid., 2.

＊16　Jacqui Alexander, *Pedagogies of Crossing: Meditations on Feminism, Sexual Politics, Memory, and the Sacred* (Durham, NC: Duke University Press, 2006), 17.

＊17　Butler and Athanasiu, *Dispossession: The Performative in the Political*, 10.

＊18　Ibid., 18.

＊19　Ibid., 13.

＊20　Ibid., 27.

＊21　"Invasive Species—Frequently Asked Questions," Minnesota Department of Natural Resources, accessed March 4, 2015, http://www.dnr.mn.us/invasives/faq.html.

＊22　Butler and Athanasiu, *Dispossession: The Performative in the Political*, 18.

＊23　Mel Chen, *Animacies: Biopolitics, Racial Mattering, and Queer Affect*, 206.

＊24　Jasbir Puar, "'I would Rather be a Cyborg than a Goddess'—Intersectionality, Assemblage, and Affective Politics," *Transversal Inventions*, January 2011, http://eipcp.net/

transversal/0811/puar/en.

*25 Alan Smart and Josephine Smart, "Biosecurty, Quarantine and Life Across the Border," in *A Companion to Border Studies*, ed. Thomas Wilson and Hastings Dunnnan (UK: Blackwell Publishing, 2012), 359.

*26 Cathy Ragland, *Música Norteña: Mexican Migrants Creating a Nation between Nations* (Philadelphia: Temple University Press, 2009), 34-35.

*27 Tracie Cone, "Invasive Species Slipped into Us after 9/11," *The Huffington Post*, October 12, 2011, http://www.huffingtonpost.com/2011/10/10/invasive-species-anti-terrorism_n_1003236.html.

*28 Ibid.

*29 Ibid.

*30 "Protecting Agriculture," US Department of Homeland Security—US Customs and Border Protection, accessed March 4, 2015, http://www.cbp.gov/border-security/protecting-agriculture.

*31 Terri Hansen, "Coast Salish Unite Against Tripling Capacity of Kinder Morgan Tar Sands Pipeline," *India Country Today Media Network*, October 27, 2014, http://indiancountrytodaymedianetwork.com/2014/10/27/coast-salish-unite-against-tripling-capacity-kinder-morgan-tar-sands-pipeline-157543.

*32 Rafi Youatt, *Counting Species: Biodiversity in Global Environmental Politics* (Minneapolis: University of Minnesota Press, 2015).

*33 Londa Noel, Christine Hamilton, Anna Rodriguez, Angela James, Nathan Rich, David S. Edumnds, and Kim Tallbear, "Bitter Medicine is Stronger," in *The Multispecies Salon*, ed. Eben Kirkby (Durham, NC: Duke University Press, 2014).

*34 Arthur Tansley, "The Use and Abuse of Vegetational Concepts and Terms," *Ecology* 16, no.3 (1935): 16.

*35 Robert O'Neil, "Is it Time to Bury the Ecosystem Concept?" *Ecology* 82, no.12 (2001): 3276.

*36 Thomas Nail, "The Crossroads of Power: Michel Foucault and the US/Mexican Border Waal," *Foucault Studies*, no. 15 (2013): 112.

*37 Anna Tsing, *Friction: An Ethnography of Global Connection* (Princeton: University of Princeton Press, 2005), 14.

*38 Andrea Smith, "The Colonialism That is Settled and the Colonialism That Never Happened," *Decolonization: Indigeneity, Education & Society*, June 20, 2014, Https://decolonization.wordpress.com/2014/06/20/the-colonialism-that-is-settled-and-the-colonialism-thatnever-happened/.

＊39　George Perkins Marsh, *Man and Nature: Or Physical Geography as Modified by Human Action* (Seattle: University of Washington Press, 2003).

＊40　この特異な「平衡」の変化は極めて重大だったため、アンドリュー・ベルは著書『蚊の兵士たち』の中で、この「第三の軍」が南北戦争の流れを大きく左右したと論じる。Andrew Bell, *Mosquito Soldiers* (Baton Rouge: Louisiana State University Press, 2010).

＊41　George Perkins Marsh, *Man and Nature*, 3, 42.

＊42　Ibid., 36.

＊43　Ibid., 88, 111.

＊44　Ibid., 58.

＊45　Ibid., 53, 54, 210.

＊46　Ibid., 88.

＊47　"Migratory Bird Treaty Act," *US Fish and Wildlife: Migratory Bird Program*, accessed Febrauary 20, 2015, http://www.fws.gov/migratorybirds/regulationspolicies/mbta/mbtintro.html.

＊48　Jaques Derrida, *Specters of Marx* (New York: Routledge, 1994), 102-103.

＊49　Frank Golley, *Ahistory of The Ecosystem Concept on Ecology: More than the Sumof the Parts* (New Haven and London: Yale University Press, 1993), 5.

＊50　Ibid.

＊51　Andrea Smith, *Conquest: Sexual Violence and amrican Indian* Genocide (Cambridge: South End Press, 2005), 9.

＊52　Anna Tsing, *friction*, 283.

＊53　Alan Hastings and Louis J. Gross. *Encyclopedia of Theoretical Ecology* (Berkley: University of California Press, 2012), 235.

＊54　Eugene Odum, "Energy Flow In Ecosystems: A Historical Review," *American Zoologist* 8, no.1 (1968).

＊55　Frank Golley, *A History of the Ecosystem*, 78.

＊56　Ted Morton, "Republicans need to make it clear that Keystone will help end US dependence on Mideast oil," *The National Post*, March 2, 2015, http://news.nationalpost.com/2015/03/02ted-morton-republicans-need-to make it-clear-that-keystone-will-help-end-u-s-dependence-on-mideast-oil/.

＊57　Jacque Deriida, *Specters of Marx*, 102.

＊58　Elena Gutiérrez, *Fertile Matters: The Politics of Mexican-Origin Women's Reproduction* (Austin: University of Texas Press, 2008).

＊59　Ibid.

＊60　絶滅や生物多様性などの領域における生政治については、多数の優れた研究がなされている。この話

題を扱った好著として Rafi Youatt, *Counting Species: Biodiversity in Global Environmental Politics* を挙げたい。

＊61　Ladelle McWhorter, "Enemy of the Species," in *Queer Ecologies: Sex, Nature, Politics, Desire*, ed. Catriona Mortimer-Sandilands and Bruce Erikson (Indianapolis: Indiana University, 2010), 75.

＊62　Ibid., 75.

＊63　Ibid., 75.

＊64　Ibid., 76.

＊65　Alexandra Isfahani-Hammond, " Akbar Stole My Heart: Coming Out as an Animalist," *Hemispheric Institute Bio/Zoo* 10, no.1 (2013).

＊66　Bob Mullan and Marvin Garry, *Zoo Culture: The Book About Watching People Watch Animals* (Urbana: University of Illinois Press, 1998), 32.

＊67　Ibid., 81.

＊68　L. H. Baily, "The Philosophy of Species-making," *Botanical Gazette* 22, no,6 (1896): 454-62.

＊69　D. S. Johnson, "Aspects of the species question Introduction," *The American Naturalist* 42 (1908): 217.

＊70　Rosi Braidotti, "Introduction," in *After Poststructuralism: Transitions and Transformations*, ed. Rosi Braidotti (New York: Routledge 2014), 1-12.

＊71　Scott V. Edwards, Sarah B. Kingan, Jennifer D. Calkins, Christopher N. Balakrishnan, Bryan Jennings, Willie J. Swanson, and Michael D. Sorenson, "Speciation in Birds: Genes, Geography and Sexual Selection," *Proceeding of the National Academy of the Sciences* 102, no.1 (2005): 6550-557.

＊72　Jian Xu and Jeffrey Gordon, "Honor Thy Symbionts," *Proceeding of the National Academy of the Sciences* 100, no.18 (2003); "Bacterial Bonanza: Microbes Keep Us Alive," NPR, radio, accessed August 21, 2015, http://www.npr.org/templates/story/story.php?storyId=129862107.

＊73　Jian Xu and Jeffrey Gordon, "Honor Thy Symbionts," *Proceeding of the National Academy of the Sciences* 100, no.18 (2003).

＊74　Kim Tallbear, *Native American DNA* (Mynneapolis: University of Minnesota Press, 2013).

＊75　Ibid.

＊76　T. Markow, P. W. Hedrick, K. Zuerlein, J. Danilovs, J. Martin, T. Vyvial. and C. Armstrong, "HLA Polymorphism in the Havasupai: Evidence for Balancing Selection," *American Journal of Human* Genetics 53, no.4 (1993); 943-52.

＊77　Jenny Reardon and Kim Tallbear, "'Your DNA is Our History'—Genomics, Anthropology, and the Construction of Whiteness as Property," *Current Anthropology* 53, no. 5 (2012): 233-45.

＊78 Ibid., 6.

＊79 Jaque Derrida, *The Beast and the Sovereign*, ed. Geoffrey Bennigton (Chicago: University of Chicago Press, 2009), 238-41.

＊80 Ibid., 240-41.

＊81 Ibid., 238.

＊82 Donna Haraway, "A Manifesto for Cyborgs: Science, Technology, and Socialist Feminism in the 1980s," in *The Cybercultures Reader*, ed. David Bell and Barbara Kennedy (London: Routledge, 2000),292.

＊83 "Cherokee Women Scholars' and Activists' Statement on Andrea Smith," *India Country Today Media Network*, July 17, 2015, http://indiancountrytodaymedianetwork.com/2015/07/17/cherokee-women-scholars-and-activists-statement-andrea-smith.

＊84 "Open Letter from Indigenous Women Scolars Regarding Discussions of Andrea Smith," *India Country Today Media Network*, July 7, 2015, http://indiancountrytodaymedianetowork.com/2015/07/07/open-letter-indigenous-women-scholars-regarding-discussions-andrea-smith.

＊85 Ibid.

＊86 グーグル・ドキュメントは非物質的と思われがちであるが、これはこれで膨大なエネルギーと土地資源を必要とする。グーグル・ドキュメントは独自の侵略的物質性を持つといえる。"Google Data Centers: Where the Internet Lives," accessed March 4, 2015, http://www.google.com/about/datacenters/gallery/#/places.

＊87 Gerald Taiaiake Alfred, "What is Radical Imagination? Indigenous Struggles in Canada," *Affinities: A Journal of Radical Theory, Culture, and Action* 4, no. 2 (2010): 5.

＊88 Andrea Smith, *Foreword to Undoing Border Imperialism* by Harsha Walia (Oakland: AK Press, 2013), x.

＊89 Ibid., 5.

＊90 Rafi Youatt, *Counting Species: Biodiversity in Global Environmental Politics*.

＊91 ここでは、空白の楽園的「再野生化」を追求する（すなわち定住植民地主義的な国立公園がない状態を再現する）のではなく、アナ・ツィンのいう「緩慢な攪乱」を模索している。それは互恵的な形で緩やかに進む生態学的な共成変化である。この模索は、自然が攪乱されること、全ての攪乱が等価でないことを踏まえて行われる。したがって筆者らは、より優れた共生の道があることに期待を懸けたい。Anna

Tsing, "Contaminated Diversity in 'Slow Disturbance': Potential Collaborators for a Liveable Earth," in *Why do We Value Diversity? Biocultural Diversity in a Global Context*, edited by Gary Martin, Diana Mincyte and Ursula Münster (RCC Perspectives: 2012), 95を参照。

＊92　Leanne Simpson, "I am not a Nation-State," *Unsettling America: Decolonizing in Theory and Practice (blog)*, November 6, 2013, http://nationsrising.org/i-am-not-a-nation-state/.

＊93　Vanessa Watts, "Indigenous Place-Thought and Agency Amongst Humans and Non Humans (First Woman and Sky Woman Go On a European World Tour!)," *Decolonization: Indifeneity, Education & society* 2, no. 1 (2013): 25.

＊94　Ibid., 23.

＊95　Ibid., 23.

＊96　*Tsi Ní:iot Tsi Tiotá:sawen Tsi Anó:wara Ra'nowáke Iohontsá:te = Creation story: how the earth began on the turtle's back*. Adapted by Wathathine Marylene Nicholas and Warisos Josephine Gabriel and illustrated by Brenda Gabriel and Shahoié:ren Kevin Proulx. Kanehsatà:ke: Tsi Ronterihwanónhnha ne Kanien'kéha.　このような物語を引くことは、西洋的な学術界の、占有を認められた者の支配秩序からすると穏やかではない。というのもこの話は多数の者によって語られ、西洋的な時空間概念の中に固定されることを拒むからである。

第四章

＊1　Michael Pollan, *The Omnivore's Dilemma: A Natural History of Four Meals* (New York: Penguin, 2006).

＊2　Pollan, *The Omnivore's Dilemma*, 342.

＊3　Donna J. Haraway, *When Species Meet* (Minneapolis: University of Minnesota Press, 2008).

＊4　ダナ・ハラウェイによるこの問題の扱いは、本章で注目するポーランよりもやや複雑である。しかしハラウェイが関心を示したことは一方で、このただ一つの事例が帯びた象徴的な重要性を物語っており、現に多数の学者らがこぞってこの事例だけを引き合いに出し、いうところの動物の権利論と環境保護論の対立を吟味している。

＊5　T. C. Boyle, *When the Killing's Done* (New York: Viking, 2011).

＊6　ボイルの小説は全体的に動物駆除を肯定する論調であるが、動物の権利に関する作者自身の見方は、彼の作品から予想されるよりもやや複雑である。例えばあるインタビューで、ボイルは豚の知性が犬に等しい

そうなので自分は原則として菜食主義者だと語っている。

質問者：マイケル・ポーランや『雑食動物のジレンマ』はご存知だと思います。ボイルさんはご自身の「雑食動物のジレンマ」をどう克服されましたか。

ボイル：原則菜食主義者になるまでには長い時間がかかりました。豚肉を食べないのは豚が虐待されているからで、犬と同じくらい賢いかれらを虐げるのは全く間違っています。ただし妻は血のしたたる大きな肉の厚切りを手放しません（笑）。あまり狂信的にはなれませんから。他人を責めようとは思いません。結局、人間たるもの誰しも何らかの罪は犯しているものです。(Jessica Dur, "Never Done: An Interview with Author T.C. Boyle," April 18, 2011)

　こうした言葉はハラウェイが野生化豚を食べた時の矛盾した反応に重なる（ハラウェイも豚と犬が同等の知性を持つことに注目する）。両者に窺える侵略種問題の興味深い側面は、このような殺害した動物の嗜食行為を問題視する人びとでも、当の動物を「侵略」種として殺害することは問題性が小さいと考えるらしい点である。

*7　この基調（および月並みな主題）は裏表紙に載った作品要約の冒頭にさえ見て取ることができる。「国立公園局の生物学者アルマ・ボイド・テイクスーは、絶滅の危惧される島の在来種を、侵略種のねずみや野生化豚から救う取り組みを指揮する。彼女は侵略種を根絶しなければならないと考える。テイクスーに敵対するのは、ドレッドヘアに逞しい体をした地方の事業家デイブ・ラジョイ。彼は愛人のフォークシンガー、アニス・リードとともに、いかなる動物の殺害にも猛反発し、アルマたちの計画を打倒すべくあらゆる手段を講じる」(Boyle, *When the Killing's Done*)。

　なお、以下も参照。Susanne Leikam, "Environmental Imaginations of the California Channel Islands and Ecological Crisis in T.C. Boyle's *When the Killing's Done*," *Ecozono* vol. 5, no. 1 (2014): 136–54.

*8　Vasile Stanescu, "Crocodile Tears: Compassionate Carnivores and the Marketing of 'Hapy Meat,'" *Vritical Animal Studies* (Canadian Scholars Press, 2014): 216-33; Vasile Stanescu, "Green Eggs and Ham: Michael Pollan, Locavores, and the Myth of Environmentally," Sustainable Meat," The Journal of Critical Animal

Studies VII. 3 (2009): 18-55; Vasile Stanescu, "Man' s 'Best Friend': why Human Rights Need Animal Rights," *The Journal of Critical Animal Studies. Special Issue: Animal and Prisons* (2012), 66-97; Vasile stanescu, "why 'Loving' Animal is Not Enough: A Response to Kathy Rudy, Locavorism, and the Marketing of 'Humane' Meat," *The Journal of American Culture* vol. 36 (2013): 100-10; and Vasile Stanescu and Helena Pedersen, "The Future of Critical Animal Studies: From the Margins to the Center," *The Future of Critical Animals Studies: A Reader* (Routledge, 2014)' 262-76.

＊9　例えばザ・ネイチャー・コンサーバンシーはT・C・ボイルの小説を宣伝する動画 *Island Fever: Santa Cruz Island Inspires a Novel* を作成し、こう紹介する。「美談を好かない人がいるでしょうか。ザ・ネイチャー・コンサーバンシーによるサンタクルス島復元の成功物語は最高の話の一つです――その素晴らしさゆえに、なんとベストセラー作家のT・C・ボイルはこれに着想を得て最新作『殺しが始まる時』を書き上げました」。動画自体も当の小説が「感動的」で「手の込んだ」ものだと請け合い、末尾には短いビデオクリップでボイル本人が登場して、シマハイイロギツネについて学ぶのは「一種のミラクル」だと語る。

＊10　Nature Conservancy, "Uncover History of Santa Cruz Island," accessed May 16, 2016, at https://www.conseveca.org/our-stories/all/2-blog/171-unvover-history-of-santa-cruz-island.

＊11　Nature Conservancy, "Santa Cruz Island: Places We Protect," accessed April 11, 2014, at http://www.nature.org/ourinitiatives/regions/northamerica/unitedstates/california/placesweprotect/santa-cruz-island-california.xml.

＊12　US Fish and Wildlife service, "Recovery Efforts Bring Endangered Fox Back from the Brink of Extinciton in Record Time," accessed on May 16, 2016, at http://www.fws.gov/news/ShowNews.cfm?ref=recovery-efforts-bring-endangered-fox-back-from-the-brink-of-extinction-in-&_ID=34736.

＊13　National Park Service, "Restoring Santa Cruz Islands," accessed August 2008, at https://www.nps.gov/chis/learn/nature/restoring-santa-cruz-island.htm.

＊14　Pollan, *The Omnivore's Dilemma*, 324.

＊15　John Reynolds and Tim Setnicka, "Final Environmental Impact statemet," Santa Cruz Island Primary Restoration Plan (National Park Service, 2002).

＊16　Michael Markarian, "Pig Eradication Plan Out of Control,"

SFGate, May 22, 2005, http://www.sfgate.com/green/article/Pig-eradication-plan-out-of-control-2668922.php.

＊17　マーカリアンは振り返る。

一連の事実をみて疑問に思うのは、なぜ公園局とザ・ネイチャー・コンサーバンシーは何百万ドルもの大金を割いて、一部の公園職員が内輪でいうところの「大規模殺害・毒殺・焼尽」作戦を続けるのか、である。仮にサンタクルス島の豚集団を管理ないし縮小する必要があるという点が本当だったとしても、より人道的で穏健な方法がある。全米人道協会は、農務省の国立野生生物研究センターが開発し、食品医薬品局から実験的使用が認められたワクチンを用いて豚の避妊法計画をともに進めようと提案した。しかし公園局とザ・ネイチャー・コンサーバンシーは首を横に振るだけだった。

＊18　再びマーカリアンを引くと、こうである。

見込みのある人道的手法にこのような否定的態度をとることからすると、豚やねずみ、白鳥、ワシ、その他の「非在来」動物を根絶したいという願望は、いわれるところの悪影響ではなく血筋にもとづくのではないかと疑わざるをえない。野生生物の管理当局は一種の熱狂に駆られ、恣意的に長さを決めた期間のあいだこの島にいなかった動物種を、片っ端から撲滅したいと望んでいる。

＊19　Pollan, *The Omnivore's Dilemma*, 324.

＊20　Reynolds, "final Environmental Impact Statement."

＊21　Pollan, *The Omnivore's Dilemma*, 325.

＊22　全米人道協会は動物の権利団体でなく動物福祉団体である。が、ポーランは同組織を動物の権利団体であるかのごとく扱う。

＊23　これは島の野生化豚駆除を肯定する査読済み論文が一つもないという意味ではない。論文は現にある。それらは総じて、キツネの数が回復したことを証明したがるが、筆者の知るかぎり、そこについては誰も異論を唱えていない。一方、それらの論文は、どの措置がキツネ集団の回復に繋がったのか、また繋がらなかったのかを明確にしてはいないように窺われる（キツネの飼育下繁殖か、イヌワシの捕殺か、ハクトウワシの放鳥か、など）。また、穏健な措置で問題が解決できなかったとも証明していない。なぜキツネがそれほど特別な注目に値するのかも説明していない。最後に、これらの論文はバイアスの問題に向き合っておら

ず、そのほとんどはティム・セトニカが初めに作成を手伝い後に批判した当の研究を引用していない。もっともそれはそれとして、筆者はただ、読者が自身で研究に目を通し結論を出されることを勧めたい。いずれにせよポーランはそうした研究を一つも関知していないと思われ、言及もしていない。

Brian R. Hudgens and David K. Garcelon, "Induced changes in island fox (Urocyon littoralis) activity do not mitigate the extinction threat posed by a novel predator," *Oecologia* 165.3 (2011), 699–705 および Erika S. Zavaleta, Richard J. Hobbs, and Harold A. Mooney, "Viewing Invasive Species Removal in a Whole-Ecosystem Context," *Trends in Ecology & Evolution* 16.8 (2001), 454–59 も参照。

＊24 Michael Pollan, "An Animal's Place," *New York Times* (November 10, 2002).

＊25 「動物の権利論に関する一一月一〇日の記事で、インド洋の島ならびに山羊と絶滅の危惧されるオオウミスズメの事件が紹介され、後者は環境団体による山羊の殺害を招いたとの記述が掲載されましたが、これらは誤りと判明しました。ライトソン島は存在しません。同島と一連の事件は、記事でも触れられたデビッド・エーレンフェルドの著書『やり直し』を元とする架空の話です。山羊の食性が原因で危機に陥ったオオウミスズメは確認されていません」(*New York Times*)。

＊26 紹介したいブログに、カリフォルニア大学バークレー校の数学科博士課程に在籍するアダム・マーバーグの"Say What, Michael Pollan?"がある。マーバーグはジョー・アン・シェルトンの論文を筆者に紹介してくれた。彼のブログを見なければ、筆者はシェルトンに辿り着かなかったかもしれない。マーバーグはポーランが侵略種に関する元の特集の趣旨を忠実に追っていないことも指摘するが、これは彼と筆者がそれぞれ独立に至った結論である。マーカリアンの特集の他の部分をポーランが無視しているのは問題だとする点で、マーバーグの見解が同じだったことは励みになる。

＊27 Jo-Ann Shelton, "Killing Animals That Don't Fit In," 5 (emphasis in the original).

＊28 Norm Macdonald and Kelvin Walker, "A New Approach for Ungulate Eradication: A Case Study for Success," *Prohunt Incorporated* (February 2008); John P. Parkes, David S. L. Ramsey, Norman Macdonald, Kelvin Walker, Sean McKnight, Brian S. Cohen, and Scott A. Morrison, "Rapid Eradication of Feral Pigs (Sus scrofa) from Santa Cruz Island, California," *Biological Conservation* vol. 143, issue 3 (March

2010): 634-41; and Jo-Ann Shelton, "Killing Animals That Don't Fit In." わずかながら、所有者の手で移送された牛もいた。

一九七八年、ザ・ネイチャー・コンサーバンシーは島の西側九〇パーセント、五万四五〇〇エーカーの土地所有権を買い、一九八七年にはその完全な管轄権を握った。一九九七年、国立公園局は東の一〇パーセント、約六二〇〇エーカーを得て、一九八〇年創設のチャンネル諸島国立公園に組み込んだ。二〇〇〇年、ザ・ネイチャー・コンサーバンシーは八五〇〇エーカーを公園局に移譲する。……両地域にいた牛は所有者によって本土の屠殺場へ送られたが、多数の羊や豚、少数の馬は置き捨てられて野放しとなり、野生化することとなった。（Shelton, "Killing Animals That Don't Fit In," 5）

＊29　Shelton, "Killing Animals That Don't Fit In," 7.

＊30　本章の射程を超えるが、豚を狩るための調教で犬に加えられる暴力も考える必要がある。例えば調教師はしばしば電気ショックを与える首輪を用いて犬を優秀なハンターに仕立てようとする。プロハントがサンタクルス島の案件でこの手法を用いたかは確認できなかったが、他の野生化動物駆除においては同手法が用いられてきた。

＊31　「ユダの豚」を指す用語にはいくつかの種類があることに留意されたい。組織によっては、GPS標識を付けた動物と、それに加え「さかり」を誘引した動物とを区別し、後者を「女スパイのユダ」の動物と呼ぶ。サンタクルス島の事業に関する報告書は、GPS標識を装着した豚の全てを「ユダの豚」としている。しかしこの件を調べたい研究者は、発情を誘引された雌動物を指す「女スパイのユダの豚（Mata Hari Judas pig）」の語も調査した方がよいだろう。この分析は当の手法に宿る性差別主義を明らかにする上で役立つと思われる。

＊32　Macdonald, "A New Approach for Ungulate Eradication."

＊33　Parkes, et al., "Rapid Eradication of Feral Pigs from santa Cruz Island, California."

＊34　注意点として、先にも述べたように、計画着手に先立って国立公園局は環境影響の報告を委託してはいる。しかしこの報告は計画着手以前に委託されたため、「ユダの豚」をはじめ、プロハントが用いた主な手法のいくつかを評価できていない。(Reynolds et al., 2000)

＊35　Macdonald, "A New Approach for Ungulate Eradication," 8.

＊36　William Cronon, ed., "The Trouble with Wildness; or, Getting Back to the Wrong Nature," *Uncommon Ground: Rethinking the Human Place in Nature* (New York: W. W. Norton & Co., 1995), 69-90.

＊37　David B Ottaway, and Joe Stephens, "Nonprofit Land Bank Amasses Billions," *Washington Post* (May 4, 2003).

＊38　Karl Marx, Capital (London: Penguin classics, 1990), 165.

＊39　Stanescu, "Green Eggs and Ham."

＊40　Satnescu, "Why Loving Animals is not Enough."

＊41　Stanescu, "Crocodile Tears."

＊42　Pollan, *The Omnivore's Dilemma*, 325.

＊43　Ibid., 325-27.

＊44　先述したように、他の選択肢としては豚を島から移送する方法（馬や羊ではこれが用いられた）や、場合によっては不妊化その他の「避妊」型の手法（人道協会が提案したもの）もありえた。ザ・ネイチャー・コンサーバンシーが既に取り組んでいた選択肢もあり（ハクトウワシやキツネの繁殖など）、野生化豚の殺害以上とはいわずとも、それと同程度にはキツネの回復に役立っていたと思われる。こうした選択肢はいずれも豚の生殖能力を統制しようと試みる点で、依然として――程度の差こそあれ――「生政治」的ではある。ただし生政治の概念は、生の管理が死の産出へと移行しうる点に核心がある。フーコーはこの概念に関する初期の説明でこう述べた。

　ところがこの恐ろしい死の権力は――そしてこれがおそらくはその強さの一因にして、皮肉にも当の権力が大いに裾野を広げた要因でもあるが――、今や対照的な権力の形をとり、生に好影響を与え、その管理と最適化と増殖を図り、それを緻密な統制と包括的な管理のもとに置く。戦争はもはや防衛すべき主権者の名において行われるのでなく、万民の生存のために行われる。全人民は生の必要性という名目のもと、大々的な殺戮に向け駆り出される。虐殺は死活問題となった。……いうなれば、死を下し生を許した古い権限は、生を生み育て死へ棄て去る権力へと置き換わった。（Foucault, *History of Sexuality*, 139）

＊45　Michael Foucault, *Society Must Be Defended: Lectures at the Collège de France, 1975-1976* (New York: St. Martin's Press, 1997), 249.

＊46　Michael Foucault, *The History of Sexuality*, vol. 1 (New York: Pantheon Books, 1978), 136-37.

＊47　生政治と資本主義の繋がりを初めに示唆したのはフーコーだった。

　この生の権力は間違いなく資本主義の発達に欠かせない要素だった。身体を統制的に生産機構へ組み込み、人口現象を経済過程に合わせることなしに、資本主義は生まれえなかっただろう。しかし要されたのはそれだけではない。この両要因の成長、強化、それが容易に利用でき制御できる条件もまた必要だった。圧力、資質、それに生全般を最大活用しながら、なおかつそれらの統治を困難にしない権力の手法を、資本主義は必要とした。（*History of Sexuality*, 141）

＊48　Daily Mail Reporter, "You are NOT allowed to commit suicide: Workers in Chinese iPad factories forced to sign pledges," Daily Mail(May 1, 2011), http://www.dailymail.co.uk/news/article-1382396/workers-Chinese-Apple-factories-forced-sign-pledges-commit-suicide.html.

＊49　Leslie Horn, "Foxconn Employees Forced to Sign 'No Suicide' Pledge," PCMag (May 2, 2011), http://www.pcmag.com/article2/0,2817,2384763,00.asp.

＊50　Nature Conservancy, "Santa Cruz Island."

＊51　レイカムの記事にある注釈によれば「チャンネル諸島の一部の島々では古代人類の遺物が発見されている。最古のものはサンタローザ島で一九五九年に見つかった」。この遺骨断片は「アーリントン・スプリングスの女」と同定され（「アーリントン・スプリングスの男」ではなく）、一万九六〇年ほど以前のものらしいということで、北米最古の人類遺物になる（John R. Johnson, "Arlington Man," National Park Services, accessed on May 17, 2016, at https://www.nps.gov/chis/learn/historyculture/arlington.htm, 542）。Johnson, et al.; Dandridge; National Park Service (NPS), "Arlington Man" (143) も参照。『ロサンゼルス・タイムズ』紙の記事はさらに明確な指摘をする。

「つまりアーリントン・スプリングスの女は、これまでに見つかった中で北米最初期の住人と考えられます。これは全国的な意義を持つ発見です」と研究チームの一翼を担うサンタバーバラ自然史博物館の人類学主席学芸員ジョン・R・ジョンソンはいう。……試験を行ったのはコロラド州ボルダーのスタフォード研究所、アメリカ屈指の炭素年代測定ラボである。試験の結果、骨は当初の推定よりも一四〇〇年ほど古く、およそ一万三〇〇〇年前のものと分かった。

＊52 Susanne Leikam, “Environmental Imaginations of the California Channel Islands and Ecological Crisis in T. C. Boyle’s *When the Killing’s Done*,” *Ecozono* vol. 5, no. 1 (2014): 136-54.

＊53 John R. Johnson, “Arlington Man,” National Park Services, accessed on May 17, 2016.

＊54 John Gherini, *Santa Cruz Island: A History of Conflict and Diversity* (Spokane, WA: Arthur H. Clark, 2005), 50.

＊55 Nature Conservancy, “Endangered Santa Cruz Island Fox Back from the Brink,”accessed on May 17,2016, https://disneyworld.disney.go.com/attractions/animal-kingdom/disney-animals-migratory-birds/.

＊56 Walt Diseny Corporation, “Migratory Birds—Disney Animals,” Walt Disney World, accessed May 17, 2016, https://disneyworld.disney.go.com/attractions/animal-kingdom/disney-animals-migratory-birds/.

＊57 Cory Lancaster, “31 Animals Died At Disney Park: Death Toll Higher Than 1st Reported,” *Orlando Sentential*, May 14, 1998, http://articles.orlandosentinel.com/1998-05-14/news/9805140239_1_disney-animal-usda-inspectors-animal-kingdom; and Mireya Navarro, “New Disney Kingdom Comes with Real-Life Obstacles,”*New York Times*, April 16, 1998, http://www.nytimes.com/1998/04/16/us/new-disney-kingdom-comes-with-real-life-obstacles.html?pagewanted=all.

＊58 Channel Islands Animal Protection Association.

＊59 「モデルによれば、ワシの捕食といった中間的な圧力がない場合、キツネはスカンクを絶滅危機に追いやると予想される。……サンタクルス島やサンタローザ島で、元来キツネの生息密度が高く、スカンクの密度が低かったこともこの結果の裏付けとなり、諸島中最小のサンミゲル島でスカンクが絶滅した歴史もそれによって説明できると思われる」（Gary W. C. Roemer, Josh Donlan, and Franck Courchamp, “Golden Eagles, Feral Pigs, and Insular Carnivores: How Exotic Species Turn Native Predators into Prey,” *Proceedings of the National Academy of Sciences*, 99.2 [2002]: 791–96）。

＊60 Simon Romero, “War in the Pacific: It’s Hell, Especially if You’re a Goat,” *New York Times* (May 1, 2007).

＊61 Henning Steinfeld, et al., *Livestock’s Long Shadow: Environmental Issues and Options* (Rome, Italy: Food and Agriculture Organaization of the United Nations, 2006), xxiii.

*62 Stanescu, “Green Eggs and Ham,” Stanesxu, “Why Loving Animals is not Enough,” and Stanescu, “Crododile Tears.”

*63 Farm Forward, “Food Choices,” accessed on May 17, 2011, http://farmforward.com/food-choices/.

*64 Stanescu and Pedersen, “The Future of Critical Animal Studies.”

*65 Magnus Fiskesjö, *The Thanksgiving Turkey Pardon, the Death of Teddy's Bear, and the Sovereign Exception of Guantanamo* (Chicago: Prickly Paradigm Press, 2003).

*66 Center for Biological Diversity, “The Extinction Crisis,” accessed May 17, 2016, at http://www.biologicaldivercity.org/programs/biodiversity/elements_0f_biodiversity/extinction_crisis/.

*67 Center for Biological Diversity, “Top 10 U. S. Endengered Species Threatened By Human Population,” accessed May 17, 2016, at http://www.biologicaldiversity.org/programs/population_and_sustainability/species.html.

*68 Stanescu,“Man's”Best Friend': Why Human Rights Need Animal Rights,” *The Journal of Critical Animal Studies, Special Issue: Animals and Prisons* (2012); 66-97.

第五章

*1 Banu Subramaniam, “The Aliens Have Landed! Reflection on the Rhetoric of Biological Invasions,” *Meridians: Femibism, Race, Transnationalism*, vol. 2, no. 1 (2001): 26-40.

*2 Karen Cardozo and Banu Subramaniam, “Assembling Asian/American Naturecultures: Orientalism and Invited Invasions” *Journal of Asian American Studies*, vol. 16, no. 1 (February 2013): 1-23; Karen Cardozo and Banu subramaniam, “Truth is Stranger: The Postnational ‘Aliens’ of Biofiction,” in *The Postnational Fantasy: Nationalism, Cosmopolitics and science Fiction*, vol. 31, ed. Masood Raja, Swaralipi Nandi, and Jason W. Ellis (Jefferson, NC: McFarland Press 2011); Banu Subramaniam, *Aliens have Landed*, 2001; Banu Subramaniam, *Ghost stories for Darwin: The Science of Variation and the Politics of Diversity* (Urbana Champaign: University of Illinois Press, 2014).

*3 Robert Grese, ed., *The Native Landscape Reader* (Amherst: University of Massachusetts Press, 2011); Michael Pollan, “Against Nativism,” *New York Times Magazine*, May 15, 1994: Joachim Wolschke-Bulmahn, *Nature and Ideology: Natural Garden Design in the Twentieth Century* (Washington DC: Dumbarton

Oaks Research Library and Collection), vol. 18 (1997), 11-19 を参照。

＊4 Donna Haraway, *How Like a Leaf: An Interview with Thyrza Nichols Goodbye* (New York: Routledge, 1999).

＊5 Michael D. Shear, "Obama Approves Plans to Let Children in Central America Apply for Refugee Status," *New York Times*, September 30, 2014.

＊6 Michael Martinez and Holly Yan, "Showdown: California Town Turns Away Buses of Detained Immigrants," *CNN*, July 3, 2014, http://edition.cnn.com/2014/07/02/us/california-immigrant-transfers/.

＊7 Quotes from *The Daily Show with Jon Stewart*.

＊8 Nancy Tomes, "The Making of a Germ Panic, Then and Now," *American Journal of Public Health* 90, no. 2 (2000): 191-99.

＊9 Besty Hartmann, Banu Subramaniam, and Charlez Zener, *Making Threats: Biofears and Environmental Anxieties* (Lanham: Rowman & Littlefield, 2005).

＊10 Laura Murphy, "The Mexican 'Germ Invasion' is Just the Right's Latest Anti-Immigration Myth," *The Guardian*, July 2, 2014, https://www.theguardian.com/commentisfree/2014/jul/02/border-patrol-diseases-anti-immigration-myth.

＊11 Banu Subramaniam, *Ghost Stories*, 2014.

＊12 Nadine Bloch, "Of Monarchs and Migrants: The Arts of the Immigrant Movement," *Waging Non-Violence*, Paril 10, 2013, http://wagingnonviolence.org/feature/of-monarchs-and-migrants-the-arts-of-the-immigration-movement/.

＊13 Regina Napolitano, "Julio Salgado's 'Queer Butterfly' featured in CAC's Art Series," *Daily Bruin*, November 6, 2014, http://dailybruin.com/2014/01/08/julio-salagados-queer-butterfly-featured-in-cacs-art-series/.

＊14 例えば https://everydayabolition.com/2013/04/23/rise-of-the-dandelions/ and http://dignityandpowernow.org/leadership/ を参照。

＊15 Jesse Hardman, "Growing up Undocumented," *Aljazzera America*, October 8, 2013, http://america.aljazeera.com/articles/2013/10/8/growing-up-undocumented.html.

＊16 Susan Sontag, *On Photography* (London: Penguin Books, 1977), 153.

＊17 Helmut Gernsheim, *Creative Photography: Aesthetic Trends 1939-1960* (London: Faber & Faber, 1962).

＊18 Deborah Bright, "The Machine in the Garden Revisited: American Environmentalism and Photographic Aesthetics," *Art Journal* vol. 51, no. 2 (Summer 1992): 60-71.

＊19 Deboraha Bright, ibid., 60.

＊20　William Cronon, "The Trouble with Wilderness, or, Getting Back to the Wrong Nature," in *Uncommon Ground: Rethinking the Human Place in Nature* (New York: W. W. Norton & Co., 1995), 69-90.

＊21　Sontag, *On Photograph*, 15.

＊22 Simon Folae and Martha Macintyre, "Green Fantasies: Photographic Representations of Biodiversity and Ecotourism in the Western Pacific," *Journal of Political Ecology* vol. 12 (2005): 1-22.

＊23　Banu Subramaninam, *Aliens Have Landed*, 2001; Banu Subramaniam, *Ghost Stories*, 2014.

＊24　L. B. Slobodkin, "The Good, the Bad and the Reified," *Evolutionary Ecology Resarch* 3 (2001): 1-13.

＊25　Nancy Tomes, "The Making of a Germ Panic, Then and Now," American Journal of Public Health 90, no. 2 (2000): 191-99.

＊26　Cardozo and Subramaniam, *Assembling Asian/American Naturecultures*, 2013.

＊27　Ibid.

第六章

＊1　Lary Dilsaver, *Cumberland Island National Seashore: A History of Conservation Conflict* (Charlottesville: University of Virginia Press, 2004).

＊2　Ibid., 22.

＊3　Ibid., 36.

＊4　Ibid., 63.

＊5　Ibid., 262-66.

＊6　Chales Seabrook, *Cumberland Island: Strong Women, Wilde Horses* (Winston Salem, NC: John F. Blair Publishing, 2004), 333.

＊7　Dilsaver, *Cumberland Island National Seashore*, 172-74.

＊8　Ibid., 240.

＊9　Monica Turner and Susan Braton, "Fire, Grazing, and the Landscape Heterogeniety of a Georgia Barrier Island," in *Landscape Heterogeneity and Disturbance*, ed. Monica Turner (New York: Springer, 1987), 58-59. Hal Wright and Rhett Lawrence, "Feral Animals on Cumberland Island,"（accessed March 16, 2015, at http://wildcumberland.org/?page_id=670）も参照。

＊10　Banu Subramaniam, "The Aliens Have Landed! Reflections on the Rhetoric of Biological Invasions," *Meridians* 2. 1 (2001): 26-40.

＊11　Ibid., 31.

*12 Kara Brown, "The Problem With Calling Women 'Females,'" *Jezebel*, February 5, 2015, accessed on April 15, 2015, at http://jezebel.com/the-problem-with-calling-women-females-1683808274. See also Tracy Clayton and Heben Nigatu, "6 Reasons You Should Stop Referring to Women as 'Females' Right Now," *Buzzfeed*, October 8, 2014, accessed on April 15, 2015, at https://www.buzzfeed.com/tracyclayton/stop-calling-women-females?utm_term=.dwJKYg0N0P#vr0OowgMge.

*13 Subramaniam, "The Aliens Have Landed," 31.

*14 Ibid., 30.

*15 Robert Keller, "Ecological Separation without Hydraulic Separation: Engineering Solutions to Control Invasive Common Carp in Australian Rivers," *Invasive Species in a Globalized World: Ecological, Social and Legal Perspectives on Policy*, eds. Reuben P. Keller, Marc W. cadotte, and Glenn Sandiford (Chicago: University of Chicago Press, 2015), 223-51.

*16 Ibid., 250.

*17 Patricia Fleming and Phillip Bateman, "The Good, The bad, and the Ugly: Which Terrestrial Australian Mammal Species Attract the Most Attention," *Mammal Review*, (2016): np, DOI: 10.1111/mam.12066.

*18 James Lorimer, "Nonhuman Charisma," *Environment and Planning D: Society and Space* (2007) 25:911-32.

*19 Ibid., 917.

*20 Ibid., 920.

*21 Ibid., 921.

*22 Michel Foucault, *Society Must Be Defended: Lectures at the College de France 1975-1976* (New York: Picador, 2003), 241.

*23 Tom Watson, "Wilderness and Wild Horses Collide," *USA Today*, June 27, 1995, 2A.

*24 Leslie Happ, "horse Power," *National Parks* (September/October 1997): 26.

*25 Lee Edelman, *No Future: Queer Theory and the Death Drive* (Durham, NC: Duke University Press, 2004).

*26 Ibid., 13-14.

*27 Ibid., 14.

*28 Ibid., 52-53.

*29 Ibid., 17.

*30 M. Lynne Corn and Renée Johnson, *Invasive Species: Issues in Brief*, Congressional Reserch Service, May 22, 2015.

*31 Mick N. Clout and Peter A. Williams, "Introduction,"

Invasive Species Management: A Handbook of Principles and Techniques, eds. Mick N. Clout and Peter A. Williams (New York: Oxford University Press, 2009).

＊32 Edelman, *No Future*, 9.

＊33 Ibid., 48.

＊34 Fred Pearce, *The New Wild: why Invasive Species Will Be Nature's Slvation* (Boston: Beacon Press: 2015), 141.

第七章

＊1 Robert I. Colautti and High J. MacIsaac, "A Neutral Terminology to Define 'Invasive' Species," *Divesity and Distributions* 10 E(2004): 135-41.

＊2 Kenneth Burke, *Language and Symbolic Action* (Berkeley: University of California Press, 1966).

＊3 Aido Leopold, "What is the University of Wisconsin Arboretum, wild Life Refuge, and Forest Experiment Preserve?," in *Our First 50 Years: The University of Wisconsin Arboretum 1934-1984* (Madison: University of Wisconsin Arboretum, 1984).

＊4 William R. Jordan, *Our First 50 years: The University of Wisconsin Arboretum, 1934-1984*(Madison: University of Wisconsin Arboretum, 1984).

＊5 Leopold, "What is the University of Wisconsin Arboretum, wild Life Refuge, and Forest Experiment Preserve?"

＊6 Curt Meine, "Leopold, Aldo (1887-1949)," in *The Encyclopedia of Religion and Nature*, ed. by Bron R. Taylor (London: Thoemmes continuum, 2005), 1005-1008.

＊7 *University of Wisconsin-Madison-Madison, Arboretum*, University of Wisconsin-Madison Arboretum *University of Wisconsin-Madison*, http://uwarboretum.org/.

＊8 Jordan, *Our First 50 Years*, 4.

＊9 Ibid., 21.

＊10 Franklin E. Court, *Pioneers of Ecological Restoration: The People and Legacy of the University of Wisconsin Arboretum* (Madison: University of Wisconsin Press, 2012).

＊11 Nancy D. Sachse, *A Thusand Ages: The University of Wisconsin Arboretum* (Madison: University of Wisconsin Press, 1965),

＊12 Court, *Pioneers of Ecological Restoration: The People and Legacy of the University of Wisconsin Arboretum*, 22.

＊13 Ibid., 14-15.

＊14 Ibid., 63.

*15 Ibid., 72.

*16 Aldo Leopold, "The Arboretum and the University," *Parks & Recreation* 28 (1934): 59-60.

*17 Jordan, *Our First 50 Years*.

*18 Ibid., 21.

*19 M. Jimmie Killingsworth and Jacqueline s. Palmer, *Ecospeak: Rhetoric and Environmental Politics in America* (Carbondale: Southern Illinois University Press, 1992), 53.

*20 Meine, "Leopold, Aldo (1887-1949)," and H. L. Ulman, "'Thinking like a Mountain:' Persona, Ethos, and Judgement in American Nature Writing," in Carl G. Herndl and Stuart C. Brown, eds., *Green Culture: Environmental Rhetoric in Contemporary America* (Madison: University of Wisconsin Press, 1996), 46-81.

*21 Barbara E. Willard, "Rhetorical Landscapes as Epistemic: Revisiting Aldo Leopold's *A sand County Almanac*," *Environmental Communication* 1. 2 (2007): 228.

*22 Ibid., 224.

*23 John Opie and Norbert Elliot, "Tracking the Elusive Jeremiad: The Rhetorical Character of American Environmental Discourse," in James G. Cantrill and Christine L. Oravec. eds., *The Symbolic Earth: Discourse and Our Creation of the Enbironment* (Lexington: University Press of Kentucky, 1996), 29.

*24 Gavin Van Horn, "The (Religious) Naturalist's Eye: An Introduction to 'Aldo Leopold: Ethical and Spirtual Dimensions,'" *Journal for the Study of Religion, Nature and Culture* 5.4 (2011): 406.

*25 Sacvan Bercovitch, *The American Jeremiad* (Madison: University of Wisconsin Press, 1978), and Margaret D. Zulick, "The agon of Jeremiah: On the Dialogic Invention of Prophetic Ethos," *Quarterly Journal of Speech* 78. 2 (1992): 125-48.

*26 Opie and Elliot, "Tracking the Elusive Jeremiad,"35.

*27 Lawrence Buell, *The Environmental Imagination: Thoreau, Nature Writing, and the Formation of American Culture* (Cambridge: Belknap Press of Harvard University Press, 1995), and Willard, "Rhetorical Landscapes as Epistemic," 218-35.

*28 Cur Meine, *Aldo Leopold: His Life and Work* (Madison: University of Wisconsin Press, 1988), and Van Horn, "The (Religious) Naturalist's Eye,"406.

*29 Susan L. Flader, *Thinking Like a Mountain: Aldo Leopold and the Evolution of an Ecological Attitude Toward Deer, Wolves and Forests* (Madison: University of Wisconsin Press, 1994

[1974]); Boron Taylor, "Editor's Introduction: Encountering Leopold," *Journal for the study of Religion, Nature and Culture* 5.4(2011):393-96; Van Horn, "The (Religious) Naturalist's Eye," 397-409; and Gretel Van Wieren, *Restored to Earth: Christianity, Environmental Ethics, and Ecological Restoration* (Washington, DC: Georgetown University Press, 2013).

*30 Taylor, "Editor's Introduction," 393-94.

*31 Van Horn, "The (Religious) Naturalist's Eye," 397.

*32 Ibid., 406.

*33 Killingsworth and Palmer, *Ecospeak: Rhetoric and environmental politics in America*, 54-55.

*34 Ibid., 57.

*35 Ibid., 34, and Christine L. Oravec, "To Stand Outside Oneself: The sublime in the Discourse of Natural Scenery," in James G. Cantrill and Christine L. Oravec, eds., *The Symbolic Earth: Discourse and Our Creation of the Environment* (Lexington: University Press of Kentucky, 1996), 72073.

*36 Killingsworth and Palmer, *Ecospeak*, 57.

*37 J. Baird Callicott, "The Worldview Concept and Aldo Leopold's Project of 'World View' Remediation," Journal for the Study of Religion, Nature and Culture 5.4 (2011): 515.

*38 J. Baird Callicott, "Turning the Whole Soul: The Educational Dialectic of *A Sand County Almanac*," *Worldviews* 9.3 (2005): 380.

*39 Callicott, "The Worldview Concept and Aldo Leopold's Project of 'World View' Remediation," 512.

*40 Daniel O. Buehler, "Permannece and Chage in Theodore Roosevelt's Conservation Jeremiad," *Western Journal of Communication* 62.4 (1998): 449-50.

*41 Buehler, "Permanence and Change in Theodore Roosvelt's Conservation Jeremiad," 443.

*42 Callicott, "The Worldview Concept and Aldo Leopold's Project of 'World View' Remediation," 517.

*43 Ibid., 518-19.

*44 Ibid., 517.

*45 Calicott, "Turning the Whole Soul," 365.

*46 Taylor, "Editor's Introduction," 394-95.

*47 Aldo Leopold, "What is the University of Wisconsin Arboretum, Wild Life Refuge, and Forest Experiment Preserve?"

*48 Court, *Pionners of Ecological Restoratin*, 4.

*49 *Holy Bible, King Jame Version*, Cambrige Edition, *King James Bible Online*, 2014 (1769), http://www.kingjamesbibleonline, org/, Gen. 1.22-28.

*50 Ibid., Gen. 1.29-30.

*51 Ibid., Gen. 2. 15.

＊52 Ibid., Gen. 2. 7.

＊53 Ibid., Gen. 2. 9.

＊54 Ibid., Gen. 3. 19.

＊55 Ibid., Gen. 2.21-23.

＊56 Ibid., Gen. 3. 24.

＊57 Ibid., Gen. 1. 1-10.

＊58 Donald Worster, *The Wealth of Nature: Environmental History and the Ecological Imagination* (New York: Oxford University Press, 1993), 185.

＊59 buehler, "Permanence and Change in Theodore Roosevelt's Conservation Jeremiad," 444.

＊60 *University of Wisconsin-Madison Arboretum*, University of Wisconsin-Madison Arboretum,

＊61 Van Wieren, *Restored to Earth*.

第八章

＊1 Peter Carey, *Collected Stores* (London: Faber & Faber, 1996), 238.

＊2 John Muir, *My First Summer in the Sierra* (Boston: Houghton Mifflin, 1911), 20-21.

＊3 Simon P. James, "'Nothing Truly Wild is Unclean': Muir, Misanthropy, and the Aesthetics of Dirt," *Environmental Ethics* 36 (Fall 2014): 361.

＊4 Muir, 73.

＊5 Ibid., 294.

＊6 Mary Douglas, *Purity and Danger* (London: Routledge, 1966),

＊7 "Bee" *Encyclopedia Britannica*, https://www.britannica.com/animal/bee.

＊8 Susan L. Woodward and Joyce Quinn, *Encyclopedia of Invasive Species: From Africanized Honey Bees to Zebra Mussels* (Santa Barbara, CA: Greenwood, 2011), 292.

＊9 "Aguatic Invasive Species," *US Fish and Wildlife Sevice*, November 2, 2015, https://www.fws.gov/Fisheries/ANS/index.html.

＊10 Darryl Fears, "Tracking Pythons May Provide Clues to Vanishing Wildlife," *Seattle Times*, April 28,2012.

＊11 Carey, 219.

＊12 Ibid., 221.

＊13 Ibid., 223.

＊14 Ibid., 219.

＊15 Ibid., 221.

＊16 Ibid., 218.

＊17 Ibid., 223, 224, 234.

＊18 Ibid., 224.

＊19 Ibid., 232.
＊20 Ibid., 235.
＊21 Ibid.
＊22 David Bowman, qtd. in Liza Gross, "Eucalyptus: California Icon, Fire Hazard and Invasive Species," *KQED.org*, Http://ww2.kqed.org/science/2013/06/12/ecualyptus-califorinia-icon-fire-hazard-and-invasive-species/.
＊23 Ibid., 235.
＊24 Lee Edelman, *No Future* (Durham: Duke UP, 2004).
＊25 Carey, 224.
＊26 Richard Collins, "Cuckoos are Hard Workers," *Irish Examiner* (August 9, 2010).
＊27 Samantha Ellis, "Cuckoo Birds: Con Men of the Sky," Global Animal, April 24, 2011; and Paul Jhonsgard, *The Avian Brood Parasties: Deception at the Nest* (Oxford: Oxford UP, 1997).
＊28 Patrick white, *Flaws in the Glass* (London: Vintage, 1998).
＊29 Carey, 226.
＊30 Ibid., 234.
＊31 Ibid., 237.
＊32 Ibid., 234-35.
＊33 Ibid., 236.
＊34 Richard Dawkins, *The Selfish Gene*, 2nd edition (Oxford: Oxford UP, 1990), vii.
＊35 Carey, 238.

参考文献

序章

Black, Edwin. "The Second Persona," *Quarterly Journal of Speech*, 56 (1970): 109–19.

Chew, Matthew and Scott Carroll. "The Invasive Ideology: Biologists and Conservationists Are Too Eager to Demonize Non-Native Species," *The Scientist*, September 7, 2011, http:// www.thescientist.com/?articles.view/articleNo/31143/title/Opinion--The-InvasiveIdeology/.

Fabricant, Florence. "Eradicating Invasive Species One Sushi Roll at a Time." *The New York Times*, April 15, 2016, http://www.nytimes.com/2016/04/20/dining/invasive-species-bunlai-prey-restaurant.html.

Gorman, James. "Diet for an Invaded Planet: Invasive Species." *The New York Times*, December 31, 2010, http://www.nytimes.com/2011/01/02/weekinreview/02gorman.html.

Hartigan, John. *Aesop's Anthropology: A Multispecies Approach*. Minneapolis: University of Minnesota Press, 2015.

James, Williams. *The Will to Believe, and Other Essays in Popular Philosophy, and Human Immortality*. New York: Dover Publications, 1960.（ウィリアム ジェイムズ／福鎌達夫訳『W・ジェイムズ著作集2 信ずる意志』日本教文社、二〇一五年）

Kim, Claire Jean. *Dangerous Crossings: Race, Species, and Nature in a Multicultural Age*. New York: Cambridge University Press, 2015.

Mignolo, Walter. *The Darker Side of Western Modernity: Global Futures, Decolonial Options*. Durham, NC: Duke University Press, 2011.

Rosenthal, Elisabeth. "Answer for Invasive Species: Put It on a Plate and Eat It." *The New York Times*, July 9, 2011, http://www.nytimes.com/2011/07/10/science/earth/10fish.html.

Sagoff, Mark. "Do Non-Native Species Threaten The Natural Environment?" *Journal of Agricultural and Environmental Ethics* 18 (2005): 215–36.

Schlaepfer, Martin, Dov Sax, and Julian Olden. "The

Potential Conservation Value of NonNative Species." *Conservation Biology*, 25 (2011): 428–37.
Stengers, Isabelle. *Thinking with Whitehead: A Free and Wild Creation of Concepts*. Translated by Michael Chase. Cambridge, MA: Harvard University Press, 2011.

第1章

Aelian. *Historical Miscellany*, ed. and trans. Nigel Guy Wilson. Cambridge, MA: Harvard University Press, 1997.
Buller, Henry. "Introducing Aliens, Reintroducing Natives: A Conflict of Interest for Biosecurity?." In *Biosecurity: The Socio-Politics of Invasive Species and Infectious Diseases*, ed. Andrew Dobson, Kezia Barker, and Sarah L. Taylor, 183–99. Abingdon: Routledge, 2013.
Cameron, Matt. *Parrots: The Animal Answer Guide*. Baltimore, MD: Johns Hopkins University Press, 2012.
Deleuze, Gilles. *Francis Bacon: The Logic of Sensation*, trans. Daniel W. Smith. Minneapolis: University of Minnesota Press, 2003.（ジル・ドゥルーズ／山県熙訳『感覚の論理――画家フランシス・ベーコン論』法政大学出版局、二〇〇四年）
Deleuze, Gilles and Félix Guattari. *What Is Philosophy?*, trans. Hugh Tomlinson and Graham Burchell. New York: Columbia University Press, 1994.（ジル・ドゥルーズ＋フェリックス・ガタリ／財津理訳『哲学とは何か』河出書房新社、一九九七年）
Descola, Philippe. *Beyond Nature and Culture*, trans. Janet Lloyd. Chicago: University of Chicago Press, 2013.
Desmond,William. *Cynics*. Berkeley: University of California Press, 2008.
Diogenes Laertius. *Lives of Eminent Philosophers*, trans. R. D. Hicks, 2 vols. Cambridge, MA: Harvard University Press, 1925.（ディオゲネス・ラエルティオス／加来彰俊訳『ギリシア哲学者列伝』岩波書店、一九八四年）
Garrett, Kimball L. "Population Status and Distribution of Naturalized Parrots in Southern California," *Western Birds* 28 (1997): 181–95.
Garrett, Kimball L., Karen T. Mabb, Charles T. Collins, and Lisa M. Kares. "Food Items of Naturalized Parrots in Southern California," *Western Birds* 28 (1997):

196–201.

Haraway, Donna. *When Species Meet*, Minneapolis: University of Minnesota Press, 2008.（ダナ・ハラウェイ／高橋さきの訳『犬と人が出会うとき――異種協働のポリティクス』青土社、二〇一三年）

Lawlor, Leonard. "Following the Rats: Becoming-Animal in Deleuze and Guattari." *SubStance* 37, no. 3 (2008): 169–87.

Levinas, Emmanuel. *Totality and Infinity: An Essay on Exteriority*, trans. Alphonso Lingis. Hague: Martinus Nijhoff, 1979.（レヴィナス／熊野純彦訳『全体性と無限』岩波書店、二〇〇五年）

Loarie, Scott R., Philip B. Duffy, Healy Hamilton, Gregory P. Asner, Christopher B. Field, and David D. Ackerly, "The Velocity of Climate Change," *Nature* 462 (2009): 1052–55.

Nietzsche, Friedrich. *The Gay Science: With a Prelude in Rhymes and an Appendix of Songs*, trans. Walter Kaufmann. New York: Vintage, 1974.（フリードリヒ・ニーチェ／村井則夫訳『喜ばしき知恵』河出書房新社、二〇一二年）

Sandler, Ronald. "Global Warming and Virtues of Ecological Restoration." In *Ethical Adaptation to Climate Change: Human Virtues of the Future*, ed. Allen Thompson Allen and Jeremy Bendik-Keymer, 63–80. Cambridge, MA: MIT Press, 2012.

Serres, Michel. *Malfeasance: Appropriation Through Pollution?*, trans. Anne-Marie FeenbergDibon. Stanford, CA: Stanford University Press, 2011.

Simberloff, Daniel. "Nature, Natives, Nativism, and Management: Worldviews Underlying Controversies in Invasion Biology," *Environmental Ethics* 34 (2012): 5–25.

Sloterdijk, Peter. *Critique of Cynical Reason*, trans. Michael Eldred. Minneapolis: University of Minnesota Press, 1987.（ペーター・スローターダイク／高田珠樹訳『シニカル理性批判』ミネルヴァ書房、一九九六年）

Throop, William. "Environmental Virtues and the Aims of Restoration." In *Ethical Adaptation to Climate Change: Human Virtues of the Future*, ed. Allen Thompson Allen and Jeremy Bendik-Keymer. Cambridge, MA: MIT Press, 2012.

Toft, Catherine A. and Timothy F. Wright. *Parrots of the Wild: A Natural History of the World's Most Captivating Birds*. Berkeley: University of California Press, 2015.

第11章

Alaimo, Stacy. *Bodily Natures: Science, Environment, and the Material Self*. Bloomington: Indiana University Press, 2010.

Callicott, J. Baird. "Animal Liberation: A Triangular Affair." *Environmental Ethics* 2, no. 4 (1980): 311–38. doi:10.5840/enviroethics19802424.（J・B・キャリコット／千葉香代子訳「動物解放論争：三極対立構造」小原秀雄監修『環境思想の系譜3　環境思想の多様な展開』東海大学出版会、一九九五年、五九—八〇ページ）

Chamayou, Grégoire. *Manhunts: A Philosophical History*. Princeton: Princeton University Press, 2012.

Chew, Matthew, and Scott Carroll. "The Invasive Ideology: Biologists and Conservationists Are Too Eager to Demonize Non-native Species." *The Scientist*, September 7, 2011. http:// www.the-scientist.com/?articles.view/articleNo/31143/title/Opinion--The-InvasiveIdeology/.

Clark, Nigel. "The Demon-Seed: Bioinvasion as the Unsettling of Environmental Cosmopolitanism." *Theory, Culture & Society* 19, no. 1–2 (2002): 101–25. doi:10.1177/ 026327640201900105.

DeLanda, Manuel. *A Thousand Years of Nonlinear History*. New York: Zone Books, 1997.

Deleuze, Gilles, and Félix Guattari. *What Is Philosophy?* New York: Columbia University Press, 1994.（ジル・ドゥルーズ＋フェリックス・ガタリ／財津理訳『哲学とは何か』河出書房新社、一九九七年）

Ferguson, Kennan. *William James: Politics in the Pluriverse*. Lanham, MD: Rowman & Littlefield Publishers, 2007.

Foucault, Michel. "Omnes et Singulatim: Towards a Criticism of 'Political Reason,'" *The Tanner Lectures on Human Values*, October 1979, 248. http:// tannerlectures.utah.edu/_ documents/a-to-z/f/foucault81.pdf.（ミシェル・フーコー／北山晴一＋山本哲士訳『フーコーの〈全体的なものと個的なもの〉』三交社、一九九三年）

Foucault, Michel. Security, *Territory, Population: Lectures at the Collège De France, 1977–78*. New York: Palgrave Macmillan, 2007.（ミシェル・フーコー／高桑和巳訳『安全・領土・人口——コレージュ・ド・フランス講義　１９７７‐１９７８年度』筑摩書房、二〇〇七

年）

Gruen, Lori. *Ethics and Animals: An Introduction*. Cambridge, UK: Cambridge University Press, 2011.（ローリー・グルーエン／河島基弘訳『動物倫理入門』大月書店、二〇一五年）

James, William. *Essays in Radical Empiricism*. Lincoln: University of Nebraska Press, 1996.（ウィリアム・ジェイムズ／桝田啓三郎＋加藤茂訳『根本的経験論』白水社、一九九八年）

James, William. *A Pluralistic Universe: Hibbert Lectures at Manchester College on the Present Situation in Philosophy*. Lincoln: University of Nebraska Press, 1996.（ウィリアム・ジェイムズ／吉田夏彦訳『W・ジェイムズ著作集6 多元的宇宙』日本教文社、二〇一四年）

James, William. *Pragmatism, a New Name for Some Old Ways of Thinking; The Meaning of Truth, a Sequel to Pragmatism*. Cambridge, MA: Harvard University Press, 1978.（ウィリアム・ジェイムズ／桝田啓三郎訳『W・ジェイムズ著作集5　プラグマティズム』日本教文社、二〇一四年）

Low, Tim. *Feral Future: The Untold Story of Australia's Exotic Invaders*. Chicago: University of Chicago Press, 2002.

Pandian, Anand. "Pastoral Power in the Postcolony: On the Biopolitics of the Criminal Animal in South India." *Cultural Anthropology* 23, no. 1 (2008): 85–117. doi:10.1111/j.15481360.2008.00004.x.

Rancière, Jacques. *Disagreement: Politics and Philosophy*. Minneapolis: University of Minnesota Press, 1999.（ジャック・ランシエール／松葉祥一＋大森秀臣＋藤江成夫訳『不和あるいは了解なき了解：政治の哲学は可能か』インスクリプト、二〇〇五年）

Schlaepfer, Martin, Dov Sax, and Julian Olden, "The Potential Conservation Value of NonNative Species," *Conservation Biology*, 25 (2011): 428–37.

Stengers, Isabelle. "A 'Cosmo-Politics'—Risk, Hope, Change: A Conversation with Isabelle Stengers." In *Hope: New Philosophies for Change*, edited by Mary Zournazi. Annandale: Pluto Press Australia, 2002.

Stengers, Isabelle. *Cosmopolitics II*. Minneapolis: University of Minnesota Press, 2011.

Viveiros de Castro, Eduardo. *Cannibal Metaphysics: For a Post-structural Anthropology*. Minnepolis: Univocal Publishing, 2014.（エドゥアルド・ヴィヴェイロス・デ・カストロ／檜垣立哉＋山崎吾郎訳『食人の形而上学——ポスト構造主義的人類学への道』洛北出版、二

〇一五年）

第三章

Alexander, M. Jacqui. *Pedagogies of Crossing: Meditations on Feminism, Sexual Politics, Memory, and the Sacred*. Durham, NC: Duke University Press, 2006.

"Bacterial Bonanza: Microbes Keep Us Alive." *NPR*, September 15, 2010. http://www.npr.org/ templates/story/story.php?storyId=129862107.

Bailey, L. H. "The Philosophy of Species-Making." *Botanical Gazette* 22, no. 6 (1896): 454–62.

Belcourt, Billy-Ray. "Animal Bodies, Colonial Subjects: (Re)Locating Animality in Decolonial Thought." *Societies* 5, no. 1 (December 24, 2014): 1–11. doi:10.3390/soc5010001.

Bell, Andrew McIlwaine. *Mosquito Soldiers: Malaria, Yellow Fever, and the Course of the American Civil War*. Baton Rouge: Louisiana State University Press, 2010.

Braidotti, Rosi. *After Poststructuralism: Transitions and Transformations*. New York: Routledge, 2014.

Butler, Judith. *Frames of War: When Is Life Grievable?* New York: Verso Books, 2016.（ジュディス・バトラー／清水晶子訳『戦争の枠組――生はいつ嘆きうるものであるのか』筑摩書房、二〇一二年）

——. *Precarious Life: The Powers of Mourning and Violence*. New York: Verso Books, 2006.（ジュディス・バトラー／本橋哲也訳『生のあやうさ――哀悼と暴力の政治学』以文社、二〇〇七年）

Butler, Judith, and Athena Athanasiou. *Dispossession: The Performative in the Political*. Hoboken, NJ: John Wiley & Sons, 2013.

Chen, Mel. *Animacies: Biopolitics, Racial Mattering, and Queer Affect*. Durham, NC: Duke University Press, 2012.

"Cherokee Women Scholars' and Activists' Statement on Andrea Smith." *Indian Country Today Media Network*, July 17, 2015. http://indiancountrytodaymedianetwork.com/2015/ 07/17/cherokee-women-scholars-and-activists-statement-andrea-smith.

Clark, Jonathan. "Invasive Species Management as Ecological Biopower." presented at the 13th Annual North American Conference for Critical Animal Studies, Rice University, April 13, 2014. https://www.youtube.com/watch?v=tpuujM-bnl0.

Cone, Tracie. "Invasive Species Slipped into US after 9/11." *The Huffington Post*, October 12, 2011. http://www.huffingtonpost.com/2011/10/10/invasive-species-anti-terrorism_n_10032 36.html.

Derrida, Jacques. *Specters of Marx*. New York: Routledge, 1994.（ジャック・デリダ／増田一夫訳『マルクスの亡霊たち——負債状況＝国家、喪の作業、新しいインターナショナル』藤原書店、二〇〇七年）

Derrida, Jacques, and Geoffrey Bennington. *The Beast and the Sovereign*. Chicago: University of Chicago Press, 2009.（ジャック・デリダ／西山雄二＋郷原佳以＋亀井大輔＋佐藤朋子訳『獣と主権者——ジャック・デリダ講義録』白水社、二〇一四年）

Edwards, Scott V., Sarah B. Kingan, Jennifer D. Calkins, Christopher N. Balakrishnan, Bryan Jennings, Willie J. Swanson, and Michael D. Sorenson. "Speciation in Birds: Genes, Geography and Sexual Selection." *Proc. Natl. Acad. Sci.* (USA) 102, no. 1 (2005): 6550–557.

Elgot, Jessica. "What Does Ukip Actually Have To Do To Be Called Racist?" *The Huffington Post*, May 19, 2014. http://www.huffingtonpost.co.uk/2014/05/19/what-does-ukip-have-todo_n_5350757.html.

Golley, Frank B. *A History of the Ecosystem Concept in Ecology: More than the Sum of Parts*. New Haven: Yale University Press, 1993.

"Google Data Centers: Where the Internet Lives." *Google*. Accessed July 8, 2016. http://www. google.com/about/datacenters/gallery/index.html#/.

Gutiérrez, Elena R. *Fertile Matters: The Politics of Mexican-Origin Women's Reproduction*. Austin: University of Texas Press, 2008.

Hansen, Terri. "Coast Salish Unite Against Tripling Capacity of Kinder Morgan Tar Sands Pipeline." *Indian Country Today Media Network*, October 27, 2014. http://indiancountrytodaymedianetwork.com/2014/10/27/coast-salish-unite-against-triplingcapacity-kinder-morgan-tar-sands-pipeline-157543.

Haraway, Donna. "A Manifesto for Cyborgs: Science, Technology, and Socialist Feminism in the 1980s." In *The Cybercultures Reader*, edited by David Bell and Barbara Kennedy, 291–324. London: Routledge, 2000.

Hastings, Alan, and Louis Gross, eds. *Encyclopedia of Theoretical Ecology*. Berkley: University of California Press, 2012. http://www.ucpress.edu/book.php?isbn=9780520269651.

"Invasive Species—Frequently Asked Questions." *Minnesota Department of Natural Resources*. Accessed July 7, 2016. http://www.dnr.state.mn.us/invasives/faq.html.

Isfahani-Hammond, Alexandra. "Akbar Stole My Heart: Coming Out as an Animalist." *Hemispheric Institute Bio/Zoo* 10, no. 1 (2013). http://hemisphericinstitute.org/hemi/en/emisferica-101/hammond.

Johnson, D. S. "Aspects of the Species Question: Introduction." *The American Naturalist* 42, no. 496 (1908): 217. doi:10.1086/278925.

"Living with Wildlife—Domestic Pigeons (Rock Doves)." *Washington Department of Fish & Wildlife*. Accessed July 7, 2016. http://wdfw.wa.gov/living/pigeons.html#lethal.

Markow, T, P W Hedrick, K Zuerlein, J Danilovs, J Martin, T Vyvial, and C Armstrong. "HLA Polymorphism in the Havasupai: Evidence for Balancing Selection." *American Journal of Human Genetics* 53, no. 4 (1993): 943–52.

Marsh, George Perkins. *Man and Nature: Or, Physical Geography as Modified* by Human Action. Seattle: Washington University Press, 2003.

McWhorter, LaDelle. "Enemy of the Species." In *Queer Ecologies: Sex, Nature, Politics, Desire*, edited by Bruce Erickson and Catriona Mortimer-Sandilands. Bloomington: Indiana University Press, 2010.

"Migration." *The Royal Society for the Protection of Birds*. Accessed July 7, 2016. http:// www.rspb.org.uk/discoverandenjoynature/discoverandlearn/birdguide/name/s/swallow/ migration.aspx.

"Migratory Bird Treaty Act." *US Fish and Wildlife Service: Migratory Bird Program*. Accessed July 7, 2016. https://www.fws.gov/birds/policies-and-regulations/laws-legislations/ migratory-bird-treaty-act.php.

Morton, Ted. "Republicans Need to Make It Clear That Keystone Will Help End U.S. Dependence on Mideast Oil." *National Post*, March 2, 2015. http://news.nationalpost.com/fullcomment/ted-morton-republicans-need-to-make-it-clear-that-keystone-will-help-end-u-sdependence-on-mideast-oil.

Mullan, Bob, and Marvin Garry. *Zoo Culture: The Book About Watching People Watch Animals*. Urbana: University of Illinois Press, 1998. http://www.nhbs.com/title/83226/zooculture.

Nail, Thomas. "The Crossroads of Power: Michel

Foucault and the US/Mexico Border Wall." *Foucault Studies* 15 (2013): 110–28.

Nicholas, Wathathine Marylene, and Warisos Josephine Gabriel. *Tsi Ní:iot Tsi Tiotá:sawen Tsi Anó:wara Ra'nowáke Iohontsá:te = Creation Story: How the Earth Began on the Turtle's Back*. Kanehsatà:ke: Tsi Ronterihwanónhnha ne Kanien、kéha, n.d.

Noel, Linda, Christine Hamilton, Anna Rodriguez, Angela James, Nathan Rich, David S. Edmunds, and Kim Tallbear. "Bitter Medicine Is Stronger." In *The Multispecies Salon*, edited by Eben Kirksey. Duke University Press, 2014.

Odum, Eugene P. "Energy Flow in Ecosystems: A Historical Review." *American Zoologist* 8, no. 1 (1968): 11–18.

O'Neill, Robert V. "Is It Time to Bury the Ecosystem Concept? (With Full Military Honors, of Course!)1." *Ecology* 82, no. 12 (December 1, 2001): 3275–284. doi: 10.1890/00129658(2001)082[3275:IITTBT]2.0.CO;2.

"Open Letter From Indigenous Women Scholars Regarding Discussions of Andrea Smith." *Indian Country Today Media Network*, July 7, 2015. http://indiancountrytodaymedianetwork.com/2015/07/07/open-letter-indigenous-women-scholarsregarding-discussions-andrea-smith.

"Protecting Agriculture." *US Customs and Border Protection*. Accessed July 7, 2016. https:// www.cbp.gov/border-security/protecting-agriculture.

Puar, Jasbir. "'I Would Rather Be a Cybog than a Goddess'—Intersectionality, Assemblage, and Affective Politics." Transversal Inventions, January 2011. http://eipcp.net/transversal/ 0811/puar/en.

Ragland, Cathy. *Musica Nortena: Mexican Americans Creating a Nation Between Nations*. Philadelphia: Temple University Press, 2009.

Reardon, Jenny, and Kim TallBear. "'Your DNA Is Our History': Genomics, Anthropology, and the Construction of Whiteness as Property." *Current Anthropology* 53, no. 5 (2012): 233–45. doi:10.1086/662629.

Regan, Tom. *The Case for Animal Rights*. Berkeley: University of California Press, 1983.

"Rock Pigeon." *The Cornell Lab of Ornithology*. Accessed July 7, 2016. https://www. allaboutbirds.org/guide/Rock_Pigeon/lifehistory.

Simpson, Leanne. "I Am Not a Nation-State."

Unsettling America, November 6, 2013. https://unsettlingamerica.wordpress.com/2013/11/06/i-am-not-a-nation-state/.

Smart, Alan, and Josephine Smart. "Biosecurity, Quarantine and Life across the Border." In *A Companion to Border Studies*, edited by Thomas M. Wilson and Hastings Donnan, 354–70. Hoboken, NJ: John Wiley & Sons, Ltd, 2012. http://onlinelibrary.wiley.com/doi/10.1002/ 9781118255223.ch20/summary.

Smith, Andrea. *Conquest: Sexual Violence and American Indian Genocide*. Cambridge, MA: South End Press, 2005.

———. "Foreword." In *Undoing Border Imperialism*, by Harsha Walia. Oakland: AK Press, 2013.

———. "The Colonialism That Is Settled and the Colonialism That Never Happened." *Decolonization: Indigeneity, Education & Society*, June 20, 2014. https://decolonization .wordpress.com/2014/06/20/the-colonialism-that-is-settled-and-the-colonialism-that-neverhappened/.

Taiaiake Alfred, Gerald. "What Is Radical Imagination? Indigenous Struggles in Canada." *Affinities: A Journal of Radical Theory*, Culture, and Action 4, no. 2 (November 23, 2010). http://journals.sfu.ca/affinities/index.php/affinities/article/view/59.

Tallbear, Kim. *Native American DNA*. Minneapolis: University of Minnesota Press, 2013.

Tansley, Arthur. "The Use and Abuse of Vegetational Concepts and Terms." *Progress in Physical Geography* 16, no. 3 (1935): 16.

Tsing, Anna. "Contaminated Diversity in 'Slow Disturbance': Potential Collaborators for a Liveable Earth." In *Why Do We Value Diversity? Biocultural Diversity in a Global Context*, edited by Gary Martin, Diana Mincyte, and Ursula Münster, 95–97. Munich: RCC Perspectives, 2012.

———. *Friction: An Ethnography of Global Connection*. Princeton and Woodstock: Princeton University Press, 2005.

"UKIP Calls for UK-Only Immigration Queues." *BBC News*, September 26, 2014. http://www. bbc.com/news/uk-politics-29376259.

Watts, Vanessa. "Indigenous Place-Thought and Agency Amongst Humans and Non Humans (First Woman and Sky Woman Go On a European World Tour!)."

Decolonization: Indigeneity, Education & Society 2, no. 1 (May 4, 2013). http://decolonization.org/index.php/des/ article/download/19145.

Wolfe, Patrick. "Settler Colonialism and the Elimination of the Native." *Journal of Genocide Research* 8, no. 4 (December 1, 2006): 387–409. doi:10.1080/14623520601056240.

Xu, Jian, and Jeffrey Gordon. "Honor Thy Symbionts." *Proceeding of the National Academy of the Sciences* 100, no. 18 (2003). http://www.pnas.org/content/100/18/10452.full.

Youatt, Rafi. *Counting Species: Biodiversity in Global Environmental Politics*. Minneapolis: University of Minnesota Press, 2015.

第四章

Boyle, T. C. *When the Killing's Done*. New York: Viking, 2011. Print.

Channel Islands Animal Protection Association. "Channel Islands National Park Ex-Chief Hits Cruelty of Killing 'Invasive Species.'" *Animal People*, vol. XIV, no. 3. April 25, 2005. Online.

Center for Biological Diversity. "The Extinction Crisis." Accessed May 17, 2016. Online.

———. "Top 10 U.S. Endangered Species Threatened By Human Population." Accessed May 17, 2016. Online.

Cronon, William, ed. "The Trouble with Wilderness; or, Getting Back to the Wrong Nature." *Uncommon Ground: Rethinking the Human Place in Nature*. New York: W. W. Norton & Co., 1995. 69–90. Print.

Daily Mail Reporter. "You are NOT allowed to commit suicide: Workers in Chinese iPad factories forced to sign pledges." *Daily Mail*, May 1, 2011. Online.

Dur, Jessica. "Never Done: An Interview with Author T.C. Boyle." April 18, 2011. Online.

Farm Forward. "Food Choices." Accessed on May 17, 2011. Online.

Fiskesjö, Magnus. *The Thanksgiving Turkey Pardon, the Death of Teddy's Bear, and the Sovereign Exception of Guantanamo*. Chicago: Prickly Paradigm Press, 2003. Print.

Foucault, Michel. *The History of Sexuality*, vol. 1. New York: Pantheon Books, 1978. Print.（ミシェル・フーコー／渡辺守章訳『性の歴史1　知への意志』新潮社、

一九八六年）
———. *Society Must Be Defended: Lectures at the Collège de France, 1975–1976*. 1997. New York: St. Martin's Press. Print.（ミシェル・フーコー／石田英敬＋小野正嗣訳『社会は防衛しなければならない――コレージュ・ド・フランス講義１９７５‐１９７６年度』筑摩書房、二〇〇七年）
Gherini, John. *Santa Cruz Island: A History of Conflict and Diversity*. Spokane, WA: Arthur H. Clark, 2005. Print.
Haraway, Donna J. *When Species Meet*. Minneapolis: University of Minnesota Press, 2008. Print.（ダナ・ハラウェイ／高橋さきの訳『犬と人が出会うとき――異種協働のポリティクス』青土社、二〇一三年）
Horn, Leslie. "Foxconn Employees Forced to Sign 'No Suicide' Pledge," *PCMag*. May 2, 2011. Online.
Hudgens, Brian R., and David K. Garcelon. "Induced changes in island fox (Urocyon littoralis) activity do not mitigate the extinction threat posed by a novel predator." *Oecologia* 165.3 (2011): 699–705. Print.
Johnson, John R. "Arlington Man," *National Park Services*. Accessed on May 17, 2016. Online.
Leikam, Susanne. "Environmental Imaginations of the California Channel Islands and Ecological Crisis in T.C. Boyle's When the Killing's Done." *Ecozono* vol. 5, no. 1 (2014): 136–54. Print.
Lancaster, Cory. "31 Animals Died At Disney Park: Death Toll Higher Than 1st Reported," *Orlando Sentential*, May 14, 1998. Online.
Macdonald, Norm and Kelvin Walker. "A New Approach for Ungulate Eradication: A Case Study for Success." *Prohunt Incorporated*. February 2008. Print.
Markarian, Michael. "Pig Eradication Plan Out of Control." *San Francisco Chronicle*. May 22, 2005. Online.
Marx, Karl. *Capital*. London: Penguin Classics. 1990. Print.（カール・マルクス／資本論翻訳委員会訳『資本論』新日本出版社、一九八二年）
Merberg, Adam. "The Pigs of Santa Cruz Island," *Say What, Michael Pollan?* July 7, 2010. Online.
National Park Service. "Restoring Santa Cruz Islands," August 2008. Online.
Nature Conservancy, "Membership and Giving." Accessed on April 11, 2014. Online.
———. "Santa Cruz Island:" *Places We Protect*. Accessed on April 11, 2014. Online.
———. "Island Fever: Santa Cruz Island Inspires a

Novel," *Youtube*. February 9, 2011. Online.

———. "Endangered Santa Cruz Island Fox Back from the Brink." Accessed on May 16, 2016. Online.

———. "Uncover History of Santa Cruz Island." Accessed on May 16, 2016. Online.

Navarro, Mireya. "New Disney Kingdom Comes With Real-Life Obstacles," *New York Times*. April 16, 1998. Online.

New York Times, "Correction," December 15, 2002. Print.

Ottaway, David B. and Joe Stephens. "Nonprofit Land Bank Amasses Billions," *Washington Post*, May 4, 2003. Online.

Polakovic, Gary. "Channel Island Woman's Bones May Rewrite History," *L.A. Times* April 11, 1999. Online.

Parkes, John P, David S. L. Ramsey, Norman Macdonald, Kelvin Walker, Sean McKnight, Brian S. Cohen, and Scott A. Morrison. "Rapid Eradication of Feral Pigs (*Sus scrofa*) from Santa Cruz Island, California." *Biological Conservation* vol. 143, issue 3 (March 2010): 634–41. Online.

Pollan, Michael "An Animal's Place." *New York Times*. November 10, 2002. Print.

———. *The Omnivore's Dilemma: A Natural History of Four Meals*. New York: Penguin Books, 2006. Print.（マイケル・ポーラン／ラッセル秀子訳『雑食動物のジレンマ――ある４つの食事の自然史』東洋経済新報社、二〇〇九年）

Reynolds, John; National Park Service; Tim Setnicka. "Final Environmental Impact Statement." *Santa Cruz Island Primary Restoration Plan*. June 2002. Online.

Roemer, Gary W., C. Josh Donlan, and Franck Courchamp. "Golden Eagles, Feral Pigs, and Insular Carnivores: How Exotic Species Turn Native Predators into Prey." *Proceedings of the National Academy of Sciences*, 99.2 (2002): 791–96. Online.

Romero, Simon. "War in the Pacific: It's Hell, Especially if You're a Goat." *New York Times*. May 1, 2007. Online.

Shelton, Jo-Ann. "Killing Animals That Don't Fit In: Moral Dimensions of Habitat Restoration," *Between the Species, Issue* IV, August 2004. Print.

Steinfeld, Henning, et al. *Livestock's Long Shadow: Environmental Issues and Options*. Rome, Italy: Food and Agriculture Organization of the United Nations, 2006. Print.

Stanescu, Vasile. "Crocodile Tears: Compassionate Carnivores and the Marketing of 'Happy Meat.'" Critical Animal Studies (Canadian Scholars Press, 2014): 216–33. Print.

———. "Green Eggs and Ham: Michael Pollan, Locavores, and the Myth of Environmentally Sustainable Meat." *The Journal of Critical Animal Studies* VII. 3 (2009): 18–55.

———. "'Man's' 'Best Friend': Why Human Rights Need Animal Rights." *The Journal of Critical Animal Studies*. Special Issue: Animals and Prisons (2012): 66–97. Online.

———. "Why 'Loving' Animals is Not Enough: A Response to Kathy Rudy, Locavorism, and the Marketing of 'Humane' Meat." *The Journal of American Culture* vol. 36 (2013): 100–10. Print.

Stanescu, Vasile and Helena Pedersen. "The Future of Critical Animal Studies: From the Margins to the Center." *The Future of Critical Animals Studies: A Reader*. New York: Routledge, 2014. 262–76. Print.

US Fish and Wildlife Service. "Recovery Efforts Bring Endangered Fox Back from the Brink of Extinction in Record Time." Accessed on May 16, 2016. Online.

Walt Disney Corporation. "Disney's Animal Kingdom Theme Park," *Walt Disney World*. Accessed May 17, 2016. Online.

———. "Migratory Birds—Disney Animals." *Walt Disney World*. Accessed May 17, 2016. Online.

———. "Disney Animals." *Walt Disney World*. Accessed May 17, 2016. Online.

Zavaleta, Erika S., Richard J. Hobbs, and Harold A. Mooney. "Viewing Invasive Species Removal in a Whole-Ecosystem Context." *Trends in Ecology & Evolution* 16.8 (2001): 454–59. Print.

第五章

Bloch, Nadine. "Of Monarchs and Migrants: The Arts of the Immigrant Movement." *Waging Non-Violence*, Paril 10, 2013. http://wagingnonviolence.org/feature/of-monarchs-andmigrants-the-arts-of-the-immigration-movement//

Bright, Deborah. "The Machine in the Garden Revisited: American Environmentalism and Photographic Aesthetics." *Art Journal* vol. 51, no. 2 (Summer 1992): 60–71.

Cardozo, Karen and Banu Subramaniam. "Assembling Asian/American Naturecultures: Orientalism and Invited Invasions." *Journal of Asian American Studies* vol. 16, no. 1 (February 2013): 1–23.

Cardozo, Karen and Banu Subramaniam. "Truth is Stranger: The Postnational 'Aliens' of Biofiction." In *The Postnational Fantasy: Nationalism, Cosmopolitics and Science Fiction*. Masood Raja, Swaralipi Nandi, Jason W. Ellis, eds. Jefferson, NC: McFarland Press, 2011.

Cronon, William. "The Trouble with Wilderness, or, Getting Back to the Wrong Nature." In *Uncommon Ground: Rethinking the Human Place in Nature*. New York: W. W. Norton & Co., 1995. 69–90.

Foale, Simon, and Martha Macintyre. "Green Fantasies: Photographic representations of biodiversity and ecotourism in the Western Pacific." *Journal of Political Ecology* vol. 12 (2005): 1–22.

Gernsheim, Helmut. *Creative Photography: Aesthetic Trends 1939–1960*. London: Faber & Faber 1962.

Grese, Robert, ed. *The Native Landscape Reader*. Amherst: University of Massachusetts Press, 2011.

Haraway, Donna. *How Like a Leaf: An Interview with Thyrza Nichols Goodve*. New York: Routledge, 1999.
（ダナ・ハラウェイ＋シルザ・ニコルズ・グッドイヴ／高橋透＋北村有紀子訳『サイボーグ・ダイアローグズ』水声社、二〇〇七年）

Hardman, Jesse. "Growing up Undocumented." *AlJazeera America*, October 8, 2013. http:// america.aljazeera.com/articles/2013/10/8/growing-up-undocumented.html.

Hartmann, Betsy, Banu Subramaniam, Charlez Zerner. *Making Threats: Biofears and Environmental Anxieties*. Lanham: Rowman & Littlefield, 2005.

Martinez, Michael, and Holly Yan. "Showdown: California Town Turns Away Buses of Detained Immigrants." *CNN*, July 3, 2014. http://edition.cnn.com/2014/07/02/us/californiaimmigrant-transfers/.

Murphy, Laura. "The Mexican 'Germ Invasion' is Just the Right's Latest Anti-Immigration Myth." *The Guardian*, July 2, 2014. https://www.theguardian.com/commentisfree/2014/jul/ 02/border-patrol-diseases-anti-immigration-myth.

Napolitano, Regina. "Julio Salgado's 'Queer Butterfly' featured in CAC's Art Series." *Daily Bruin*, November 6, 2014. http://dailybruin.com/2014/01/08/julio-salgados-queer-butterflyfeatured-in-cacs-art-series/.

Pollan, Michael. "Against Nativism." *New York Times* Magazine, May 15, 1994.

Shear, Michael D. "Obama Approves Plans to Let Children in Central America Apply for Refugee Status." *New York Times*, September 30, 2014.

Slobodkin, L.B. "The Good, the Bad and the Reified." *Evolutionary Ecology Research* 3 (2001): 1–13.

Sontag, Susan. *On Photography*. London: Penguin Books, 1977.（スーザン・ソンタグ／近藤耕人訳『写真論』晶文社、一九七九年）

Subramaniam, Banu. "The Aliens Have Landed! Reflection on the Rhetoric of Biological Invasions." *Meridians: Feminism, Race, Transnationalism* vol. 2, no. 1 (2001): 26–40.

———. *Ghost Stories for Darwin: The Science of Variation and the Politics of Diversity*. Urbana: University of Illinois Press, 2014.

Tomes, Nancy. "The Making of a Germ Panic, Then and Now." *American Journal of Public Health* 90, no. 2 (2000): 191–99.

Wolschke-Bulmahn, Joachim. *Nature and Ideology: Natural Garden Design in the Twentieth Century*, vol. 18: 11–19. Washington, DC: Dumbarton Oaks Research Library and Collection.

第六章

Brown, Kara. "The Problem With Calling Women 'Females.'" *Jezebel*. February 5, 2015. Accessed on April 15, 2015, at http://jezebel.com/the-problem-with-calling-womenfemales-1683808274.

Clayton, Tracy and Heben Nigatu. "6 Reasons You Should Stop Referring to Women as 'Females' Right Now." *Buzzfeed*. October 8, 2014. Accessed on April 15, 2015, at https:// www.buzzfeed.com/tracyclayton/stop-calling-women-females?utm_term=.dwJKYg0N0P#. vr0OowgMge.

Corn, M. Lynne and Renée Johnson. *Invasive Species: Issues in Brief. Congressional Research Service*. May 22, 2015.

Clout, Mick N. and Peter A. Williams. "Introduction." *Invasive Species Management: A Handbook of Principles and Techniques*. Eds. Mick N. Clout and Peter A. Williams. New York: Oxford University Press, 2009.

Dilsaver, Lary. *Cumberland Island National Seashore: A History of Conservation Conflict*. Charlottesville:

University of Virginia Press, 2004.
Edelman, Lee. *No Future: Queer Theory and the Death Drive. Durham*, NC: Duke University Press, 2004.
Fleming, Patricia and Phillip Bateman. "The Good, The Bad, and the Ugly: Which Terrestrial Australian Mammal Species Attract the Most Attention." *Mammal Review* (2016): np, DOI: 10.1111/mam.12066.
Foucault, Michel. *Society Must Be Defended: Lectures at the College De France 1975–1976*. New York: Picador, 2003.（ミシェル・フーコー／石田英敬＋小野正嗣訳『社会は防衛しなければならない——コレージュ・ド・フランス講義１９７５－１９７６年度』筑摩書房、二〇〇七年）
Happ, Leslie. "Horse Power." *National Parks* (September/October 1997).
Keller, Robert. "Ecological Separation without Hydraulic Separation: Engineering Solutions to Control Invasive Common Carp in Australian Rivers." *Invasive Species in a Globalized World: Ecological, Social & Legal Perspectives on Policy*. Eds. Reuben P. Keller, Marc W. Cadotte, and Glenn Sandiford. Chicago: The University of Chicago Press, 2015.
Lorimer, James. "Nonhuman Charisma." *Environment and Planning D: Society and Space* (2007).
Pearce, Fred. *The New Wild: Why Invasive Species Will Be Nature's Salvation*. Boston: Beacon Press: 2015.（フレッド・ピアス／藤井留美訳『外来種は本当に悪者か？——新しい野生　ＴＨＥ　ＮＥＷ　ＷＩＬＤ』草思社、二〇一六年）
Seabrook, Charles. *Cumberland Island: Strong Women, Wild Horses*. Winston Salem, NC: John F. Blair Publishing, 2004.
Subramaniam, Banu. "The Aliens Have Landed! Reflections on the Rhetoric of Biological Invasions." *Meridians* 2.1 (2001): 26–40.
Turner, Monica and Susan Bratton. "Fire, Grazing, and the Landscape Heterogeniety of a Georgia Barrier Island," in *Landscape Heterogeneity and Disturbance*, ed. Monica Turner. New York: Springer, 1987.
Watson, Tom. "Wilderness and Wild Horses Collide." *USA Today*, June 27, 1995.
Wright, Hal and Lawrence, Rhett. "Feral Animals on Cumberland Island." Accessed March 16, 2015, at http://wildcumberland.org/?page_id=670.

第七章

Bercovitch, Sacvan. *The American Jeremiad*. Madison: University of Wisconsin Press, 1978.

Buehler, Daniel O. "Permanence and Change in Theodore Roosevelt's Conservation Jeremiad." *Western Journal of Communication* 62.4 (1998): 439–58.

Buell, Lawrence. *The Environmental Imagination: Thoreau, Nature Writing, and the Formation of American Culture*. Cambridge: Belknap Press of Harvard University Press, 1995.

Burke, Kenneth. *Language and Symbolic Action*. Berkeley: University of California Press, 1966.

Callicott, J. Baird. "Turning the Whole Soul: The Educational Dialectic of A Sand County Almanac." *Worldviews* 9.3 (2005): 365–84.

Callicott, J. Baird. "The Worldview Concept and Aldo Leopold's Project of 'World View' Remediation." *Journal for the Study of Religion, Nature and Culture* 5.4 (2011): 510–532.

Colautti, Robert I., and High J. MacIsaac. "A Neutral Terminology to Define 'Invasive' Species." *Diversity and Distributions* 10 (2004): 135–41.

Court, Franklin E. *Pioneers of Ecological Restoration: The People and Legacy of the University of Wisconsin Arboretum*. Madison: University of Wisconsin Press, 2012.

Flader, Susan L. *Thinking Like a Mountain: Aldo Leopold and the Evolution of an Ecological Attitude Toward Deer, Wolves and Forests*. Madison: University of Wisconsin Press, 1994 (1974).

Graber, Linda. *Wilderness as Sacred Space*. Washington, DC: Association of American Geologists, 1976.

Holy Bible, King James version. Cambridge Edition. *King James Bible Online*. 2014 (1769). http://www.kingjamesbibleonline.org/.

Jordan, William R. *Our First 50 Years: The University of Wisconsin Arboretum, 1934–1984*. Madison: University of Wisconsin Arboretum, 1984.

Jordan, William R., and George M. Lubick. *Making Nature Whole: A History of Ecological Restoration*. Washington, DC: Island Press, 2012.

Killingsworth, M. Jimmie, and Jacqueline S. Palmer. *Ecospeak: Rhetoric and Environmental Politics in America*. Carbondale: Southern Illinois University Press, 1992.

Leopold, Aldo. "The Arboretum and the University."

Parks & Recreation 28 (1934): 59–60.

———. *A Sand Country Almanac, and Sketches Here and There*. London: Oxford University Press, 1968 (1949).（アルド・レオポルド／新島義昭訳『野生のうたが聞こえる』講談社、一九九七年）

———. "What is the University of Wisconsin Arboretum, Wild Life Refuge, and Forest Experiment Preserve?" In *Our First 50 Years: The University of Wisconsin Arboretum 1934–1984*. Madison: University Wisconsin-Madison Arboretum, 1984 (1934).

Meine, Curt. *Aldo Leopold: His Life and Work*. Madison: University of Wisconsin Press, 1988.

———. "Leopold, Aldo (1887–1949)." In *The Encyclopedia of Religion and Nature*, Bron R. Taylor, ed., 1005–1008. London: Thoemmes Continuum, 2005.

Opie, John, and Norbert Elliot. "Tracking the Elusive Jeremiad: The Rhetorical Character of American Environmental Discourse." In James G. Cantrill and Christine L. Oravec, eds., *The Symbolic Earth: Discourse and Our Creation of the Environment*, 9–37. Lexington: University Press of Kentucky, 1996.

Oravec, Christine L. "To Stand Outside Oneself: The Sublime in the Discourse of Natural Scenery." In *James G. Cantrill and Christine L. Oravec, eds., The Symbolic Earth: Discourse and Our Creation of the Environment*, 58–75. Lexington: University Press of Kentucky, 1996.

Sachse, Nancy D. A *Thousand Ages: The University of Wisconsin Arboretum*. Madison: University of Wisconsin Press, 1965.

Taylor, Bron. "Editor's Introduction: Encountering Leopold." *Journal for the Study of Religion, Nature and Culture* 5.4 (2011): 393–96.

Ulman, H. L. "'Thinking Like a Mountain': Persona, Ethos, and Judgment in American Nature Writing." In Carl G. Herndl and Stuart C. Brown, eds., *Green Culture: Environmental Rhetoric in Contemporary America*, 46–81. Madison: University of Wisconsin Press, 1996.

University of Wisconsin-Madison Arboretum. University of Wisconsin-Madison Arboretum. *University of Wisconsin-Madison*. 2014. http://uwarboretum.org/.

Van Horn, Gavin. "The (Religious) Naturalist's Eye: An Introduction to 'Aldo Leopold: Ethical and Spiritual Dimensions.'" *Journal for the Study of Religion*, Nature and Culture 5.4 (2011): 397–409.

Van Wieren, *Gretel. Restored to Earth: Christianity, Environmental Ethics, and Ecological Restoration*. Washington, DC: Georgetown University Press, 2013.

Willard, Barbara E. "Rhetorical Landscapes as Epistemic: Revisiting Aldo Leopold's A Sand County Almanac." *Environmental Communication* 1.2 (2007): 218–35.

Worster, Donald. *The Wealth of Nature: Environmental History and the Ecological Imagination*. New York: Oxford University Press, 1993.（ドナルド・ウォスター／小倉武一訳『自然の富——環境の歴史とエコロジーの構想』農山漁村文化協会、一九九七年）

Zulick, Margaret D. "The Agon of Jeremiah: On the Dialogic Invention of Prophetic Ethos." *The Quarterly Journal of Speech* 78.2 (1992): 125–48.

第八章

"Aquatic Invasive Species." *U.S. Fish and Wildlife Service*. November 2, 2015. https://www. fws.gov/Fisheries/ANS/index.html.

"Bee." *Encyclopedia Britannica*. https://www.britannica.com/animal/bee.

Bowman, David. Qtd. in Liza Gross, "Eucalyptus: California Icon, Fire Hazard and Invasive Species." *KQED.org*. http://ww2.kqed.org/science/2013/06/12/eucalyptus-california-iconfire-hazard-and-invasive-species/.

Carey, Peter. *Collected Stories*. London: Faber & Faber, 1996.

Collins, Richard. "Cuckoos are Hard Workers." *Irish Examiner*. August 9, 2010.

Davies, N. B. Cuckoos, *Cowbirds, and Other Cheats*. London: T. & A. D. Poyser, 2000.

Dawkins, Richard. *The Selfish Gene*. 2nd Edition. Oxford: Oxford UP, 1990.（リチャード・ドーキンス／日高敏隆＋岸由二＋羽田節子＋垂水雄二訳『利己的な遺伝子』紀伊國屋書店、二〇一八年）

Douglas, Mary. *Purity and Danger*. London: Routledge, 1966.（メアリ・ダグラス／塚本利明訳『汚穢と禁忌』筑摩書房、二〇〇九年）

Edelman, Lee. *No Future*. Durham: Duke UP, 2004.

Ellis, Samantha. "Cuckoo Birds: Con Men of the Sky." *Global Animal*. April 24, 2011.

Fears, Darryl. "Tracking Pythons May Provide Clues to Vanishing Wildlife." *Seattle Times*. April 28, 2012.

James, Simon P. "'Nothing Truly Wild is Unclean': Muir, Misanthropy, and the Aesthetics of Dirt." *Environmental Ethics* 36 (Fall 2014): 357–63.

Johnsgard, Paul. *The Avian Brood Parasites: Deception at the Nest*. Oxford: Oxford UP, 1997.

Muir, John. *My First Summer in the Sierra*. Boston: Houghton Mifflin, 1911.

White, Patrick. *Flaws in the Glass*. London: Vintage, 1998.（ジョン・ミューア／岡島成行訳『はじめてのシエラの夏』宝島社、一九九三年）

Woodward, Susan L. and Joyce Quinn. *Encyclopedia of Invasive Species: From Africanized Honey Bees to Zebra Mussels*. Santa Barbara, CA: Greenwood, 2011.

訳者あとがき

奄美大島のマングースたちが姿を消そうとしている。かつて東京大学の動物学者・渡瀬庄三郎の軽率な思い付きにより、農家を悩ませる毒蛇のハブを退治する目的で大々的に同島へ持ち込まれ、「期待の星」とまで謳われたマングースは、[*1]実のところハブを襲わず、代わりにアマミノクロウサギをはじめとする島の希少種を捕食することから生態系の脅威と目された。かくして、かれらは一九九三年以降、一方では「ハブ対マングース」のような観光事業の見世物に利用される傍ら、[*2]自然界に放たれた集団は「侵略的」外来種として始末されることとなる。二〇〇〇年にはおよそ一万匹に達したマングースたちも、各種の罠や探索犬、殺鼠剤を含ませた毒餌の使用によって推定五〇匹以下に数を減らし、計画では二〇二二年までに島から根絶されるという。

熊本県の宇土半島では、タイワンリスの撲滅事業が進められている。同種は一九九〇年代に動物

＊1　五箇公一「マングースはハブと闘わない　有害外来生物をつくり出した学者の責任」THE PAGE, https://thepage.jp/detail/20160502-0000013-wordleaf?page=3（二〇一八年八月二五日アクセス）。なお、同記事によれば、渡瀬庄三郎はウシガエルやアメリカザリガニの移入にも責任がある。

＊2　ハブ対マングースの見世物は動物虐待ということで二〇〇〇年に禁止されたが、現在でも観光施設では昔の対決映像が用いられ、ハブを使ったショーが行われている。

園へ持ち込まれた後、脱走して農作物や電線を損ない、おそらくは生態系にも甚大な被害をもたらすと危ぶまれたこともあって、徹底的な駆除政策の対象となった。「半島への封じ込め」と「半島からの根絶」という二段構えの戦略のもと、報奨金制度、猟友会の動員、箱罠・疑似餌・誘引餌の使用、捕獲専門員の投入が行われ、生息数は往時の一〇〇分の一近くにまで落ちた。根絶の目途は二〇二〇年度末とされている。

このほか、千葉県や伊豆半島では動物園から脱走した鹿の外来種キョンの撲滅へ向け、監視カメラやGPS装置を駆使した生態調査が進められている。農作物の受粉用に持ち込まれたセイヨウオオマルハナバチは、在来種のマルハナバチを脅かすとの理由から結局は「侵略的」外来種と目され、農家には引き続き産業利用が許可される状況の中、野生化集団は幼虫の成長阻害といった化学的手法によって根絶されることとなった。水系に目を移せば、食用・娯楽・飼育を目的に導入された無数の生物——アカミミガメ、カミツキガメ、ブラックバス、アリゲーターガー、さらに近年ではアメリカザリガニまで——が、生態系への脅威ということで駆逐対象にされている。

外来種の言説はほぼ例外なく、脅威とみた動植物の「強い生命力」や「旺盛な繁殖力」を執拗に強調し、農林被害や生態系破壊を防ぐという大義名分のもと、その殺戮を正当化する。特に生態系破壊を危惧する文脈では、外来の動植物が生態系を破壊するのか、それともただ人の手で破壊された生態系の空白にかれらが収まるだけなのかも検証不充分なままに[*3]、在来種の減少と並行する外来種の繁栄が「侵略」や「侵入」と形容され、あらゆる科学的手法や人海戦術、さらには「封じ込め」を用いた掃討作戦が展開される。遺伝資源ないし観光資源としての価値を付与した在来種の生を保障すべく、抹殺による集団管理を図る環境政策の戦略とレトリックには、経済原理と結び付いた人間中心主義の自然観、そして生態系に適用された生政治の論理が明確に見て取れる。この現行の政策が宿す暴力性を前にして、外来種と称される生きものをも含めた自然界の成員らと、より健全な関係を取り結ぶための指針を示すことは、動物－環境倫理学の急務といえるだろう。

本書は外来種駆除の根幹をなす軍事的・排外的論理を問い直し、動植物との共存へ向けた関係刷新の道を探る論考集である。「侵略的」外来種の敵視と撲滅が、人間社会にみられる排外主義や外部者嫌悪を反映しているのではないか、との懸念は、民間の声として時折ささやかれることがあった。しかしながらこれまでのところ、当の根絶政策に対する批判は自然科学的な観点からのものが多数を占め、有害生物の指定にみられる恣意性や、侵略者と目された種の生態学的効用――すなわち手段的価値――が強調される一方、政策の根底にある精神性は充分に問われてこなかった感がある。本書は人文学の成果をもとにこの溝を埋める点で、独特の貢献を果たすものと期待される。

近年、生命・社会・自然をとりまく諸問題の複雑さや、その背景にある世界観・人間観の複雑さに対する認知から、学問分野の壁を越えた知と方法論の統合を目指す学際的・領域横断的研究の必要性が各方面で唱えられているが、本書はその中でも、動物倫理学を中心に据える批判的動物研究

＊3　ケン・トムソン／屋代通子訳『外来種のウソ・ホントを科学する』築地書館、二〇一七年。

(critical animal studies) と、環境問題論を中心に据える環境人文学 (environmental humanities) の接点に位置する。両者はそれぞれ、既存の動物研究、既存の人文学が、実践性を離れた理論的考究に終始していることへの反省を踏まえ、現実の問題を克服するための理論展開を目指す。[*4] 本書の執筆陣もこの基本軸に則り、哲学、修辞学、文芸批評、脱植民地化論、メディア研究、フェミニズムなど、多岐にわたる分野の知見を結集して、外来種言説の転換を試みる。言い換えれば、それは個別具体的な政策に先立ち、そのあり方を左右する価値観・生命観・自然観の刷新、ひいては世界解釈の刷新である。

動物をめぐるレトリック

批判的動物研究では、動物に関わる用語法やレトリックの抑圧的性格が論じられてきた。例えば、動物は「彼/彼女 (he, she, who)」ではなく「それ (it, which)」と称され、水生生物の死体は「水産物 (seafood)」と称される。畜産利用される動物 (farmed animals) は「家畜 (livestock)」、もしくは動物自身が畜産事業の主体であるかのように「畜産動物 (farm animals)」と称される。[*5] 屠殺 (slaughter) は動物殺しのニュアンスを消し去った「食肉処理 (meatpacking)」という語で置き換えられる。同様の言語操作は日本語にもみられ、動物はやはり「それ」呼ばわりされ、海の生きものは「海洋資源」、屠殺は「と畜」、飼い主に棄てられた犬猫の殺処分装置は「ドリームボックス」と称される。語りの次元に目を移せば、屠殺場で動物を殺すことは「命を解く」、殺された動物の身体片を食べることは「命をいただく」と表現される。これらのレトリックはいずれも、動物のモノ化・商品化を反映しかつ補強し、動物産業における人為の介在を隠蔽し、それによって動物利用に伴う生産者や消費者の罪悪感を抹消する。世に蔓延するこのような言語習慣が、資本主義社会における果てしない動物搾取と動物殺害を肯定する風潮へと結び付くことは疑えない。

人為の隠蔽や罪悪感の抹消へ向かうこのような言語上の詐術が外来種問題に応用されると、侵略の言説が生まれる。本来、人間の身勝手で持ち込まれた動植物を侵略者とみなすのがナンセンスであることは誰にでも理解でき、外来種駆除の唱道者であってもその点は否定しない。しかし問題な

＊4　批判的動物研究の理念については Anthony J. Nocella II, John Sorenson, Kim Socha, and Atsuko Matsuoka ed., *Defining Critical Animal Studies: An Intersectional Social Justice Approach for Liberation*, Peter Lang Publishing, 2013 を参照。環境人文学については結城正美「環境人文学の現在」（野田研一＋山本洋平＋森田系太郎編『環境人文学Ⅱ――他者としての自然』勉誠出版、二〇一七年所収）を参照。

＊5　ダナ・ハラウェイの議論に代表されるごとく、近年の人間動物関係学では、人間による動物利用が人と動物の「協働」と捉えられ、人間との関係において動物があたかも主体的に振る舞うかのごとく記述されることがあるが、こうした概念化は、絶えず動物の主体性を否定する動物利用の現実を歪曲し、その背景にある支配構造を隠蔽する表現でしかない。そのナンセンスは例えば、強姦や売買春を男女の協働と称する例を考えてみれば明白となる。批判的動物研究は、主体性を捏造して搾取を肯定するような、かかる学的欺瞞を批判する。例えば Zipporah Weisberg, "The Broken Promises of Monsters: Haraway, Animals, and the Humanist Legacy," *Journal for Critical Animal Studies*, vol. 7, no. 2 (2009) を参照。

のは、行動を起こすに際しそのナンセンスが事実上まったく顧みられないことであり、現実の政策はむしろ、ナンセンスな言葉で規定された構図通り、まさに侵略者に対する軍事作戦の様相を呈する。ちょうど言葉の次元で動物殺しのニュアンスを消し去れば肉食の倫理問題が人びとの思考から遠のくように、言葉の次元で外来種を「侵略者」に仕立てれば、少なくとも表面上は人間の責任を棚に上げ、殺戮に伴う罪悪感を軽減できるということだろう。それは「害虫」「害獣」「有害生物」などの語にもいえることで、これらはつまるところ、自然のあり方や生命の営みに適応できない人間の文化・文明の欠陥を、動植物の責任へと摩り替えることで成り立つ概念に過ぎない。かかる責任転嫁は常に「害」をなす生物の抹殺を正当化する。

通俗的な文脈ではこれに加え、グロテスクな言葉の遊戯が生じる。大衆メディアでは、外来種をはじめ人間の管理下を逃れた動物たちが「最凶」生物、「お騒がせ」動物、さらにより低俗なところでは「生態系の破壊王」などと形容される。他方、外来種の捕獲や駆除に当たる作業チームは「マングースバスターズ」や「キョンとるず」といった滑稽な名称を持つ。外来種の捕獲を呼びかけるポスターにはしばしば賞金首を意味する「WANTED」の字が並ぶ。映画・漫画・ゲーム文化から輸入されたと思しきこれらの冗談めかした表現は、撲滅政策の文脈を戯画化し、人間が動植物の生命を翻弄するという悲惨な現実を、軽々しい茶番へと下落させる。深刻な現実の転倒は笑いを誘う基本手法であり、笑いの要素によって緊張を解きほぐす戯画的表現は、暴力と殺戮に伴う人びとの問題意識をますます希薄なものとする。

侵略のレトリックがあからさまなナンセンスでありながら国際的に通用するのは、それが罪悪感を軽減するだけでなく、心理学でいうところの投影としての要素を含むからかもしれない。マージョリー・スピーゲルは、アメリカ史上の黒人奴隷制と現代における動物利用の共通性を明かした名著『恐るべき比較』の中で、「不合理な恐れ」について論じる。それによれば、人は自身の内に宿る「不合理」な要素――激情、性衝動、暴力衝動など――を恐れ、抑え込もうとする。が、同時に人は自己の一部である不合理を知りたいと願い、他者にそれを投影する。「そこで、しばしば黒人女性を強姦していた南部白人男性らは、黒人男性を白人女性の強姦魔と描いた」[*6]。そして、この負の要素を投影した他者を蔑み苛むことで、虐待者はみずからの内にある忌まわしい本性を象徴的に破壊しようと努めるのだとスピーゲルは分析する[*7]。

この心理的旋回を念頭に置けば、侵略のレトリックは完全に筋が通る。すなわち、開発のもとにあらゆる土地の固有種と原風景を葬り、無数の生物を故意に無闇に元の生息地から連れ去り、都市人口の増加に伴うスプロール化によって際限なく山野を侵食し、害獣とみた動物を片端から捕殺・焼却・埋却する私たちこそ、「旺盛な繁殖力」を誇る「侵略者」、「最凶」の「お騒がせ」な「生態系の破壊王」の称号にふさわしい。かような自画像は正視に堪えないので、この忌避すべき人間本

*6　エウリピデスの悲劇『バッコスの信女』に現れるペンテウスは、こうした願望を象徴的に体現する人物といえる。

*7　Marjorie Spiegel. *The Dreaded Comparison: Human and Animal Slavery*. Mirror Books/IDEA, 1997, p.98.

性を動植物に投影したがるのは至極道理といえる。「侵略的」外来種は私たちの鏡像であり、その根絶は破壊者たる人間＝ホモ・エヴェルソルの象徴的殺害にほかならない。だからこそ侵略のレトリックは、その反知性的な歪《いびつ》さにも拘らずかくも容易に受け入れられるのだろう。

排斥の境界線

ただし、外来種の言説を分析する上では、レトリックの機能もさることながら、そこに含まれる排外主義にも目を向ける必要がある。元来は共同体の安定や統一を保つために生まれたと思われる境界設定の精神性は、結果として共同体内における浄化の論理となり、各社会のイデオロギーによって非市民とみなされた諸々の「他者」——女性、障害者、有色人種、等々——の迫害へと向かった。それは純然かつ十全たる「人間」の条件を、常に非人間との差別化において規定し続けてきた人間学の所産ともいえる。人間と非人間を分かつ観念上の境界線は、皮肉にも人間集団の非人間化に用いられた。非人間の概念の中核をなす存在が人外の動物であることを思えば、境界線の彼岸に置かれた者たちがしばしば動物的存在として扱われるのも驚くには当たらない。そして「人間／動物」の二元論は、「文化／自然」「秩序／混沌」「合理／不合理」といった二項対立と照応するため、非人間化、すなわち動物化された人間集団は、往々にして混沌や不合理といった属性——あるいはフロイト的な意味での「不気味さ」——とともに表象される。魔女狩り時代の女性、奴隷制時代の黒人、ナチス時代のユダヤ人はいずれもその例に数えられよう。

排外主義においては、物理的な国境線そのものが人間と非人間、市民と非市民を分かつ境界線として機能する。国境線は国家《ポリス》と法律《ノモス》の閾《しきい》であり、つまりは統治者の管理空間を示す標識でもある。市民と認められた者はその統治・管理の「内」にあって共同体の安定を守り保つ存在と想定される。他方、外国人とみなされた者は、統治と管理の「外」に位置し、安定や秩序を脅かす存在と目される。すなわち「外国人」は共同体の内にいながら共同体を統べる法の外にいる存在とされる。したがって主権者は秩序の維持を目的（あるいは口実）に、外国人を文字通り「法の外」、すなわち例外状態に置く。その極北をなす一例が日本の入国管理局で、各地に点在するその収容所には母国での迫害や紛争から逃れてきた人びとが「不法」入国者として幽閉され、医薬品の服用も許されず廃物同然の食事を支給される劣悪環境の中、衰弱や死亡、さらには自殺に追い込まれている。往々にして「モノ扱い」と譬えられるその生活は、まさに保護も権利も尊厳も奪われた非人間的な生、剝き出しの生にほかならない。生政治的な例外状態のもと、非人間化された外国人はゾーエー、すなわちただ生きているだけの生を許され、力尽きれば死へ棄て去られる。

では、外来種はどうなのか。動物はもとより非人間化され、国境内部に属する者であっても内在的価値を否定される。動物の法的地位は人格ではなく財産であり、工場式畜産や動物実験に象徴されるごとく、かれらには初めから剝き出しの生しか与えられない。日本固有の野生動物ですら、シカやイノシシ、スズメバチの境遇を見れば分かるように、主権者たる人間の思惑によっていとも簡単に抹殺される。しかしながら、キンバレー・クレンショーらによる交差性（intersectionality）の理論が明らかにした通り、種々の抑圧カテゴリーは重なり合う。侵略者と目された外来種は、「人間／動物」「在来／外来」という二重の境界線によって独自の逆境に置かれる。すなわち、かれらは財産ですらない。在来種は少なくとも一定の「資源的」価値を認められ、絶滅に瀕すれば大抵は人間の保護下に置かれる（それが当の動物にとって良いことかどうかは別として）。「侵略的」外来種はそれに対し、生態系を損なう有害物質、あるいは汚染物とみられ、徹底的な根絶の対象となる。在来種が「生かす権力」のもとに囲い込まれるのだとすれば、外来種はそれと連動する「殺す権力」、すなわち剣の制裁に委ねられる。

共同体成員の保護を名目とする排斥の政治学では、恐怖の動員が大きな役回りを演じる。[*8] 移民や外国人を犯罪、雇用喪失、全体的な生活の質の低下に結びつける言説は北側諸国に広くみられる。震災やテロ事件が起きた後には十中八九、国内の特定民族集団による陰謀を示唆するデマが横行する。LGBT差別で悪名を轟かせた新潮社は、『週刊新潮』で「ベトナム人犯罪ネットワーク」の脅威を論じた。[*9] 人外の外来種をめぐる言説もこれに似て、生態系の荒廃や人間社会の攪乱など、およそ人間自身を除いては何者もなしえないと思われる犯罪の責任を、問題の動植物――生態系の中でみれば少数派の存在――に帰す。これらの文脈において、非人間化された人間と人外の越境者たちが、混沌や不合理の象徴として描かれる点は注目されてよい。かれらは「人」知のおよばない闇に潜む危険分子と目され、災厄をもたらすその力は超自然を思わせるほどに誇張される。「不気味なもの」の表象には時代を超える共通性がみられ、水面下で悪事を企む異端集団のイメージは、サバトに集う魔女の姿を髣髴させる。加えて、排外主義の言説が往々にして外部者の急増を憂える繁殖の脅威論と一体になる事実を思えば、そこに非人間化と女性化を融合させる男性原理の働きを見て取ることができよう。[*10]

さらに、大衆社会では外部者を標的とした魔女狩りが一種の娯楽産業を形づくる。フジテレビ系で放送された『タイキョの瞬間！ 密着24時』や、テレビ東京で放送された『密着！ ガサ入れ』などは、入国警備官による「不法就労者」の摘発を勧善懲悪のエンターテイメントに仕立て上げた。

＊8 恐怖の言説は為政者みずからが唱えることもあれば、逆に民間の排外主義者が広めたそれを政権が利用することもあり、こうした両者の共生関係が生政治的な死の産出を支える。

＊9 『週刊新潮』2018年10月25日号。

＊10 抑圧対象を女性的存在として表象する父権的レトリックの分析はエコフェミニストらによって進められた。例えばCarolyn Merchant, *The Death of Nature: Women, Ecology, and the Scientific Revolution*, Harper, 1990を参照。キャロル・A・アダムズは、父権的序列の中で男性は「女性、（女性化された）男性、および（女性化された）動物」に対し権力を行使すると述べる。Carol J. Adams, "Woman-Battering and Harm to Animals," in Carol J. Adams & Josephine (eds.), *Animals and Women: Feminist Theoretical Explorations*, Duke University Press, 1995, p.80. なお、同じ構造は人口爆発を警告する議論にもみられる。教育と避妊具の行き届かない途上国の人びとは「無計画」に子を産んで世界を滅ぼす、とでも言いたげな人口爆発の議論は、「無秩序」に増える外来種が生態系を滅ぼすというシナリオとほぼ変わらない。増殖への恐怖に始まるこの黙示録は、途上国での避妊促進に代表される「個体数調整」の生政治へと行き着く。

NHKの『クローズアップ現代＋』は社会派の体裁を装いつつ、難民申請者を就労ビザ目的の「たかり」のごとく報じた。[*11] 一方、外来種駆除を扱うテレビ東京の人気番組『緊急SOS！ 池の水ぜんぶ抜く大作戦』は、「怪物ウナギ」や「凶暴カミツキガメ」による生態系破壊を訴え、その捕獲をあたかもモンスター採集ゲームのごとく愉快に描く。これらの番組はいずれも、日本へ渡ってきた越境者たち――人間と人外と――の負う社会的背景を一切説明せず、また退去や捕獲によってかれらが辿った運命も一切説明せず、ただ「物語の中途《メディアス・レース》」のみを体よく切り出すことで、視聴者に嗜虐的な楽しみを提供する。あえてこれに似た現象を他に探し求めるとすれば、有色人種を狙うリンチを措いてないだろう。そして、外国人弾圧の番組に入国管理局が協力し、『池の水ぜんぶ抜く大作戦』に環境大臣が賛辞を贈ることから如実に知られるように、これらの私刑は国家によって合法的暴力に分類される。排外主義の文脈における外部者とは、身体が法の統治空間たる国境内にありながら、帰属は国境線の外、法の外にある存在であり、例外状態に置くことこそがそのふさわしい扱いとなる。ゆえに主権の担い手たる市民＝人間がかれらに対しなしうることにはほぼ何らの制約もない。

認識と関係の刷新へ向けて

人間活動の激化に伴う環境変動により、地球は今や人新世と称する新たな時代を迎えたといわれる。地球温暖化や生息地破壊の進行を背景に、動植物は生き残りを懸けてみずから新天地を目指し、土地の荒廃や増加する資源紛争を背景に、人間もまた他国へ渡ることを余儀なくされている。かたやグローバル資本主義は国境を越えた物質輸送を促し、商品化された生命——人外と人間と——を世界全土に拡散する。閉じられた共同体の概念を揺るがすこの移動の世紀において、種を超えた排外主義は弱まるどころかいやましに強まっている。法的保護に値する者の境界線を定める主権の力は、正統な帰属の境界線を定める国境論理と混ざり合い、共同体内の純性を維持することへ向けた生政治的企てによって、無数の越境者たちを死地に陥れてきた。

「侵略的」外来種の撲滅政策には、移動する生命の現実に逆らい、人間と人外の飽くなき他者化を押し進める抑圧原理が凝集されている——帰属を根拠に身体の読み解きを左右する定住植民地主義の思考法（第三章）、ユートピアへの回帰を目指す歴史幻想（第四章）、繁殖の脅威論（第六章）、それに静的共同体の想定（第八章）などである。種を超えた排外主義を支えるこれらの枠組みを解体する試みは、生命の宿す移動性に新たな光を当て、受容と共存の可能性を開くことに繋がるだろう。すなわち、外来種言説の分析と批判は、越境する動植物自身の扱いもさることながら、外部者とみられた人間集団の扱いを根本の次元から問い直す上でも不可欠となる。両者に対し用いられる

＊11　これらの番組を詳しく検証し批判した記事として、LITERA『フジテレビだけじゃない！　テレ東、NHKでも差別まがいの入管PR番組！　外国人排斥を煽る安倍政権の入管強化政策』（https://lite-ra.com/2018/10/post-4306.html）を参照されたい（二〇一八年一一月一三日アクセス）。

レトリックがしばしば絡み合うことから分かるように、その抑圧原理は同根かつ相補的関係にあり、私たちは人間と人外、双方の境遇をともに考える必要がある。[*12]

無論、生命の移動性を積極的に評価する態度と、意図的な移動を推進する態度は区別されなければならない。本書ではもっぱら、変化を続ける地球の景観を構成する者として外来種の存在を認め、その共生の力を信じる姿勢が貫かれているものの、これは今後も人間の思うままに生物を移動させてよいという主張ではないだろう。著者らの議論は、資本主義と人間中心主義による生命支配への批判とともにある。したがってこれは産業的な生物移入の放任を認める立場とは違う。移動者／移住者の受け入れは新たな居所の提供となるが、みずから望まない移動を他者に強いる行いは、居所からの追放にしかならない。

越境者たちの迎え入れは、形式的な市民権の承認以上を含みうる。境界線の彼岸に置かれた者たちに真に寄り添うには、その境遇、苦悩、認識、世界観を受容できるだけの開かれた姿勢が伴っていなければならない。私たちはただ力なき被害者とみたかれらに同情するのではなく、かれらの経験をともに生きようと努める必要がある。異なる世界を生きる存在者たちへの気づきは、ゆえに私たちを多元論的思考へと導くだろう。非人間化された人びとや人外の生きものたちを念頭に置く時、それは「人間」という主体位置の脱中心化を意味する。私たちはかれらを「人間」の位に格上げするのではなく、みずから特権的な「人間」の地位を脱する。これは実践的な帰結を伴わずにはおかない。かような「人間」中心主義の克服を果たせば、正統とされた一握りの「人間」に資する主権的秩序——環境、制度、帰属、それに国境——は、根本から変容を迫られる。のみならず、私たちはともにこの人新世を生きる危うき生命たちの奮闘を、かれらの視点から手助けする務めを負うだろう。

越境する生命たちの運命は、科学と政治だけに委ねられる事柄ではない。それは文化の問題であり、言説の問題であり、正義と倫理の問題でもある。地球の荒廃が進み、帝国と資本の横暴が強まり、ますます多くの者たちが望むと望まざるとに関わらず「認められた帰属」の場を離れゆく現代という時代の中、私たちは人文知の結集によって、「外」から訪れる同胞たちとの共存を模索していかなければならない。侵略者との戦争という終わりなき悪夢を、歓待すべき客との邂逅へと変える道は、その絶えざる関係刷新の内にこそ見出される。

＊＊＊＊＊

最後に、訳語について触れておきたい。本書には人文学の生んだ多数の用語が現われる。読者の

＊12 迫害される人間と人外の動植物を「同列」に論じることは、前者の地位を貶める結果に繋がりかねないとして時に批判を受ける。しかし、似た境遇にあって、道徳的にも意味をなす差異がない者同士を、種の違いだけを根拠に分断するそのような思考こそが、まさに差別的な境界設定の精神性そのものであることを私たちは自覚しなければならない。この点について詳しくはゲイリー・L・フランシオン／井上太一訳『動物の権利入門——わが子を救うか、犬を救うか』（緑風出版、二〇一八年）を参照。

便宜を考え、これらのうち定着した訳語があるものについては、原則としてそれを用いた。が、訳者はいくらかの用語の既存訳に不満を感じるため、ここでそれらを指摘しておくこととする。

まず、ジョルジョ・アガンベンの anthropological machine（máquina antropológica）は、一般に「人類学機械」と訳される。しかしこの訳語は到底適切とは思えない。動物との差別化を通し、正統な人間の本質を定義してきたのは人間学の伝統であり、人類学はむしろそのような（ヨーロッパ的）人間像を相対化する役割を果たしてきた。アドルノとホルクハイマーは『啓蒙の弁証法』で次のように書いている。「ヨーロッパ史の中では、人間の理念は、動物との区別のうちに表現されている。……両者を区別することは、……古代ユダヤ人、ストア派、教父たち、さらには中世や近世を通じて、かたくなに、かつ異口同音に唱えられてきたものであり、西洋の人間学の基本をなす数少ない理念の一つである[*13]」〔傍点引用者〕。アガンベンもこうした認識をもとに人間の動物化を語っているのは明らかであり、それを踏まえるならば本用語はむしろ「人間学機械」と訳すべきだと考える。

次に、ドゥルーズ＝ガタリの用語 becoming（devenir）は「生成変化」と訳されるが、訳者の感覚からすると、この訳語は内容に比してあまりに響きが重々しく、どうにも意味が伝わりにくい。訳注でも述べたように、本文では名詞的用法を「生成変化」、動詞的用法を「成り変わる」と訳し分けたが、becoming の原義は単に「なること」なのだから、名詞的用法も「成り変わり」でよいのではないかと思う。

「クィア」「パースペクティヴィズム」「コスモポリティクス」など、一部の語はカタカナ表記で通用しているが、これは当該分野になじみのない人びとから語義理解の手がかりを奪い、ひいては学問の民主化を妨げる点で極めて有害な慣習である。本書では初出の際に漢字語を併記するなどして、なるべく謎めいたカタカナ語をそのまま使用することは避け、「クィア」のみを残したが、これも身体の性別を基準にした異性愛以外の性的指向を肯定的に概念化した語と考えれば、「多元愛」などと訳せるのではないか。

生物名は原則カタカナ表記とし、「メキシコアカボウシインコ」のみ、読みやすさを考え「メキシコ赤帽子インコ」とした。また、「豚」「馬」「蜜蜂」など、種名でないものは漢字表記にした部分もある。本来、生物名のカタカナ表記は科学分野の慣習であり、対象を客体化・物象化する含みがあるので、訳者としては抑圧的な表記法とみている。が、本書は「侵略種」を敢えて「侵略種」と記し、抑圧的な言語使用を明るみに出す方針をとっているので、その意図に鑑み、カタカナによる生物名表記を敢えて用いた次第である。

人称代名詞は男性に「彼」を、女性に「彼女」を、男女不定の者に「かれ」を対応させた。人外の動物には「それ」という代名詞を当てる習慣が定着しているが、先にも述べた通り、端的に言って種差別的言語以外の何ものでもないので、批判的動物研究に則る本書では用いていない。

＊13　ホルクハイマー、アドルノ／徳永恂訳『啓蒙の弁証法――哲学的断想』岩波書店、二〇〇七年、五〇六頁。

本書の訳出に当たっては、解釈上の不明点について上智大学のマイク・ミルワード先生に教えを請うこととなった。寄稿者のマシュー・カラーコ氏、レベカ・シンクレア氏、バヌ・スブラマニアム氏には、不明点に関し懇切な解説をしていただいた。以文社の大野真氏には、関連資料の提供から有益な助言の数々まで、多岐にわたってお世話になった。皆さまに心よりお礼申し上げたい。最後に、自然と生きものたちへの限りない愛を息子に吹き込んでくれた母に、いま改めて感謝の意を伝えたい。

二〇一八年一一月

井上太一

ケルシー・カミングス（Kelsey Cummings）　第六章
ピッツバーグ大学博士課程在籍（フィルム研究）. 新メディアと大衆文化を研究. オレゴン大学の修士課程（メディア研究）では, 携帯・オンライン少女ゲームのゲーム構成要素を分析する. 他の関心領域は, 現代のヒット作映画, テレビゲームの表象的・要素的性格, フィルム研究におけるフェミニズム理論と現象学の接点.

ケビン・カミングス（Kevin Cummings）　第六章
編者紹介を参照.

ケイシー・R・シュミット（Casey R. Schmitt）　第七章
レイクランド大学助教（コミュニケーション研究）. 原生自然と野生種の物語を中心に, 環境保護の語り, 生態学の論争, 民族学フィールドワークの研究とレトリック批評を行う. 査読を通した15の論文と寄稿文を執筆し, 全米コミュニケーション学会の環境コミュニケーション部門主幹に選ばれる.

マイカ・ヒルトン（Mica Hilson）　第八章
インディアナ大学ブルーミントン校, デポー大学, フランシス・マリオン大学で教員を務め, 現在, アルメニア・アメリカン大学助教（英語学・コミュニケーション研究）. 機関誌 *Doris Lessing Studies*, *Bookbird*,, *The Comparatist* や論集 *The Feminist and Queer Information Studies Reader* (2013), *Security and Hospitality in Literature and Culture* (2016) に論文を寄稿.

訳者紹介

井上太一（いのうえ・たいち）
翻訳家. 日本の動植物倫理・環境倫理を発展させるべく, 関連する海外文献の紹介に従事. デビッド・A・ナイバート『動物・人間・暴虐史』（新評論, 2016年）, マイケル・A・スラッシャー『動物実験の闇』（合同出版, 2017年）, ゲイリー・L・フランシオン『動物の権利入門』（緑風出版, 2018年）ほか, 訳書多数.
ホームページ:「ペンと非暴力」（https://vegan-translator.themedia.jp/）

わりを研究し，論文を発表．特に動物性，定住植民地主義，フェミニズムに強い関心を寄せる．注目される刊行予定の論文に Ted Toadvine and David Alexander Craig 編 *Animality and Sovereignty* 所収の “And Say the Animal Resisted? Derridian Biopolitics and the Problem with Species”, 近刊に Brianne Donaldson and Christopher Carter 編 *Future of Meat Without Animals* (2017) 所収の “The Sexual Politics of Meatless Meat” がある．過去の刊行物や今後の研究についてはウェブサイト rebekahsinclair.com で閲覧可．

アンナ・プリングル（Anna Pringle） 第三章
カナダ•ケベック州のティオティアーケ（モントリオール）に拠点を置く文筆家，活動家，アーティスト．コンコルディア大学でメディア研究の文学修士号を取得し，フェミニスト・メディア・スタジオの特別研究員を務める．卒業論文ではエネルギー安全保障，植民地主義の暴力，2000年代以降カナダのアルバータ州で拡大するタールサンド開発を考察．近年，共同制作の映画プロジェクトで，共同体の癒しに関するクィア・フェミニズムのＳＦ短編を収録. 現在はドキュメンタリー活動組織シネマ•ポリティカでネットワーク統括者を務め，移住民への公正を求める共同体の組織と急進的メディアの編成に従事する．ツイッター・アカウントは @anna_pringle.

バシレ・スタネスク（Vasile Stanescu） 第四章
スタンフォード大学の学際プログラムで現代思想•文学（ＭＴＬ）の博士号を取得し，現在はマーサー大学の助教および「演説と議論」プログラム主事を兼任．叢書『批判的動物研究』の共同編集主任．2013 年，ＥＵの「種を占拠せよ」大会に招聘された世界の 16 人の研究者に選ばれ, 基調講演を行う．現在, *Happy Meals: Animals, Nature, and the Myth of Consent* を執筆中.

バヌ・スブラマニアム（Banu Subramaniam） 第五章
マサチューセッツ大学アマースト校教授（女性・ジェンダー・セクシュアリティ研究）．現在は侵略的植物種に付きまとう外部者嫌悪と土着主義，およびインドにおける科学と宗教的民族意識の関係を探究．著書に *Ghost Stories for Darwin: The Science of Variation and the Politics of Diversity* (2014) がある．

編者紹介

ジェームズ・スタネスク（James Stanescu）
アメリカン大学（ワシントンＤＣ）非常勤講師（哲学）．道徳哲学，社会倫理，地球倫理の講義を担当．大陸哲学，プラグマティズム，脱植民地主義の伝統が生んだ研究成果にもとづく環境・動物哲学を主たる探究領域とする．批判的動物研究の分野で多数の論文を発表しているほか，ブログ *Critical Animal* を執筆．

ケビン・カミングス（Kevin Cummings）
マーサー大学コミュニケーション研究学部の教授・学部長，女性・ジェンダー研究学部の兼任教員．人工知能，侵略種，ツイッターの研究など，レトリックとメディアの接点を探究．ＮＥＨ，ＡＴ＆Ｔ，国際ディベート教育協会より奨学金を受ける．論証研究における過去の著作は *Controversia* や *Critical Problems in Argumentation* で取り上げられる．最近年の発表としては，*The Handbook of Media and Mass Communication Theory* および *Communication and Control* に掲載された共同執筆の章で，それぞれ，ツイッター時代の市民権と消費，チャットボット（自動会話プログラム）と癒し労働を論じた．

執筆者紹介

マシュー・カラーコ（Matthew Calarco）　第一章
カリフォルニア州立大学フラトン校准教授（哲学）．大陸哲学，倫理学，社会哲学，政治哲学の講義を担当．動物研究，環境研究，急進的社会運動の接点を探究領域とする．現在，*Altermobilities: Profaning the Streets* を執筆中．近刊に *Thinking Through Animals: Identity, Difference, Indistinction* がある．

ジェームズ・スタネスク（James Stanescu）　第二章
編者紹介を参照．

レベカ・シンクレア（Rebekah Sinclair）　第三章
オレゴン大学博士課程在籍（哲学）．大陸哲学，社会哲学，政治哲学の交

装幀：近藤みどり
カバー写真：外来種・淀川水系・透明骨格標本「ブルーギル」「雷魚（カムルチー）」（写真提供：アフロ）

侵略者は誰か？

外来種・国境・排外主義

2019年1月20日　第1刷発行

編　者　ジェームズ・スタネスク
　　　　ケビン・カミングス

訳　者　井上太一

発行者　勝股光政

発行所　以　文　社

〒101-0051 東京都千代田区神田神保町2-12

TEL 03-6272-6536　　FAX 03-6272-6538

http://www.ibunsha.co.jp/

印刷・製本：中央精版印刷

ISBN978-4-7531-0351-5